JN000307

本書は『大学入試　最難関大への英作文　ハイパートレーニング』の装丁を変更し，新装版として刊行するものです。

大学入試

最難関大への英作文

ハイパートレーニング

新装版

代々木ゼミナール講師
大矢 復

桐原書店

この問題集に取り組まれる読者の皆さんへ

　この問題集はそのタイトルのとおり，日本の最高峰と目される大学・学部を目指している高い志を持つ受験生の皆さんが夢を実現するささやかな一助になればと思い，書き下ろしたものです。見た目はとっつきやすい感じがするかもしれませんが，中身は相当にレベルが高いはずです。

▶本書が対象とする読者とは？

　「英語が得意」と自他ともに認める受験生でも，英作文を見るとうまく書けていないことも多く，しかもその弱点はたいていどれも共通しています。つまり同じ母語を話し，同じ文化の中で，同じような教育を受けてきた人たちの書く英語（とその欠点）は，驚くほどよく似ています。「自分もその1人であり同じ弱点を共有している」と自覚のある人は本書の読者です。具体的には次のような人です。

> 1. 文法の知識は一通りあるが，英作文でうまく使いこなせない。
> 2. 問題文の日本語をうまく工夫して意訳できない。
> 3. 自由英作文で書くべきことが思いつかない。
> 4. 書きたいことは思いつくけれど，それを表す英語が思い浮かばない。

▶英作文力をつけよう！

　和文英訳か？　自由英作か？　もちろん入試の英作文を2つに分けるとすればこの2つに分かれますし，受験生の皆さんの関心もそこにあるでしょう。それはそのとおりですが，筆者の考えはちょっと違います。どっちでも同じ，と言ったら語弊がありますが，英作文ができる人はどちらを書かせても卒なくこなし，できない人はどちらでもダメなものです。もちろん本書では和文英訳・自由英作それぞれの出題形式に応じて得点力を高めてもらえるよう対策を講じていくわけですが，最終的には英作文力自体を高めなければ，ペラペラに薄い小手先の対策など意味がないのです。その英作文力自体を高めましょう。

▶英作文力とは何か？　受験生の答案から透けて見えるもの

　それではその英作文力とはどのような力なのでしょう？　これはきわめて難しい問いかけです。文法や語彙の知識も重要でしょうし，生まれつきの言語センスもあるに越したことはないですが，おそらくは，今まで皆さんが英語を勉強してきたすべてのキャリアの質と量が，皆さんが書く英作文に反映されているのです。

　将棋や囲碁のプロ棋士は我々一般人よりはるかに「手」を読む力があります。なぜでしょう？　彼らは幼少の頃から膨大な量の勉強をしていますから，たいていのものはどこかで見た記憶があるのです。これを彼らの世界では「形の記憶」などと呼んだりするようです。囲碁の江戸時代の名人は「知らぬものは見えぬものなり」との名言を残しました。英作文も同じです。我々は，自分でどこかで読んだことのある英文・英語の文章の蓄積で英語を書いているのです（もちろん，「英借文」＝例文を暗記して英作文する，のような安直な意味ではありません。もっと深い意味の話です）。

　そして採点者もそこを見て採点しているのです。野球を長い間やってきた人は，ユニフォームの着こなしからして素人とは違います。どんなスポーツでも強い人，上手い人は見ただけでわかりますよね。英作文も同じです。私たちの目から見ると英作文をひと

目見ただけで，その人の英語のキャリアが透けて見えるのです。できる人はピッタリの語彙と文法を適材適所で使っています。自由英作文を書かせれば論旨の流れがなめらかです。そして採点者はそういう答案を見ると，「コイツ，やるな」と評価をし，高い点をつけるのです。

▶ 意識は高く！

たとえ話ばかりですが，もう1つ。ある有名なボディービルダーの名言に「三頭筋を見ればその人の意識がわかる」というのがあります。三頭筋というのは腕の力こぶの逆側の筋肉のことです。力こぶのほうの筋肉（二頭筋と呼びます）は重いものを持ち上げるための筋肉なので肉体労働をしていれば自然とつくし，何より隆々と盛り上がった力こぶは見栄えがするので，筋トレをする人は集中して鍛えたくなります。それに対し三頭筋はものを突き放すときに使う筋肉なので日常生活で使うことは稀です。鍛えても素人目にはわかりません。でもそんな筋肉を鍛えて初めて本物だ，というのが先程の名言の意味ですね。

英語にもこれが当てはまる気がしてなりません。力こぶのほうは英語の読解問題を解く力。それに対して三頭筋はもちろん英作文力です。先程，採点者が見ているのは英作文を通して透けて見える皆さんの英語学習キャリアだ，とお話しました。それが一番よくわかるのが三頭筋＝英作文というわけです。力こぶはご立派なのに裏側の三頭筋が貧弱だとしたら？　ある意味一番かっこ悪いですよね。よく受験生に「先生，読解はできるんですけど，英作文が苦手なんです」などと相談されることがあります。そんなとき，私がどんな気持ちになるかぜひ想像してみてください。

▶ パラドックスを超えて

しかしここにパラドックスがあります。英作文力は英語学習キャリアの反映だと言いました。しかし本書の読者の皆さんは優秀な受験生で，少なくとも同世代のほかの人に比べれば圧倒的に英語学習キャリアの期間は長いし，その質も高いでしょう。なのに，なぜ英作文が苦手になるのか。

いろいろ理由はあるでしょうが，一番大きいのは心理的要因だと思います。「文法だけ合っていればいい」，「英作文なんて英借文」，「簡単な英語で書けばいい」—— 英作文に関してだけは，なぜかこんな負け犬根性がはびこっています。こうした態度によってせっかくのみなさんのキャリアが英作文に反映されるのが妨げられているのです。特に最後の態度については大いに反論したいところです。読者（採点者）を納得させることができるような知的な英文を書くためには，それなりの語彙，文法，文脈に対する意識が必要です。ぜひ，負け犬根性を排し，正々堂々と英作文に立ち向かいましょう。

▶ 最後にお願い

本書はぜひ通読してください。ここまで書いてきたことを読めばおわかりでしょうが，例えば志望校で自由英作文が出題されるからといって自由英作文を取り上げている第3章だけ学習してみても，思うような効果は望めません。

本書を通じて皆さんが，皆さんの知的レベルに見合う立派な英語を書けるようになることを祈念しています。

2019年9月　　　　　　　　　　　　　　　　　　　大矢　復

Contents

Chapter 1 英作文基本テクニック 例題 25

Chapter 2 和文英訳 過去問演習 25

Chapter 3 自由英作文　過去問演習 24

Contents

* 過去問の難易度は著者の評価に拠る

本書の構成と利用法

　本書は和文英訳でも自由英作文でも重要な，書き方の基本テクニックを学ぶ例題演習（ Chapter 1 ）からスタート。そこで学んだテクニックと文法の運用ポイントを組み合わせて和文英訳の過去問演習（ Chapter 2 ），さらには文章構成法や表現方法と組み合わせて，自由英作文の過去問演習（ Chapter 3 ）へと進む，英作文の参考書です。

　巻末には最新の和文英訳や自由英作文でよく使う語彙・表現を，使い方のミニ解説とともにテーマ別に掲載しています。音声（オンライン提供）については別冊の『例題・問題暗唱文例集』を参照してください。

各Chapterの内容 ・・

Chapter 1　英作文基本テクニック 例題 25

　この章では 1 文の和訳を例題に，英訳しにくい日本語をうまく工夫して，簡単な語彙や構文で英訳する「意訳」のテクニックと，文法の知識を効果的に活用して，よりシンプルで確実に文を組み立てる「文法の運用」テクニックを学びます。

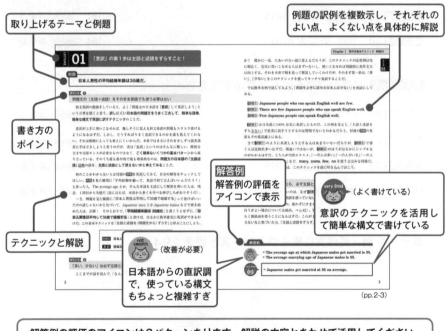

取り上げるテーマと例題

例題の訳例を複数示し，それぞれのよい点，よくない点を具体的に解説

書き方のポイント

テクニックと解説

解答例
解答例の評価をアイコンで表示

（よく書けている）
意訳のテクニックを活用して簡単な構文で書けている

（改善が必要）
日本語からの直訳調で，使っている構文もちょっと複雑すぎ

(pp.2-3)

解答例の評価のアイコンは 3 パターンあります。解説の内容とあわせて活用してください。

wrong　→ 誤りあり

very good　→ よく書けている

OK　じゅうぶんよい答案

but I recommend　でも，オススメの別解

not smooth　改善が必要

very good　よく書けている

Chapter 2 和文英訳　過去問演習 25

　最新の入試問題を中心に過去問25題を精選。 Chapter 1 で学んだテクニックと文法の運用ポイントを組み合わせて、書き方のポイントをバランスよく学習。英文の組み立て方のスキルアップを図ります。

問題の難易度を
5段階で表示

出題年度と出題校

出題校や問題に
ついての概評

1文ごとに英訳
する際のポイン
トを解説

答案添削例

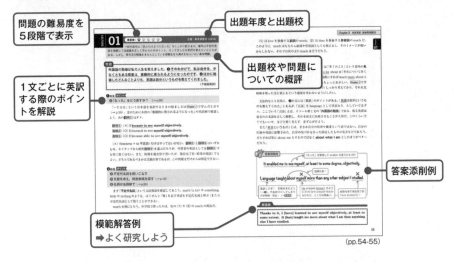

模範解答例
➡よく研究しよう

(pp.54-55)

Chapter 3 自由英作文　過去問演習 24

　最新の問題を中心に過去問24題を厳選。新形式・新傾向の自由英作文を6つのタイプに分類し（→ p.109）、タイプごとに答案構成法を丁寧に解説。「何を」「どう」書けばよいのか、答案作成までの道筋や文の構成法、表現の仕方を学びます。

最近の自由英作文の出題傾向や書き方のポイ
ントについて、一般知識を学びます

An Approach to Paragraph Writing

自由英作文へのアプローチ

●自由英作文というもの
　与えられた日本語を英語に訳す和文英訳に対し、与えられたテーマをもとに書く内
(pp.106-109)

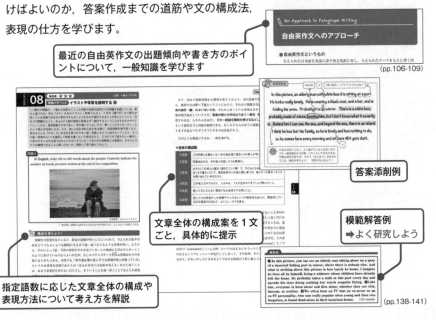

答案添削例

模範解答例
➡よく研究しよう

文章全体の構成案を1文
ごと、具体的に提示

指定語数に応じた文章全体の構成や
表現方法について考え方を解説

(pp.138-141)

Chapter 1

英作文基本テクニック
例題 25

まずはここから。英作文力の基礎となる，
日本語をうまく意訳する力，文法を的確に
運用する力を磨こう！

01 「意訳」の第1歩は主語と述語をずらすこと！

例題

日本人男性の平均結婚年齢は35歳だ。

ポイント ❶

問題文の〈主語＋述語〉をそのまま英語でも使う必要はない

和文英訳の勉強をしていると，よく「問題文の日本語を『意訳』して英訳しよう」という言葉を聞くと思う。**訳しにくい日本語の問題文をうまく工夫して，簡単な語彙，簡単な構文で英語に訳すテクニック**のことだ。

意訳が上手に使いこなせれば，難しそうに思える和文英訳の問題もスラスラ書けるようになるはずだ。しかし，どうすればうまく意訳できるのかを誰も教えてくれない。それは教師にとっても教えにくいからだ。本書ではまさにそれを少しずつ読者諸君に手ほどきしようと思うのだが，実は「意訳」というのはそんなに難しい，特別な文才や言語センスが必要なものではなく，**ごく簡単ないくつかの基本パターン**から成り立っている。そのうち最も基本的で最も効果的なのは，**問題文の日本語の「主語述語」以外**の語を，主語と述語として使えないかと考えてみることだ。

何のことかわからない人は冒頭の例題を英訳してみて，自分の解答をチェックしてほしい。例題を見た瞬間に「平均結婚年齢って，英語で何て言えばいいんだろう？」と思った人，The average age とか，そんな単語を主語にして解答を書いた人は，残念，1問目から失格だ（逆に言えば，本書から多くを学べる伸びしろがありそうだ）。

一方，例題を見た瞬間に「日本人男性は平均して35歳で結婚する」って書けばいいだけの話じゃないかと気づいて，Japanese men とか Japanese males などで書き始めた人は，正解！　そのとおりで，「**平均結婚年齢は 35歳だ**」と書こうとせずに，「**日本人男性は平均して35歳で結婚する**」と書けば，はるかに簡単確実に英訳ができるわけだ。この基本テクニックを「主語と述語を（問題文から）ずらす」と呼ぶことにしよう。

		主語	述語	
問題文	日本人男性の平均	結婚年齢は	35歳だ	主語と述語をずらす
意訳	日本人男性は平均して	35歳で	結婚する	

ポイント ❷

「多い，少ない」は必ず主語と述語をずらす

ここまでの話を読んで，「なんだ，そんなことか」などと思った人はいないだろう

か？　確かに一見，たあいのない話に思えるだろうが，このテクニックの応用例は実に幅広く，完全に使いこなせる人はまずいないし，使いこなせれば飛躍的に英作文力は向上する。それを本書で順を追って解説していくわけだが，そのまず第一歩は，「多い」，「少ない」をこのテクニックを使ってキッチリ英訳することだ。

では簡単な例で試してみよう。「英語を上手に話せる日本人は少ない」を英語にしてみる。

> **訳例1** Japanese people who can speak English well are few.
> **訳例2** There are few Japanese people who can speak English well.
> **訳例3** Few Japanese people can speak English well.

訳例1 は日本語に100% 忠実に英訳したものだ。この例を見ると，「主語と述語をずらさない」で忠実に訳そうとするのは賢明でないとわかるだろう。冒頭の例題の英訳もその延長線上にある。

さて **訳例1** のように英訳しようとする人はあまりいないだろうが，**訳例2** で書く人は比較的多いはずだ。間違いではないが，**訳例3** のほうがはるかにシンプルなのがわかるはずだ。こちらが当然オススメ。「〜の人は多い」「〜の人がいる」「〜の人は少ない」「〜の人はいない」など，many, some, few, no を使う文はみな同様だ。**訳例2** のようにしそうな人は，このテクニックを頭に叩き込んでおこう。

ポイント 3

関係詞を使いそうになったら，必ず主語と述語をずらす

もう1つ考えてもらいたいのは，なぜ **訳例1** と **訳例2** より，**訳例3** がシンプルかということだ。それは関係詞を使っていないからだ。関係詞は使うとなると難しいし，間違いを犯しやすいもの。使わずにすませられるなら使わずにいきたい（使ったほうがよい場合については後出。→ p.42）。冒頭の例題も，直訳しようとするとおそらく関係詞を使うことになるはずだ。これが1つの目安だ。関係詞を使わなければならないなと気づいたら，「主語と述語をずらす」べし！

解答例

> ► The average age at which Japanese males get married is 35.
> ► The average marrying age of Japanese males is 35.

> ► Japanese males get married at 35 on average.

02 「～％」,「～割」を正しく表せるようになろう！

例題

65歳以上の人が日本人の約３割だ。

（注：65歳以上　65 and over）

ポイント ❶

「割合」を使いこなそう！

　前の課で「主語と述語をずらす」という意訳のテクニックと，それの具体的な使用例として「～の人は多い・少ない」などの英訳の仕方を紹介したが，同じ意訳のテクニックを使う例をもう少し練習しよう。もう１つの頻出パターンが冒頭の例題のような「～は…割」「～は…％」のような文の英訳だ。この例題の英訳をしてみた人は，次のような英文を書いていないかチェックしてもらいたい。

訳例１〉（？）**Japanese people who are 65 and over are about 30%.**

　「主語と述語を<u>ずらさない</u>」ことによるダメな直訳の典型だ。少なくとも are を〈account for〉「占める」にしなければいけない（例えば，もう少しシンプルな文で考えよう。Smokers <u>are</u> 30%. → Smokers <u>account for</u> 30%. とすべきということ）。しかし，それにしてもこれは賢い英訳ではない。**LECTURE** 01 で「英語を上手に話せる日本人は少ない」を，まさか次のようには訳さないでしょ？　と確認したばかりだ。

　（？）**Japanese people who can speak English well are few.**

　訳例１〉も，これとまったく同じ愚を犯しているのがわかるだろう。動詞が be 動詞でよいか〈account for〉を使うべきかという問題以前に，そもそも発想がよくない。**LECTURE** 01 の問題同様，無駄に関係詞を使い，文構造を複雑にしている。それではどうしたらよいのか？　もちろん「主語と述語をずらし」て，問題文を「日本人の約３割が65歳以上」とすればよいだけだ。関係詞も不要になる。

ポイント ❷

分数は書ける？

　ところで分数は書けるだろうか？　例えば３分の１は **one-third** だ。**分子は基数**（one, two, three … のようなふつうの数を「基数」と呼ぶ），**分母は序数**（first, second, third... のような「～番目」と順序を表す数を「序数」と呼ぶ）で表すのがルールだ。

　もう１つ重要なルールは，**分子が複数になったときは分母の序数を複数形にする**こと。つまり３分の２は **two-thirds** としなければいけない。さて問題はこれが主語になったときの単数・複数の一致の問題だ。次の２文を見てみよう。

(1) **One-third of** <u>Japanese adults</u> **are** smokers.

(2) **One-third of** <u>the city</u> **was** destroyed by the earthquake.

(1) (2) は同じように「3分の1」が主語だが, (1) では複数扱いになり, (2) では単数扱いになっているのがわかるはず。理由はなんとなくわかると思うが, すごく簡単に言うと, 分数の部分が3分の1であろうと5分の3であろうと関係なく, 直前の名詞 ((1) なら Japanese adults, (2) なら the city) に単複を一致させるのだ。したがって同じことを言うのでも, 次の (3) は複数扱い, (4) は単数扱いになることに注意が必要だ。

(3) **One-third of** <u>Japanese people</u> **are**...

(4) **One-third of** <u>the Japanese population</u> **is**...

ポイント ❸

分数は後ろの名詞に単複一致,「〜人中…人」は前に一致!

ところで,「日本人の3割」と言っても「日本人の3人中1人」と言っても意味はそれほど変わらないわけだが, 分数が書けるようになったところで, 今度は「〜人中…人」のほうもやっておこう。話は簡単で, **in** または **out of** でそれを表すことができる。例えば次の ▌訳例2〉で,「日本の成人の3人に1人が喫煙者」ということを表せるわけだ。

▌訳例2〉 **One in [out of] three Japanese adults** <u>is</u> **a smoker.**

問題はまた単複一致の問題だ。今度は one が主語と考え単数扱いにする。したがって「日本の成人の3人に2人」だったら次の ▌訳例3〉のように複数扱いにする。

▌訳例3〉 **Two in [out of] three Japanese adults** <u>are</u> **smokers.**

「日本人たちの3割 [30%]」,「日本人の3人に<u>1人</u>」の下線部がそれぞれ主語と考えるわけだ。なんとも理屈に合わない話だが,「**分数は後ろの名詞に単複一致,『〜人中…人』は前の名詞に単複一致**」と覚えておこう。

細かい文法と思うかもしれないが, こうした**文法力**の裏付けがあって, 初めて「主語と述語をずらす」のような**意訳**のテクニックも生きる。「**両者をセットで磨こう**」というのが本書の一貫した方針であることを実感してもらいたい。

解答例

▶ **People who are 65 and over are about 30% of Japanese people.**

▶ **About 30% of Japanese people are 65 and over.**
▶ **About 30% of the Japanese population is 65 and over.**
▶ **About one out of three Japanese people is 65 and over.**

03 「無生物主語」も「人を主語」の文に直そう！

例題

> 喫煙者が，がんにかかる確率は高い。

ポイント ❶

「無生物主語」は忘れよう！

学校や塾・予備校で，よく次のような英文を習う。

（1）This picture reminds me of my hometown.
「この写真が私に故郷を思い出させる」

さらに先生は言う。「英語ではよくこのように，『もの』つまり『無生物』を主語にすることがあるんだ」と。このような英文を見せられてそう言われると「なるほど。そんなものか」と納得してしまうかもしれないが，よく考えてみよう。むしろそうした「無生物主語」は，日本語のほうがはるかによく使われると言ってもよいだろう。例えば「彼の給料は高い」という言い方は日本語では割とふつうだが，英語の His salary is high. は，かなりぎこちない文。He earns a lot. のほうがずっとふつうだ。「私の趣味は音楽鑑賞です」も My hobby is listening to music. より I like listening to music. が，はるかにふつうだ。例はいくらでもある。

LECTURE 01で「主語と述語をずらす」場合として，「関係詞を使わなければならないとき」ということを挙げた。ここでもう1つ追加しよう。「物が主語になっていたら人を主語にして英訳できないか」を考えよう。本書ではこのあと，これが繰り返し登場する。徐々にでも慣れていこう。

ポイント ❷

「確率，割合」と言われたら，〈be likely to do〉！

冒頭の例題を見てもらいたい。この問題の「主語と述語をずらさない」直訳は以下のようなものだ。

訳例1 The possibility of smokers getting cancer is high.

possibility に同格の of を付けて，getting cancer という動名詞の前に意味上の主語である smokers を置いたものだ。この「動名詞に意味上の主語を付ける」というテクニックは，これはこれで大切なので，また後ほど学ぶことにするが（→ p.18），そもそも 訳例1 のように直訳しようという発想自体が好ましくない。「確率は高い」というところが，この日本語の主語と述語であり，みごとに無生物主語の文だというこ

とに気づくだろう。「人」を主語にして言い換えると，どうなるだろう？　「喫煙者は
がんにかかりやすい」と言えばすむのだ。あとはその「〜しやすい」を英語でどう表
すかを考えるだけだ。例えば次の **訳例2** でもまったく構わない。

> **訳例2** Smokers **get cancer easily.**

この例は the possibility「確率」ではなく smokers を主語にして「喫煙者はたやすく
がんにかかる」と，まさに主語と述語をずらして英訳したおかげで簡単に書けたわけだ。

さらに **訳例2** で使った easily より，より汎用性が高い語彙をここで1つだけチェッ
クしておこう。それは〈**be likely to do**〉である。「確率」とか「度合い」とか言われ
たら，これを使って英訳すると便利だ。例題は次のように訳せる。

> **訳例3** Smokers **are likely to get cancer.**

likely は「〜しそうな」などと訳す語だが，ということはこの1語で「確率は高い」
ということを表せるわけだ。英作文では本当によくお世話になる語彙なのでぜひ覚え
ておこう。

さらに言うと，**訳例1** ではなく **訳例2** や **訳例3**（とりわけ **訳例3**）をオススメ
する理由は，例題を比較級にすると，もっとハッキリする。「喫煙者が，がんにか
かる確率は非喫煙者ががんにかかる確率より高い」などという文を英訳するとき，
訳例3 は簡単にそれができる。

(2) **Smokers are <u>more</u> likely to get cancer <u>than</u> non-smokers are.**

しかし **訳例1** を同じように変形して比較級にするのはかなり大変なはずだ。試し
にやってみよう。

(3) **The possibility of smokers getting cancer is higher than that of non-smokers.**

主語と述語をずらすテクニックは，同等比較や比較級がからんだ英作文になると，
さらに重要度が増す。これを次の **LECTURE** 04 以降で学んでいこう。ただし，まずは
同等比較や比較級の文法の確認から始めよう。

解答例

► **The possibility of smokers getting cancer is high.**

► **Smokers are likely to get cancer.**

例題

適度な運動は，若者同様，老人にも同じくらい必要だ。

ポイント **1**

〈as 〜 as...〉の1つ目の as は副詞！

主語と述語をずらす意訳のテクニックと，比較という文法事項をうまく組み合わせることを学んでいこう。だがその前にまず，ここでは比較の文法の基礎を確認する。

同等比較を〈as 〜 as...〉の構文などと呼び，「as と as で形容詞や副詞を挟む」のように理解している人がいるようだが，これは絶対にやめてもらいたい。「挟む」わけではない。2つの as には，それぞれ文法的な役割がある。まず，**1つ目の as は副詞**であり，大雑把に言えば very と同じように使い，それだけで「同じくらい」という意味を持つ。

(1) **He is wise. → He is as wise.**

(2) **He is good at tennis. → He is as good at tennis.**

(3) **I am interested in math. → I am as interested in math.**

例えば (1) の He is wise.「彼は賢い」という文の中の形容詞である wise の直前に as を置き **as wise** とすれば，「彼は同じくらい賢い」という意味を表せるということだ。同じことは (2) の〈be good at 〜〉のような熟語の中の good という形容詞にも当てはまるし，interested のような過去分詞から派生した形容詞（surprised, tired, excited など）にも当てはまる。

ポイント **2**

〈as〜 as...〉の2つ目の as は接続詞！

それに対して〈as 〜 as...〉構文の**2つ目の as は接続詞**だ。この as は Do **as** you were told.「言われたようにやりなさい」のような文で誰もが見たことのある「〜のように，とおりに」など，「様態」を表す接続詞だ。(2) の He is **as** good at tennis「彼は同じくらいテニスがうまい」という文に，例えば as I am good at tennis「私がテニスがうまいように」という接続詞 as で導かれた節をつなげると，次の文ができ上がる。

(4) **He is as good at tennis as I am good at tennis.**
　　「私がテニスがうまいように，彼も同じくらいテニスがうまい」

さらにこの (4) で be good at tennis が重複している箇所を**代動詞のルール**を使って省略する（→ p.14）と，次のような同等比較の文が完成する。

(5) He is as good at tennis as I am.

同等比較で何より重要なのは，〈as old as〉とか〈as big as〉のように，「asとasで形容詞や副詞1語だけ挟んだ形で書かなければならない」という思い込みから自由になること。実際 (5) でも，〈as 〜 as〉が離れているのがわかるはず。

もう1つ大切なのは，いろいろな比較を操れるようになることだ。

(6) He is as good at tennis <u>as (he is) at golf</u>.

(6) は「彼はゴルフ同様，テニスもうまい」という比較であり，(5) とは違うものを比べているのがわかると思う。少しこの文の構造を分析してみることにしよう。2つ目のasから後ろは，もともと He is good at golf であったと考えられる。そして，それを省略するわけだが，前述のように代動詞を使い he is good → he <u>is</u> のように省略し，その結果 as he is at golf となるわけだ。ところが，at tennis と at golf とを比べているのがわかれば十分として he is を省略してしまう考え方もある。ただし，その場合でも **at golf の at を省略し，次のように書くのはダメ**。英語では前置詞と名詞は合わせて1つのものと考えるのがふつうだからだ。このあたりは次の **LECTURE** 05で，もう少し詳しく説明する。

(7)（×）He is as good at tennis as golf.

ポイント ❸

比較級もまったく同じ

以上，同等比較を使って説明したが，比較級でも考え方はまったく同じだ。ふたたび (2) He <u>is good at</u> tennis. を例に挙げる。この文の good を **better** という比較級に変えて He <u>is</u> **better** at tennis. とすれば，「彼はテニスが<u>もっとうまい</u>」となる。それに than 以下を足すわけだが，**than も接続詞**とみなすのがふつうであり，その性質を利用して次の (8) や (9) のような比較の文を作れるようになることが大切だ。

(8) He is better at tennis <u>than I am</u>.
(9) He is better at tennis <u>than (he is) at golf</u>.

解答例

× **Moderate exercise is as necessary for elderly people as young people.**

▶ **Moderate exercise is as necessary for elderly people as (it is) for young people.**

05 同等比較と比較級を使いこなそう！(2)

例題

中高年の間のソーシャルメディアの使用率は若者と同じくらい高い。

ポイント ❶

「比べるものをそろえる」とは？

LECTURE 04 で説明したことをもう少し詳しく確認しよう。

（1）**He is as good at tennis as I am.**（am は省略不可）

まず（1）のように**主語同士を比べる文**は，文の最後を as I のようにせずに as I am のように動詞まで書くこと。2つ目の as が接続詞だからだ。どうしてもそれがいやなら，as me とすること。（受験生にはあまりオススメはしないが）。as は前置詞と考えることも可能とされているからだ。

（2）**I am as good at tennis as Taro (is).**

ただし比べる相手が代名詞ではなく（2）の Taro のようにふつうの名詞である場合は，**動詞を省略することができる**。2つ目の as を前置詞とした場合，I → me のような格変化が Taro にはないからだ。

（3）**I am as good at tennis as (I am) at golf.**

（3）のように主語以外の要素同士を比べるときには，**比べるものを同じ形**にする。最頻出は（3）の〈**前置詞＋名詞**〉同士を比べる形であり，このときに**前置詞を忘れてはいけない**。I am は省略可であり，以下，省略された形でのみ記す。

（4）**It is as hot now as in August.**

（5）**He is as healthy now as when he was young.**

（4）と（5）はいずれも正しい文だ。どちらの文も比べるもの同士（色文字箇所）が同じ形になっていないように見えるかもしれないが，（4）は now という副詞と in August という副詞句を比べているのであり，（5）は now という副詞と when he was young という副詞節を比べているのだ。このように品詞的に同じ役割のもの同士であればよいのだ。さらには次の文を見てもらいたい。

（6）**He is as healthy as 10 years ago.**

この文では，10 years ago と比べるものがない。しかし（6）も，もともと次の（7）の now が省略されたものと考えればおかしくはない。

（7）**He is as healthy (now) as 10 years ago.**

つまりちょっとズルい考え方だが，2つ目の as から後ろの副詞的要素（10 years ago）が，主文で省略されている副詞的要素（now）と同じ要素同士を比べているというように解釈してしまうわけだ。この考え方を延長すれば，2つ目の **as** から後ろに副詞的要素が来る限りは，主文に比べる相手がいなくてもよい（省略されていると考える）理屈だ。比較級の than 以下も理屈は同じであり，とりわけ〈**as before**〉，〈**than before**〉，〈**as now**〉，〈**than now**〉は使う機会が多い。このあたりについてはまた LECTURE 06 で学ぶことになる。

ポイント 2

うまくスタート地点を設定する賢さを持とう！

以上に述べた「比較の文法」と LECTURE 01 で学んだ「主語と述語をずらす」テクニックを組み合わせると，非常に強力な武器になる。例題のような問題を見たら，うまく「スタート地点」を設定しよう。

どういうことかと言うと，まず比較の部分は後回しにして，「中高年の間のソーシャルメディアの使用率は高い」という文を書いてみるわけだ。さて，次の 訳例1 と 訳例2 のどちらがよさそうに思えるだろうか。

> 訳例1 The rate of use of social media among middle-aged and elderly people is high.
> 訳例2 The use of social media is common among middle-aged and elderly people.
> 訳例3 Middle-aged and elderly people use social media much.

訳例1 は直訳，それに比べると 訳例2 は多少，主語と述語をずらしているし，訳例3 は LECTURE 03 で学んだように，人を主語にしているのがわかるはず（much よりも a lot がふつうだが，このあと比較級にするので便宜上 much にした）。これが比較級の文を作る前のスタート地点だ。このスタート地点から比較の文を作るのだ。訳例1 を同等比較にするのは大変だが，訳例2 や 訳例3 は簡単にできるはず。やってみて，下の解答例で確認してほしい。

解答例

> ► The rate of use of social media of middle-aged and elderly people is as high as the rate of use of young people.

> ► The use of social media is as common among middle-aged and elderly people as among young people.
> ► Middle-aged and elderly people use social media as much as young people.

11

06 「増える」「減る」を英訳する

例題

日本を訪れる外国人観光客が増えている。

ポイント ❶

「増える」に increase は使わない！

LECTURE 01で学んだように，「ソーシャルメディアを使う人は多い」という文を英訳するとして，（1）より（2）のように書くのが賢く，自然な英語である。

（1）（？）**People who use social media are many.**

（2）（○）**Many people use social media.**

同様のことが「増える，減る」でも言える。「ソーシャルメディアを使う人が増えている」の英訳を考えてみよう。まず次の **訳例1** がまずい，というのは常識だ。

訳例1（？）**People who use social media are increasing.**

increase という動詞を「増える」と覚えていると思うが，実はもう少し漠然と「大きくなる」というくらいの意味しかないのだ，と考えるのが一番 **訳例1** の文の欠陥をうまく体感できる方法かと思う。つまり日本語で言うと，**訳例1** は「ソーシャルメディアを使う人が大きくなりつつある」というくらいの漠然とした意味にしかならない。「大きくなる」だけでは，身長が伸びるのか，人数が増えるのか，なんだかよくわからない。

曖昧な **訳例1** に少し語句を追加すると，次のように意味が通じる正しい文になる。

訳例2 **People who use social media are increasing in number.**

訳例3 **The number of people who use social media is increasing.**

つまり「数の点で大きくなる＝増加する」などとするわけだ。しかし，この **訳例2** や **訳例3** は，ちょっと（1）と似ているような気がしないだろうか？　それは次の **訳例4** のような英訳と比べてみるとわかると思う。

訳例4 **An increasing number of people use social media.**

訳例4 を直訳すると「増え続ける数の人々がソーシャルメディアを使っている」であり，（2）と発想が似ていることがわかるだろう。（1）より（2）がよいとわかるなら，**訳例2** や **訳例3** より **訳例4** がよいという理屈だ。この〈an increasing number of ～〉という表現をぜひ覚えよう。（2）の文の many を，これに変えるだけで「増える」を表せるのだから，簡便でよい。同じ increase という動詞を使うのでも，**訳例2** や

〈訳例3〉のように述語動詞で使うのではなく，〈訳例4〉のように使うのが賢い。

さらに次の〈訳例5〉のように比較級である **more** に変えても，「増える」は表せる。

〈訳例5〉**More people use [are using] social media** than before.
「以前より，より多くの人々がソーシャルメディアを使っている」

さらには〈訳例5〉の more を〈**more and more**〉のように重ね，「ますます多くの」という意味で使った〈訳例6〉の形でもよい。

〈訳例6〉**More and more people are using social media.**

細かいことを言うなら，〈訳例5〉や〈訳例6〉の構文は進行形と一緒に使われることが多い（絶対ではない）。また〈訳例5〉は more という比較級に対応して〈**than before**〉が使われ（→ p.11），「以前より多い＝増えている」を表しているのに対し，〈訳例6〉の〈more and more〉「ますます多くの」という表現の中にはすでに「以前より多い」の意味が含まれているので〈than before〉は不要。

以上述べたように細かいことを言い出すとキリがないのだが，受験生としては「増える」は increase を述語動詞として使わず，❶「増え続ける数の（**an increasing number of ～**）」，❷「以前より多くの（**more ... than before**）」，❸「ますます多くの（**more and more**）」のいずれかを使って表すようにしてもらいたい。

ポイント 2

「減る」も同じ理屈で

ここで学んだことの応用例は実に多く，本書では Chapter 2 で少しずつ取り上げるが，1つだけここでやってみよう。「若者の読書時間が減っている」という文を2とおりに英訳してみる。

(3)（？）**The time young people spend reading is decreasing.**

(4) **Young people read less than before.**

言うまでもなく Young people read little. というスタート地点を考えて，それを比較級にした (4) が賢い。

解答例

► **The number of foreign tourists coming to Japan is increasing.**

► **An increasing number of foreign tourists come to Japan.**
► **More foreign tourists come [are coming] to Japan than before.**
► **More and more foreign tourists come [are coming] to Japan.**

13

例題

> 雨が降ると恐れていたが心配は無用だった。

ポイント 1

動詞の省略は代動詞を活用しよう

　名詞が繰り返されるときには代名詞を使って無駄な繰り返しを避けるが，**動詞にも同様な繰り返しを避けるための省略の仕方がある**。例えば，「彼は英語が話せるし，彼女も英語が話せる」を次の (1) のように言う代わりに (2) のように省略できるのは知っていると思う。

(1) He speaks English and she speaks English too.

(2) He speaks English and she does too.

　(1) の speaks English が (2) では does に代わっている。動詞の代わりということで (2) の does を**代動詞**と呼ぶのは誰でも知っているところだ。それでは次の問題で「実力チェック」をしてみよう。下のそれぞれの文の下線部をどのように省略すればよいか，考えてみてもらいたい。

実力チェック

正解

☐ (3) He is a student and she is a student too. ➡ (　　　　) → (3′)

☐ (4) He can swim and she can swim too. ➡ (　　　　) → (4′)

☐ (5) I couldn't go out but I wanted to go out. ➡ (　　　　) → (5′)

☐ (6) I went swimming and I enjoyed swimming. ➡ (　　　　) → (6′)

　まず (3) と (4) は次の (3′) と (4′) が正解。

(3′) He is a student and she is too.　**(4′) He can swim and she can too.**

　中学校時代に習った疑問文に対する答え方を思い出してみよう。"Do you like chocolate?" と聞かれれば "Yes, I **do**. (= I like chocolate.) " と答え，"Are you a student?" と聞かれれば "Yes, I **am**. (= I am a student.) と答える。これが**代動詞**である。したがって，(3) のように be 動詞を使った表現は be だけに置き換え，(4) のように助動詞を使った表現は助動詞だけに置き換えるのだ。ところが受験生のアタマの中では，なぜか「代動詞 = do」という思い込みがあり，(4) を (✕) He can swim and she can do too. などとやりがち。でもこれは "Can you swim?" と聞かれて (✕) "Yes, I can do." と答えるくらいヘンな英語だ。

ポイント ❷

準動詞の省略の仕方

さらに (5) I couldn't go out but I wanted **to go out**. を省略するのでも，（×）I couldn't go out but I wanted <u>to do</u>. などとする人が多いが，**to 不定詞を省略するときには代不定詞を使う。**代不定詞とは，簡単に言えば to 不定詞を省略するときは to だけ残し，あとに続く動詞の原形を省略することだ。文法で習っていても，英作文では使えない人が多い。(5) の正しい省略の仕方は次の (5′) である。

(5′) **I couldn't go out but I wanted to.**

さらに (6) I went swimming and I enjoyed **swimming**. のような動名詞の省略も問題だ。〈enjoy ~ing〉と覚えていて，enjoy のあとには動名詞が続かなければけない，と無意識に思っている人がいる。しかしそれはもちろん誤りで，enjoy <u>the party</u> だろうが enjoy <u>it</u> だろうが，他動詞である enjoy のあとに名詞や代名詞が続いて一向にさしつかえない。この (6) を I went swimming and I enjoyed <u>doing</u>. のようにする人が多いのは，代動詞は do という思い込みと enjoy のあとには〈~ing〉が来なければならないという思い込みが合わさった二重の誤解によるものだろう。正解は動名詞を省略するときは，代名詞の it にすることだ。

(6′) **I went swimming and I enjoyed it.**

ポイント ❸

問題文の中で同意・反意表現を見つける

すでに勉強した「主語と述語をずらす」もそうだが，**意訳**というのはほんのちょっとした工夫だ。例題をもう一度見てほしい。「**心配は無用だった**」とあるが，要するに「雨が降ると恐れていたが降らなかった」というだけの話だ。ただそれをそのまま I was afraid that it would rain, but <u>it didn't rain</u>. とすると重複が生じてしまう。ここで学んだ**省略の知識**を使えば，簡単かつスマートな「意訳」ができるということだ。

日本語には英語のような代動詞や代不定詞のような省略の仕組みがないので，表現を別の表現に置き換えることで重複を避けることが多い。それを逆に見れば，日本語の文には**同意表現や反意表現**（ここでの「心配無用」は「雨が降る」の反対の表現として使われている）に満ちあふれている。それを発見する「**日本語読解力**」と，省略をきっちり使いこなす「**英語の文法力**」の合体が，ここでも効果を発揮する。

解答例

▶ **I was afraid (that) it would rain, but my worry was useless.**

▶ **I was afraid (that) it would rain, but it didn't.**

例題

消費税を廃止することによって，人々の消費は増えるだろう。

(注：消費税　the consumption tax)

ポイント ❶

動名詞の形［時制×態］を理解しよう！

　動名詞の文法的な基礎を確認しよう。**動名詞には下の表に示す4つの形**がある。表の番号と，その下の例文の番号がそれぞれ対応しているので，例文を確認して，4つの形の使い分けを理解してもらいたい。

■ 動名詞の4つの形［時制×態］

	能動	受け身
主文と同時の出来事	(1) ～ ing	(2) being p.p.
主文より昔の出来事	(3) having p.p.	(4) having been p.p.

(1) I am proud of living in this town.

(2) I am proud of being loved by my parents.

(3) I am proud of having achieved the plan.

(4) I am proud of having been educated in France when I was young.

　この (1) ～ (4) を使い分けるのが原則。ただしここに動名詞の特殊性があるのだが，時制はしばしば無視され，(3) の代わりに (1) を，(4) の代わりに (2) が使われてしまうことも非常に多い。例えば「来てくれてありがとう」は Thank you for coming. でよく，Thank you for having come. とするには及ばない。このことからわかるように，英作文で動名詞を使うときはあまり時制は気にせず，(1) の 〈~ing〉「～すること」と (2) の 〈being p.p.〉「～されること」の区別だけすればよい。

ポイント ❷

動名詞の意味上の主語

　もう1つ動名詞にはポイントがある。**LECTURE** 07 の例題の前半，「雨が降ると恐れていた」を，I was afraid of raining. などと訳した人はいないだろうか？　これは完全に0点の答案だ。**動名詞を使うときに一番気をつけるべきは「意味上の主語の一致」**という原則だ。受験生の書く英作文の文法ミスで一番多いと言っても過言ではないので，ここでぜひ学んでもらいたい。次の (5) と (6) でわかるように，**動名詞の意味上の主語は主文の主語と一致するか，一般論的な「人」である**というのが原則だ。

主語は文の主語（I）

(5) **I enjoyed singing.** 「（私が）歌うことを私が楽しんだ」

主語は一般的な人（people）

(6) **I suggest reading this book.** 「人がこの本を読むことを私は勧める」

to 不定詞でも事情は同じなのだが，動名詞のほうが注意が必要だ。それは動名詞には〈**前置詞＋ ~ing**〉という使い方があるせいだ。〈**by ~ing**〉〈**without ~ing**〉〈**instead of ~ing**〉などを，おそらく受験生は多用すると思うが，そのときに「**意味上の主語の一致**」を確認しているだろうか？

冒頭の例題に戻ろう。次のように英訳して，なんの疑問も感じない人はいないだろうか？

訳例1 （×）People will consume more by abolishing the consumption tax.

これも主語の不一致だ。消費税を廃止するのは国会であり，この文の主語の people でもなければ一般的な「人」でもないからだ。いろいろな訂正の仕方はあるが，1つは動名詞の前に意味上の主語を付けることだ（これについては次の **LECTURE** 09 で詳しく扱う）。

訳例2 People will consume more by the lawmakers abolishing the consumption tax.

ポイント 3

〈前置詞＋ ~ ing〉は極力〈接続詞＋ SV〉に！

しかし本当はもっとよい直し方がある。次の **訳例3** のように**接続詞**を使うことだ。

訳例3 People will consume more if the lawmakers abolish the consumption tax.

受験生に限らず，日本人は接続詞より前置詞を選好するようだ。簡潔にしたい気持ちはわかるが，〈**前置詞＋ ~ ing**〉では主語の一致というルールに拘束されるのに対し，〈**接続詞＋ SV**〉はそのようなルールを気にする必要がないというよさを理解してもらい，極力，後者を使うよう心がけてもらいたい。

解答例

 wrong

× People would consume more by abolishing the consumption tax.

 very good

► People would consume more if the lawmakers abolished the consumption tax.

09 動名詞を使いこなせれば英作文上級者！（2）

例題

国際化は，貧富の格差が拡大することにつながるかもしれない。

ポイント ❶

動名詞の形［主語の一致×態］

LECTURE 08 で，〈前置詞＋動名詞〉は「主語の一致」というルールに拘束されてミスも多くなるため，極力使わないように，という趣旨の話をした。実際，受験生が〈前置詞＋動名詞〉を使う多くの場面で，ネイティブを含む英語の上級者は**接続詞**を使う。しかし，それでは動名詞には役目がないかと言えば，それは違う。動名詞が存在する以上，役目はあり，それを使いこなすのもまた重要だ。その話をする前に，**LECTURE** 08 の復習をしよう。

まず動名詞には 4 つの形がある（**LECTURE** 08 の表を参照）が，時制は無視しても多くの場合，さしつかえないことを考慮すれば，2 つの形，つまり**能動の〈~ing〉「～すること」**と受け身の**〈being p.p〉「～されること」**だけを区別すればよかった。そして，動名詞の意味上の主語が主文の主語と一致するのが原則だが，一致しない場合は意味上の主語を動名詞の前に付けることができる。ということは，動名詞の形が 2 種類（能動と受け身），主語を付けるか付けないかも 2 とおりで，合計 2×2＝4 で**動名詞には 4 とおりの形がある**ということになる。次の例文 (1) ～ (4) でそれを確認しよう。

■ 動名詞の 4 つの形［主語の一致×態］

□ (1) I am afraid of getting ill.	主語一致 動名詞は能動	私が病気になること を私が恐れている
□ (2) I am afraid of <u>my son</u> getting ill.	主語不一致 動名詞は能動	息子が病気になるこ とを私が恐れている。
□ (3) I am afraid of being criticized.	主語一致 動名詞は受け身	私が批判されること を私が恐れている
□ (4) I am afraid of <u>my son</u> being criticized.	主語不一致 動名詞は受け身	息子が批判されるこ とを私が恐れている

ポイント ❷

熟語の知識を活用する！

最後が前置詞で終わる熟語の多くは that 節に書き換えることができる。例えば上に例を挙げた〈be afraid of〉も〈be afraid that〉に書き換えることができる（→ p.21）。したがって，(1) ～ (4) は無理に動名詞を使わなくても，that 節を使って表せるわけだ。例えば (4) は次の (5) のように書けばすむし，またそちらのほうが自然だ。

(5) **I am afraid that my son will be criticized.**

しかし，すべての熟語がこのように that 節に書き換えができるわけではない。例えば〈look forward to ~ing〉という熟語を知っていると思うが，これは look forward that に書き換えることはできない。こうした熟語は**前述の動名詞の４つの形と組み合わせる**ことで熟語の知識が生かされるのだ。(1) ～ (4) と同じことだが，(5) ～ (8) で確認してもらいたい。

(5) **I am looking forward to meeting her.**
(6) **I am looking forward to her coming.**
(7) **I am looking forward to being chosen as captain.**
(8) **I am looking forward to my son being chosen as captain.**

受験生の多くは〈look forward to〉の to は to 不定詞ではなく前置詞なので，後ろには動詞の原形ではなく動名詞が続くということで，〈look forward to ~ing〉などと覚えている。それは結構だが，その結果 (5) のような文しか書けないのでは英作文上級者になることはおぼつかない。(6) ～ (8) までも書けるようになって初めて熟語の知識も生きるというものだ。

ポイント 3

いろいろな熟語と組み合わせる

問題は，that 節に書き換えができないために動名詞の４とおりの形と組み合わせて使いこなすことが必要になる熟語の判別なのだが，残念ながら判別する便利な方法は存在しない。経験や知識で１つ１つの熟語を正しく使えるようになるしかないのだが，**that 節に置き換えられず，かつ動名詞と組み合わせると入試英作文で便利なもの**を次にいくつか挙げておく。

■ **動名詞との組み合わせで便利に使える熟語**

❶〈because of〉，〈as a result of〉，や〈instead of〉のような，前置詞の役割をする熟語。
❷手段を表す〈by ~ing〉「～することによって」，反対を表す〈against ~ing〉など，熟語と言うより前置詞単独で何らかの意味を持つもの。
❸因果関係を表す〈result from〉や〈lead to〉，〈have something to do with〉など。

解答例

OK

► **Globalization can lead to a widening of the gap between rich and poor people.**

but I recommend…

► **Globalization can lead to the gap between rich and poor people getting wider.**

10 名詞節は意訳の王様！

例題

> **外見を気にしすぎる人が多い。**

ポイント ①

名詞を名詞節で表現するのは，意訳の基本にして王様！

ここまで「**主語と述語をずらす**」「**文脈を考え同意・反意表現を見つける**」など，意訳のテクニックを学んできたが，それらに「**名詞は名詞節で表す**」という，もう1つのテクニックを付け加えたい。このテクニックは最も基本的で最もよく知られているものだ。1つ例を挙げよう。「私は彼の年齢を知らない」という文を英訳するとして，どのように書くだろうか？

(1) **I don't know his age.**　　　(2) **I don't know how old he is.**

(1) は直訳。それに対して (2) は，「年齢」を「彼がどのくらい年をとっているか」という**名詞節**で訳した例。受験生の多くは (1) でいいじゃないかと思うだろうが，英語教師のほとんどは (2) を推すはずだ。その理由は，まず**意訳がやりやすい**という点だ。年齢ならまだ age でよいが，「私は<u>彼の出身地</u>を知らない」という文を英訳するときはどうするのだろう。あえて言えば次の (3) のように書くのだろうが…。

(3) **I don't know the place of his birth.**

しかし，それよりは次の (4) のほうがよさそうだということに関しては，きっと異論はないはずだ。このような意訳への柔軟性が名詞節の持ち味だ。

(4) **I don't know where he comes from.**

ポイント ②

名詞節を文法面から確認しておこう

名詞節を英作文で活用することにはもう1つ意味があるのだが，その前に文法を確認しておこう。最初は**名詞節を作る接続詞**である。

(5) **I know that he is honest.**

(6) **I don't know whether he is honest or not.**

(7) **I don't know why he is angry.**

(5) の that，(6) の whether のほか，(7) のようないろいろな**疑問詞**は，疑問文を作る以外に**名詞節を作る接続詞**としても使える。さらにその**名詞節の役割**を確認しよう。

(8) **It is certain that he will come.**

(9) **I know that he will come.**

（10）**The trouble is** that I cannot speak English.

　（8）のように，名詞節は**主語**として使うことができる（（8）のように**形式主語**を使って書き換えるのがふつう）。さらには（9）のように**動詞の目的語**としても使えるし，（10）のように**補語**としても使える。問題はここから。

（11）**I am afraid** ~~of~~ that my teacher will get angry with me.

（12）**I am afraid** of what will happen in the future.

　名詞節は名詞の役割をするわけだから，前置詞の目的語（前置詞の次にくる名詞のこと）としても使えるはずだ。ところが（11）のように**前置詞の目的語に that 節を使ったときは，前置詞は原則として省略**される。逆に（12）のように，**that 以外の名詞節を前置詞の目的語に使った場合は，原則，前置詞は残す。**理屈に合わないが非常に使用頻度が高いルールなので，ぜひマスターしてほしい。

ポイント◀ ❸

名詞節と組み合わせてうまく熟語を活用しよう！

　LECTURE 09 では「動名詞と組み合わせて熟語を活用しよう」という話をしたが，今度は「名詞節と組み合わせて熟語を活用する」ことを考えてみたい。例えば「彼は自分の発言を恥じている」を英訳するときは，次のようにいろいろに書けるということだ。

（13）**He is ashamed of** his remark.

（14）**He is ashamed** that he said such a thing.

（15）**He is ashamed** of what he said.

　まず「発言」という単語 remark が思いつけるのなら，（13）のように単純に書いて問題ない。しかし remark という単語をど忘れしたら？　または英単語で表しにくい場合は？
　その場合は（14）のように〈**be ashamed of ～**〉という熟語を〈**be ashamed that ～**〉に代えて（（11）のように前置詞は必ず省略），**名詞を名詞節にして意訳**する方法もあるし，（15）のように**前置詞を残して that 以外の名詞節を使って意訳**する方法もある。もちろん **LECTURE** 09 で学んだように**動名詞**を使い，次の（16）のようにする手もある。**動名詞と名詞節の二刀流**をうまく使い分けて，熟語を120% 使いこなしてもらいたい。

（16）**He is ashamed of** saying [having said] such a thing.

解答例

OK

▶ **Many people care about their appearance too much.**

but I recommend …

▶ **Many people care too much about how they look.**
▶ **Many people care too much about whether they look nice or not.**

11 非制限的な修飾語句は接続詞に置き換えよ！

例題

> 温室ガスを出さない自転車は環境によい。

ポイント ❶

制限的な修飾語句と非制限的な修飾語句を見分けよう！

　名詞を修飾する語句には「制限的な修飾語句」と「非制限的な修飾語句」の２種類がある。この区別は日本語のほうが理解しやすいので，次の文で構造を考察してみよう。

(1) <u>私の住む</u>地方は米どころとして有名だ。

　(1) の下線部の「私の住む」という修飾語句は，次に続く「地方」を修飾している。この修飾語句を取り去ってしまって，「地方は米どころとして有名だ」だけでは意味をなさない。この文が意味を成すためには，「私の住む」という修飾語句は絶対に必要だ。別の言い方をするなら，この修飾語は，たくさんの地方の中から「私の住む」ただ１つの地方を抽出する（＝制限する）役割を果たしており，こうした修飾語は「**制限的な修飾語句**」と呼ぶ。この (1) と次の (2) の日本語の構造を比べてみよう。

(2) <u>夏が暑い</u>東京は住みにくい。

　(2) の修飾語句「夏が暑い」も，一見，「東京」を修飾しているように見えるが，この修飾語句を取り去って「東京は住みにくい」とだけ言っても，「どの東京の話？」とは聞き手は思わない。東京はもともと１つしかないからだ。この修飾語は (1) とは異なり，取り去ることが可能だ。こうした**本来必要でない修飾語句**のことを「**非制限的な修飾語句**」と呼ぶ。

ポイント ❷

非制限的な修飾語句を見つけよう！

　それでは (1)，(2) をそれぞれ英訳してみよう。

(1´) **The area where I live is famous for rice farming.**

(2´) **Tokyo, where summer is hot, is not comfortable to live in.**

　どちらも関係詞を使って修飾語句の部分を訳しているのがわかると思うが，(2´) は関係詞節がカンマで囲まれ，挿入句扱いになっているのがわかるはず。**非制限的な修飾語句**は前述のように本来は不要なものであり，それを示すためにカンマで囲い，**挿入句扱い**にしなくてはいけないのが文法のルールだ。したがって英作文では，関係詞を使って修飾語句を表そうとするとき，それが**制限的な**ものなのか，**非制限的な**ものなのかを判別しなければいけないわけだ。

　一番簡単に見分けるには，修飾語句に「〜ほうの」を付けてみるとよい。(2)の「夏が暑い**ほうの**東京は…」というのは明らかに変な日本語だ。東京は１つしかないからだ。「〜な**ほうの**」と言ってみて「変な日本語だな」と感じたら，それは非制限的な修飾語句だ。

ポイント 3

非制限的な修飾語句は，「理由」か「逆接」か「and」に！

　非制限的な修飾語句は，本来は不要な修飾語句だ。では不要なのになぜ付け加えるのだろうか。実は「夏が暑い」は，「東京」という名詞を修飾する修飾語句のようでいて，「夏が**暑いので**東京は住みにくい」のように「**理由**」を表しているのだ。ならば(2′)のように英訳する代わりに，次のように意訳できるはずだ。

　(2″) **Tokyo is very hot in summer, so it is not comfortable to live there.**

so でなくても because などでもよい，ともかく**非制限用法の関係詞を使うくらいなら理由を表す接続詞を使って表せばよいではないか**，という発想だ。とりわけ修飾語句で修飾される名詞が代名詞の場合，この意訳はぜひ使ってもらいたい。例えば「アメリカで育ったタロウは英語がペラペラだ」の英訳は(3)ではきわめてつたないので，(3′)のように訳すべきだ。

　(3)（**？**）**Taro, who grew up in the U.S., speaks English well.**
　(3′)（◎）**Taro speaks English well, as he grew up in the U.S.**

さらに次のような日本語を考えてみよう。

　(4) 彼は好きだったカノジョと別れた。
　(5) ベクレル氏は，その後，人類に多大な影響を及ぼす放射能を発見した。

　(4)は「好きだった**のに**，彼はカノジョと別れた」というように，下線部は「**逆接**」(but や although)を表し，(5)は「ベクレル氏は放射能を発見し，**そして**それはその後，人類に多大な影響を与えた」のように **and に置き換えられる**のがわかると思う。

　このように非制限用法の修飾語は「理由」(because や as など)，「逆接」(but やalthough)，または and に置き換えて意訳できるし，極力そうすべきである。

LECTURE 11

解答例

▶ **Bicycles which don't emit greenhouse gases are good for the environment.**

▶ **Bicycles don't emit greenhouse gases, so they are good for the environment.**

12 形容詞と第2文型を使いこなそう！

例題

> 我々には将来の世代のために環境を守るという責任がある，という意識をもっと高めるべきだ。

ポイント ①

形容詞をもっと活用しよう！

　日本語では「年をとる」のように名詞を使うところで英語では become <u>old</u> のように形容詞を使うことからわかるように，英語は日本語に比べて形容詞を多用する言語だ。日本語では「私は幸せを感じた」などと言うが，英語では I feel <u>happiness</u>. ではなく I feel <u>happy</u>. というのがふつうである（前者も誤文とは言えないが）。

　例題を見てみよう。「意識を高める」とあるが，これをどう英訳したらよいか迷うところだ。**raise awareness**（認識を高める）という言い方はあるが，これは世間の人にもっと関心を持ってもらうという意味合いであり，あまりよくない。それよりは形容詞を使って「**be more aware that ～**」と言えば簡単だ（「責任を持つ」のほうも，もちろん同じように形容詞を使える）。

ポイント ②

be で始まる「熟語」も，もっと活用しよう！

　形容詞の活用をもう少し別の角度からも考えてみよう。「彼は英語が得意だ」を，次の (1) のように訳すことなら誰にでもできる。

(1) He is good at English.

　ところが，おそらく多くの英語学習者が無意識のうちに固定観念として抱いているのは，〈be good at〉という熟語は文字どおり be 動詞を使わなければいけない，というものだ。例えば，次のような文も正しいことがわかるだろうか？

(2) I want to <u>become</u> good at English. 　「英語が得意になりたい」

　〈be good at〉だけでなく〈be able to do〉でも〈be surprised at〉でもよいのだが，こうした「熟語」を覚えるとき，be を付すのは次に来る単語（これらの例で言えば good, able, surprised）が形容詞であることの確認としてだけの話であり，**be 動詞以外のほかの第2文型動詞を be の代わりに使ってさしつかえないわけだ。**

ポイント ❸

第2文型動詞の中でも，become と get くらい，しっかり使おう！

　第2文型動詞の中でも英作文でダントツによく使うのは，「〜になる」という動詞たちだ。become，get，come，go，stay などある中で，ここでは **become** と **get** だけ学んでおこう。

■ become と get の使い方

become	〜になる	万能選手なので，どんな形容詞と組み合わせても使えるが，ほかの類語のほうがずっとよい場合も多々ある。
get	❶ 一時的に〜になる	**get angry**「怒る」, **get ill**「病気になる」など，熟語化したものが多い。
	❷ ＋比較級	**get hotter**「より暑くなる」（become hotter は間違いではないが，比較級が続く場合は become より get が好まれる）
	❸ ＋ -ed で終わる過去分詞，形容詞（右辺と比べよう）	**get married** 結婚する ⬅➡ (**be married** 既婚だ)
		get used to ~ing 〜するのに慣れる ⬅➡ (**be used to ~ing** 〜するのに慣れている)
		get acquainted with〜 〜と知り合う ⬅➡ (**be acquainted with** 〜と知り合いだ)
		get addicted to〜 〜にハマる ⬅➡ (**be addicted to〜** 〜にハマっている)

ポイント ❹

特に〈get ＋ p.p. ／過去分詞派生の形容詞〉は超頻出！

　中学校時代に，受け身は〈be + p.p.〉で作ると習う。しかし **be 動詞は本質的に状態を表す**と知るべき。例えば injure「傷つける」を受け身にすると He <u>is injured</u>. になると習うわけだが，これは，彼は「ケガをしている」という**状態**を表す。「ケガをした」は He <u>got injured</u>. とすべきだ。上記の表に示したように，**get は後ろに過去分詞がくるとき** become より好まれるので，この場合も get を使い，「傷つけられた状態になる＝ケガをする」となるわけだ。

　同じことが，基本的にはいろいろな**過去分詞由来の形容詞**にも言える。上の表の❸を見てほしい。右辺が学校で習う形だが，意味によっては左辺で使おうということだ。

LECTURE **12**

解答例

　▶ We should raise the awareness that we have the responsibilities to protect the environment for future generations.

　▶ We should be more aware that we are responsible for protecting the environment for future generations.

13 「〜になる」はいつでも悩ましい

例題

海外旅行をして，私は外国の文化に興味を持った。

ポイント 1

become や get を充分に使いこなす

和文英訳で「〜になる・なった」という日本語を英訳するのはいつもちょっと厄介だ。それほど「〜になる・なった」はいろいろな訳し方がある。まずは単純に become や get を使うことだ。「彼は医者になった」という文を英語にするなら誰でも次のように訳すだろう。

(1) He has become a doctor.

ただし **LECTURE** 12 で学んだように，〈be good at〉のような be を付して熟語で覚えているものでも，同じようにできないとだめだ。たとえば「英語が得意になった」は次のようにする。

(2) He has become good at English. 「得意になった」

(3) He has got better at English. 「（以前より）得意になった」

ポイント 2

become to do はダメ！

ところが，become は後ろに形容詞や名詞を置くことはできるが，to 不定詞をとることはできない。

(4) (×) He has become to love her. 「彼は彼女が好きになった」

後ろに to 不定詞を従えて「〜するようになる」を表すのに使うのは以下の3つの表現だ。使い方とともども表にしておく。

■「〜するようになる」を表す3つの表現

□ come to do	心情的な変化を表すのに使うのがふつう。使いすぎ禁物。	**come to believe / think** 「信じるようになる，思うようになる」
□ get to do	「たまたま〜する機会を得る」 使いすぎ禁物。	**get to meet her** 「彼女と会えることになる」
□ learn to do	「〜できるようになる」 受験生はあまり使わないが便利。	**learn to ride a bike** 「自転車に乗れるようになる」

受験生は「〜するようになる」と書いてあると，すぐに come to do を使おうとする傾向にあるが，状況をわきまえて使ってもらいたい。

ポイント ③

同じことを複数の言い方で言える

ここまで読んで気づいたかもしれないが，**同じことをいくつもの言い方で表せることは少なくない**。例えば「英語が話せるようになった」は次のどちらでも表せる。

(5) **I have become able to speak English.** (6) **I have learned to speak English.**

また別の例を挙げると，「彼女と知り合いになった」は次のどちらでも表せる。

(7) **I have got acquainted with her.** (8) **I have got to know her.**

(5) より (6) のほうが，また (8) より (7) のほうがはるかにふつうの表現だ。こういうところが語学の面倒なところだが，英作文があまり得意でない受験生には，とりあえずいろいろな言い方ができることを理解してもらいたいし，得意な受験生には，その中でどれが一番こなれた表現なのかを，少しずつ，1つずつ覚えてもらいたい。

ポイント ④

improve と decline は万能選手！

さらにはまったく違う動詞を使うこともある。「多くなる」を become many とは誰も書かないはず。increase「増える＝多くなる」という動詞を使うわけだ。「少なくなる」を decrease とするのも同様だ。ところが「よくなる」は become good などと書く受験生が多い。improve という動詞くらいは使いこなしてもらいたい。「天気がよくなる，景気がよくなる，成績がよくなる」など，日本語と同様に便利に使える万能選手だ。反対語の decline「悪くなる」とセットで覚えておこう。

ポイント ⑤

現在形で切り抜ける

「ネットの利用はありふれたものになった」をあえて became を使わず，次の (9) や (10) で書いてもそんなに意味は変わらないのもわかるだろう。

(9) **Internet use is really common these days.**

(10) **Internet use is more common now than before.**

このように現在形や，現在形と比較級の組み合わせで書くこともできるわけだ。「～になる」はいろいろな表し方があるので，うまく選択して使ってもらいたい。

LECTURE
13

解答例

OK

▶ **I came to be interested in foreign cultures by traveling abroad.**

but I recommend…

▶ **I got interested in foreign cultures by traveling abroad.**

14 うなぎ文・結果目的語・冗語・重言

現代人は石油に頼りきって暮らしている。

(注：石油　petroleum)

ポイント ①

うなぎ文

　ここまで文法的な知識と意訳とをどう組み合わせて英文を書けばよいのか，という観点からいろいろなパターンを紹介してきた。最後に必然的に意訳をしなければならないようないくつかのパターンを列挙する。

　まず1つ目は，**通称「うなぎ文」**というものである。おかしな名前だが立派な言語学用語だ。その名前の由来から紹介する。2人の人が食堂に行き，昼食を注文する場面だ。1人が「僕はカツ丼にするけど，君は？」と尋ね，もう1人が「<u>オレはうなぎ</u><u>だ</u>」と答えた。まさか下線部の発言を I am an eel. (eel: ウナギ) と英訳はしないだろう。**日本語どおりに主語・動詞を英語に置き換えて，意味が通じる英文になる保証はない。**「～である，～だ」という日本語はとりわけ鬼門だ。

　もう1つ，似た例を紹介する。2人の老人が会話をしている。

A：「うちに初孫が生まれましてね。女の子でした」
B：「おめでとうございます。うちも娘に去年，子どもが生まれました」
A：「それは存じませんでした。女の子ですか」
B：「<u>うちの娘は男の子です</u>」

　ほとんど笑い話だが，下線部は意訳せざるを得ないのはわかるだろう。例えば She has got a boy.「彼女は男の子を産みました」とか。日本語の「～は」は必ずしも主語を示すわけではなく，「話題の提示」にしかすぎない場合があるというのは国語の文法の基本だ。

　さらに言語学的には，「うなぎ文」でなくても「**主語・述語をずらして**」訳したほうがよい例はたくさんある。よく我々は「**家族と過ごす時間は幸せだ**」などと言う。英訳ではもちろん，次の (1) より (2) のほうがよい。このことはすでに学んだとおりだ。

(1) **Time spent with your family is happy.**

(2) **You can be happy if you are with your family.**

ポイント ②

結果目的語

　「穴を掘る」という日本語は矛盾していることに気づいているだろうか？　最初から穴があったら掘る必要はない。正確には「地面を掘って穴を開ける」というべきである。「穴」という結果が「掘る」という動詞の目的語になってしまっているので，こういう文を「**結果目的語**」と言語学上呼ぶ。ところが，こうした結果目的語は日本語に限った話ではなく英語にも同様な現象が存在することがあり，ここで挙げた「穴を掘る」という日本語は，そのまま **dig a hole** と英訳して大丈夫なのだ。ところが，「お湯を沸かす」は英語では **boil water** であり，boil hot water ではない。「立派な人間を育てる」とかアヤシい結果目的語が含まれる日本語は，**できる限り安全に訳そう。そうでないと意味不明な英文になってしまう可能性がある。**

ポイント ③

冗語と重言

　「冗」は「無駄な」という意味の漢字。したがって「**冗語**」は「無駄な言葉」という意味である。よく「あとになって後悔した」などと言うが，「後悔」という漢字をよく見れば（後になって悔やむ），下線部は不要だと気づく。冗語までを訳していけないことはないが，訳す必要がないものまで無理に訳そうとしても，受験生レベルの英語力では，たいていよい結果は生まない。思い切って「訳さない」という姿勢も大切だ。

　冒頭の例題「現代人は石油に頼りきって暮らしている」の「暮らしている」は見事に冗語だ。「頼っている」と言えば十分なことに気付くだろう。

　「**重言**」も似ている。「車を少し後ろにバックしてください！」などと言う人がいるが，これなど典型例だ。「後ろ」と「バック」は意味的に重なっている。昔，長嶋茂雄というプロ野球の名選手が引退するとき，「巨人軍は永遠に不滅です」とスピーチしたのも重言の典型例とされている。そもそも永遠に滅びないことを不滅というわけだから，「永遠」と「不滅」はどちらか片方でよい。最初の例はちょっとした不注意なのだろうが，あとの例は強調したい気持ちの表れだろう。「気高き荘厳な山」などという日本語を英訳しようとするとき，「気高き」と「荘厳な」をそれぞれ別の形容詞で表そうとしても，たいていよい結果にはならない。あわせて１つの，程よく当てはまる形容詞に置き換えれば十分だ。

解答例

► **Modern people live depending too much on petroleum.**

► **People today depend too much on petroleum.**

15 全部否定と部分否定

すべての人がその案に賛成しているわけではない。

ポイント ❶

全部否定は no と〈not ＋ any〉を使い分ける！

　ここからは意訳のことは少し置いておき，純粋に英作文で間違いが多い箇所について，いくつか確認したい。まずは**全部否定と部分否定**だ。誰でも知っているが，なかなか正確に使いこなせない人が多い。まず**全部否定**から。no, nobody, nothing のような，**no- で始まる語は，原則，主語でのみ使う**，と思っておけば間違いない。

（1）**Nothing happened.**　「何も起こらなかった」

（2）（△）**I ate nothing for breakfast.**　「朝食に何も食べなかった」

　（1）は正しい文。nothing が主語として使われているからだ。それに対し，（2）のように主語以外に nothing を使うのはよい文ではない（文法的に完全に間違っているわけではないが）。**主語以外で使う場合は，「no」を〈否定文＋ any〉に置き換えて**もらいたい。つまり（2）より次の（3）のように書くのがよいということだ。

（3）**I didn't eat anything for breakfast.**

　nobody や名詞の前に付ける no も同じことだ。「no」はとりわけ正しく使えない人が多い。

（4）**No students could solve the problem.**　「その問題を解けた学生はいない」

（5）**I don't have any friends.**（△ **I have no friends.**）　「私には友だちがいない」

　「no」に関しても（4）のように主語に付けるときは使って差し支えないが，（5）のように主語以外では，"I have no idea." のような定型的表現以外は極力使わないこと。（5）はもちろんのこと，（4）も There were no students who could solve the problem. のように書いてしまう人がほとんどだが，there is 構文を使うのは無駄であり，（4）のようにシンプルに書こう。この点に関しては **LECTURE** 01 を再度，見直してほしい。

ポイント ❷

部分否定は〈not ＋ 100%（all, every, everyone, everything）〉

　今度は**部分否定**だ。部分否定は自由英作文でも使う機会が多いので，使いこなせるようにしたい。基本的には all, every, everything, everybody のような「**すべて（100%）**」を表す単語の前に否定語を置けばよいのだが，この「前に」というところ

が重要だ。

(6)（×）**Everything he said was <u>not</u> easy.** 「彼の語るすべてが簡単だったわけではない」

(7)（○）**I couldn't understand everything he said.**

「私は彼の語るすべてを理解できたわけではない」

(6) と (7) はいずれも部分否定を表現するために否定文の中で everything を使っているのだが，(6) はダメ。逆に (7) は正しい文。その理由は語順だ。前述のように **not が everything の前になければいけないのに，(6) はそれが逆になっている。** everything が主語だからだ。それではどうするかというと (6) は次の (8) のようにするのが正しい。

(8) **Not everything he said was easy.**

部分否定を書く場合は，主語以外の，例えば目的語に everything など「**すべてを表す単語**」が来る場合は，ふつうに否定文にすればよいが，それが**主語に来る場合は not で始まる否定文にする必要がある**ということだ。当然ながら，書けそうで書けないのは (8) のような部分否定の文だ。

ポイント 3

部分否定が〈not always〉の一本槍というのもサビシイ

受験生に「彼の語ることすべてが簡単だったわけではない」という文を英訳させると，判で押したように次のような答案を書く。

(9)（？）**What he said was not always easy.**

これはあまりよい文ではない。(8) のように書くほうがはるかに洗練されているし，ふつうの英語だ。部分否定となると受験生がひたすら〈not always〉で書こうとするのは，おそらく ポイント 2 で説明したような文法の運用面での面倒さがないからだと思われるが，英作文の上級者を目指す諸君が〈not always〉一本槍というのはちょっと寂しい話である。ポイント 2 のような部分否定もしっかりマスターしてもらいたい。

解答例

 ► **People don't always agree with the plan.**

 ► **Not everyone agrees with the plan.**

16 否定の射程

> 英語が国際語なのは，それを話す人が多いおかげではない。

ポイント❶

動詞についている否定語は動詞句全体を打ち消している

もう１つわかっていそうで皆わかっていないのは，「**否定の射程**」だ。例えば次の文を見てほしい。さて (1) の文，果たして「彼」はアメリカに行っただろうか，行っていないだろうか？

(1) He **didn't** go to the U.S. to study English .

結論を先に言うと，この文だけでは彼がアメリカに行ったかどうかは確定できない。"〜 didn't go ..." と書いてあると，我々は didn't が打ち消しているのは go という動詞であり，したがって「行かなかった」と解釈したくなってしまう。しかしそれは間違いだ。

この文の didn't という否定語が打ち消しているのは □ で囲った動詞句全体である。日本語で言えば「英語を学びにアメリカに行く という行為はしていない」というだけであって，go を打ち消して「出かけていない」と言っているのか，to the U.S. を打ち消して「アメリカには行っていない（ほかの国に行った）」と言っているのか，はたまた to study English を打ち消して「（アメリカには行ったが）英語を学びに行ったのではない」と言っているのか，文脈の助けがないと，この文だけでは判定できないのである。それではこの文に文脈（下線部）を足してみよう。

(2) He didn't go to the U.S. to study English but to find a job.

今度は didn't という否定語が何を打ち消しているのかハッキリした。(2) は「彼は英語を学ぶためにアメリカに行ったのではなく，仕事を探すために行ったのだ」という意味であり，つまりこの人はアメリカに行ったのである。だとすれば我々の感覚では次のように書くべきであるように感じる。

(3) (△) He went to the U.S. **not** to study English but to find a job.

つまり否定語である not を否定しようとするものの直前に置いたほうが，not が何を打ち消しているかがわかりやすいように感じるわけだ。ところが (3) は間違いではないが，英語ではあまりよい表現ではないとされている。「**動詞句の中の一部分を否定するときでも，否定する語句の直前に not を付けるのではなく，ふつうに否定文にする**」，というのが英語式なのだ。

以上に書いたことは英文解釈では重要（(1) のような文を誤読しないようにしなけ

ればいけない，という点で）なのだが，英作文でも気を付けるべきポイントだ。

部分を否定するときでも，ふつうに否定文にする

逆に言うと，英作文では考えすぎは禁物ということだ。つまり，**動詞句の一部を否定するのでもふつうに否定文にすればよい**。例えば「私は負けるためにここに来たわけではない」という日本語を英訳するとして，(4) のように書くことになる。

(4) **I haven't come here to lose.**

I haven't come ... の部分だけ見ると「私はここに来なかった」と書いてあるように見えるが，これでよいのだ。考えすぎて次の (5) のようにしてはいけない。

(5)（？）**I have come here not to lose.**

どうしても意味をハッキリさせたいとき

冒頭の例題を見てみよう。「英語が国際語なのは，それを話す人が多いおかげではない」とある。理由を否定していると考えると次のように書いてしまいそうだ。

訳例1〉 **English is a global language not because many people speak it.**

間違いではないが，次のように書くのがふつうであるというのが今回のテーマだったわけだ。

訳例2〉 **English is not a global language because many people speak it.**

または，どうしても意味をハッキリさせるためには以下の 訳例3〉 のように書く英訳の難易度は高いが，これはこれでマスターしたい。本書の中で徐々に学ぼう。とりあえずは 訳例2〉 を書けるようになろう。

訳例3〉 **The reason English is a global language is not that many people speak it.**

解答例

► **English is a global language not because many people speak it.**

► **English is not a global language because many people speak it.**
► **The reason English is a global language is not that many people speak it.**

例題

> **最近の若者はあまり本を読まない。**

ポイント ❶

場所や時の副詞（句）のいろいろ

　場所や時を表す副詞（句）がいろいろあることは知っていると思う。言い出したらきりがないくらいたくさんあるが，英作文で使いそうなものだけいくつか下に列挙しておく。

■ 場所や時を表す副詞（句）

場所を表す副詞	**here / there / home / abroad / right / left / up / down / east / west / north / south**
時を表す副詞	**today / yesterday / tomorrow / these days / ～ago**

　問題はこうした副詞（句）の使い方だ。まず次のような使い方は中学校で習う。

（1）**He lives in Tokyo.**　→　**He lives abroad.**

（2）**There is a party today.**

　（1）では左辺の in Tokyo という〈前置詞＋名詞〉が右辺では abroad という副詞に置き換わっている。このように副詞は〈前置詞＋名詞〉同等の働きをするのだ，と。同様に（2）も on today とはしない。today は副詞だからだ。それはその通りなのだが，**副詞が〈前置詞＋名詞〉の役割をする**のは，（1）や（2）のように動詞を修飾するときだけではない。

ポイント ❷

副詞は名詞を後ろから修飾

　次のように名詞を修飾するときにも，副詞は〈前置詞＋名詞〉の役割をする。

（3）**a trip to Europe**　→　**a trip abroad**

　間違っても an abroad trip などとしてはいけない。abroad は形容詞ではなく副詞なので，名詞の前に置いて名詞を修飾することはできない。しかし左辺の to Europe が後ろから a trip という名詞を修飾するように abroad も副詞であり，〈前置詞＋名詞〉の役割をするわけだから，後ろから a trip という名詞を修飾できる理屈だ。こうした用法があるのは，あくまでも**場所や時の副詞に限られる**ことには注意を払う必要はあるが，それでも使用範囲は広い。

その中でも一番英作文で使うのは，例題の「最近の若者」とか「現代の日本」といった表現だ。受験生の答案では today's young people や modern young people が多く，どちらもまったく間違ってはいないのだが，もっとふつうでよりよい書き方がある。today や these days という副詞（句）を後ろから名詞を修飾するように使い，**young people** <u>today</u> とか **young people** <u>these days</u> と書くことである。

ポイント 3

〈名詞＋副詞〉のいろいろ

それでは以下，すでに挙げたものも含めて，副詞が後ろから名詞を修飾する例の中から英作文で使用頻度の高いものをいくつか挙げることにする。すべて左辺の〈前置詞＋名詞〉が右辺では副詞に代わっていることを確認してほしい。

■ 〈名詞＋副詞〉の表現

☐ **a trip** <u>to Osaka</u> ➡	**a trip** abroad	海外旅行
☐ **Japan** <u>in the 20th century</u> ➡	**Japan** today [**Japan** these days]	現代日本
☐ **people** <u>in the 60s</u> ➡	**people** 10 years ago	10年前の人々
☐ **one's way** <u>to school</u> ➡	**one's way** home	帰り道
☐ **the newspaper** <u>on Sunday</u> ➡	**the newspaper** yesterday	昨日の新聞
☐ **the climate** <u>in Tokyo</u> ➡	**the climate** here	ここの気候

解答例

➤ **Modern young people don't read much.**

➤ **Young people today don't read much.**

18 to 不定詞をとる形容詞と that 節をとる形容詞

例題

> 子どもがここで泳ぐのは危険だ。

ポイント ❶

to 不定詞と that 節

to 不定詞には名詞用法というものがあり，次のような例文を中学校で習う。

(1) It is dangerous to swim here. 「ここで泳ぐことは危険だ」

一方，that 節は名詞節であるということで，次のような文も中学校で習う。

(2) It is surprising that she got married. 「彼女が結婚したことは驚くべきことだ」

この (1) の to 不定詞と (2) の that 節は，どこが違い，どう使い分ければよいのかが今回のテーマだ。

中学校で (1) や (2) のような文を習った時点では，何も難しいことはない。(1) のように「～すること」は to 不定詞，(2) のように「～が…すること」は that 節で表すだけの話だ。つまり「～が」という主語に相当する部分がある場合は接続詞である that を使い，その部分がない場合は to 不定詞を使う。ところが高校に入ると，「to 不定詞に意味上の主語を付けたい場合は，〈for + 主語〉の形で to 不定詞の前に付ける」ということで，次のような文を習うと話は一変する。

(3) It is dangerous for children to swim here. 「子どもがここで泳ぐことは危険だ」

to 不定詞にも主語を付けることができるのだ。ということは，先ほど述べた「～すること」は to 不定詞で表し，「～が…すること」は that 節で表す，という単純化した理解ではダメということになる。事実，that 節を使い，(3) を次の (4) のように書くことは誤りである。

(4) (×) It is dangerous that children swim here.

to 不定詞にも〈for + 主語 + to do〉の形で主語が付けられるということは，that 節と to 不定詞の間に主語が付くか否かという以上の，もっと本質的な違いを見出さなければ使えないということになる。

ポイント ❷

that 節は「～という事実」「～という考え，世評」

もう一度 (2) "It is surprising <u>that she got married</u>." を見てもらいたい。この文の that 節は「彼女が結婚したこと」と訳せばすむが，もう少し言葉を補えば「彼女が

結婚した<u>という事実</u>」である。また，次の例文も見てもらいたい。

(5) **It is doubtful that he is a millionaire.**　「彼が億万長者だということは疑わしい」

　この文の that 節も「彼が億万長者だということ」と訳せばことたりるが，もう少し言葉を補うとすれば「彼が億万長者だという，噂，世評」ということである。このように **that 節は，特定の人が特定のことをしたという事実や世評を表すのに使う。**つまり，that 節には主語に相当する部分が必須であり，次の (2´) (5´) のように to 不定詞を使うと，まったく意味不明な文（「誰についての話？」と言いたくなる）になってしまうことがわかるだろう。

(2´)（×）**It is surprising to get married.**　「結婚することは驚くべきことだ？？」

(5´)（×）**It is doubtful to be a millionaire.**　「億万長者であることは疑わしい？？」

ポイント 3

不定詞は主語が不定だから不定詞

　それに対して to 不定詞はどうだろうか。(1) と (3) を比べてみればわかるように，to 不定詞には意味上の主語を付けることができるだけで，それが必須ではない。あってもなくても文として成立するのがわかる。

　結論を言えば，「**～が…すること**」の「**～が**」が必須であるようなときは **that 節**，逆に「**（～が）…すること**」の「**～が**」がなくても成り立ちそうな場合は〈**for ＋主語＋ to do**〉で書けばよい，というのが一番簡単な使い分けの方法ということになりそうだ。以下にそれぞれの形をとる代表的な形容詞を列挙する。覚える必要はないが，以上述べたような方法で that 節を従えそうな形容詞か〈**for ＋主語＋ to do**〉を従えそうな形容詞かを自分で判別し，使えそうかどうか確認してほしい。

■ 不定詞をとる形容詞・that 節をとる形容詞

□ 必ず to 不定詞を従えるか，または to 不定詞のほうがオススメの形容詞
easy, difficult, dangerous, convenient, possible, necessary
□ 必ず that 節をとる形容詞
obvious, strange, a pity（名詞）**, clear, true, surprising**

解答例

　×　**It is dangerous that children swim here.**

　▶　**It is dangerous for children to swim here.**

19 目的「～するために」をどう表すか？

例題

彼は誰にも読まれないように，そのメールをすぐ消した。

ポイント ❶

単純な目的「～するように」

「～するために」という「**目的**」は to 不定詞を使ってももちろん表せるが，**so (that)** という接続詞を使っても表せる。その使い分けを考察してみよう。

例えば，「彼は電車に間に合うように駅へと急いだ」をいろいろな形で英訳してみよう。

(1) He hurried to the station **to catch** the train.

(2) He hurried to the station **so as to catch** the train.

(3) He hurried to the station **in order to catch** the train.

(4) He hurried to the station **so (that)** he could **catch** the train.

見てわかるとおり，(1) ～ (3) は to 不定詞を使って目的を表している。目的を表す to 不定詞は単に to do とする以外に，〈**so as to do**〉や〈**in order to do**〉があることは知っているはず。それ以外に (4) のように接続詞〈**so that**〉を使っても目的は表せるわけだ。ただ**接続詞**ゆえに，he という主語を 2 回繰り返したり，さらには hurried のように主文が過去形である場合は so that 節の中でも can → could のように**時制の一致**をしなければならないなど，どうにも面倒だ。この (1) ～ (4) だけを見れば，わざわざ (4) を使って書こうという気にはならないだろう。

ポイント ❷

否定の目的「～しないように」

しかしその結論はもう少しあとに下すことにして，今度は否定の目的，つまり「彼は電車を逃さないよう駅へと急いだ」という文を考えてみよう。

(5) (?) He hurried to the station **not to miss** the train.

(6) He hurried to the station **so as not to miss** the train.

(7) He hurried to the station **in order not to miss** the train.

(8) He hurried to the station **so that** he would not **miss** the train.

否定の目的に関してまず注意すべきなのは，〈to do〉「～するために」の否定だから「～しないように」は〈not to do〉で書けばよいと考えるのは自然なのだが，ふつうそれはしない（文法的に絶対ダメではないが）。**否定の目的は (5) は非常にまずく，(6) ～ (8) のいずれかで書かなければいけない**というのは覚えておこう。

ポイント ③

主文の主語と目的の主語が異なるとき

最後に「彼女が通れるように彼がわきにどいた」のように，**主文の主語と目的の主語が異なる場合**を考えてみよう。

（ 9 ）**He stepped aside** <u>for her</u> **to pass.**

（10）（×）**He stepped aside** ~~so as for her~~ **to pass.**

（11）**He stepped aside in order** <u>for her</u> **to pass.**

（12）**He stepped aside so that** <u>she</u> **could pass.**

まず〈so as to do〉は主文と主語が異なる目的には使えない。それ以外の〈to do〉や〈in order to do〉は，（9）と（11）のように**意味上の主語〈for＋主語〉をそれぞれ to 不定詞の前に付ける**ことによって，こうした場合にも対応することはできる。

以上を表にすると，次のようになる。

■ 目的を表す用法の使い方

	目的	否定の目的	主語が異なる目的
☐ **to do**	○	×	○
☐ **so as to do**	○	○	×
☐ **in order to do**	○ （文語）	○ （文語）	○ （文語）
☐ **so that**	○	○	○

to 不定詞を使って目的を表すのは万能ではなく，唯一 in order to do は万能だが，これはけっこう文語的な表現だ。それに比べると〈so that〉は確かに（4）では面倒に感じるかもしれないが，（8）や（12）のように**どんな場合にも対応できるのが長所**である。

特に例題のような場合は主文と主語も異なるし（〈so as to do〉は使えない），**否定の目的**（〈to do〉は使えない）なので，解答例 の not smooth のように〈in order to do〉を苦労して使わなければならなくなる。ならば〈so that〉のほうがはるかにラクなはずだ。

解答例

▶ **He deleted the e-mail right away in order for it not to be read by anybody.**

▶ **He deleted the e-mail right away so that it would not be read by anybody [so that nobody would read it].**

39

20 逆接と譲歩と仮定を区別しよう！

例題

難しくても，それをあきらめてはいけない。

ポイント ❶

「逆接」と「譲歩」を区別しよう！

　接続詞の中で受験生が苦手だなと感じることが多いのは，**LECTURE** 19 で取り上げた「目的の so that」と，この課で取り上げる「逆接・譲歩・条件の使い分け」，その中でも特に「**譲歩の接続詞**」である。

　しばしば混用されるが，ここでは「**逆接**」は<u>確定した事実</u>について言うもの，例えば「雨が降って<u>いたけれど</u>，彼は出かけた」（雨が降っていたのは確定した事実）．それに対し，「**譲歩**」というのは「<u>たとえ</u>雨が降っても彼は出かけるつもりだ」（まだ雨が降るかどうかは未定）のように，**未確定なもの**について言う。

ポイント ❷

逆接の接続詞

　上記の「**逆接**」と「**譲歩**」の2文を，それぞれを英訳してみる。まずは「**逆接**」から。

> **逆接** 雨が降っていたけれど彼は出かけた。

> (1) **It was raining, but he went out.**
> (2) **Though it was raining, he went out.**
> (3) **Although it was raining, he went out.**
> (4) **Even though it was raining, he went out.**

　この (1) 〜 (4) のように**逆接を表す接続詞**は，等位接続詞の **but** と従属接続詞の **though**, **although**, 〈**even though**〉の3つがある。

ポイント ❸

譲歩の接続詞

　問題は「**譲歩**」の接続詞である。

> **譲歩** たとえ雨が降っても，彼は出かけるつもりだ。

> (5) **Even if it rains, he will go out.**
> (6) **Whether it rains or not, he will go out.**
> (7) **No matter how hard it rains, he will go out.**

多少ニュアンスの差はあれど，(5)〜(7) がだいたい同じように**譲歩**を表している
のはわかると思う。それぞれについて少し詳しく見ていこう。

まず譲歩を表す接続詞の筆頭は (5) の〈**even if**〉である。(4) の〈**even though**〉
との混用が多い。(6) の **whether** も「たとえ〜でも，または…でも」のように**譲歩**を
表せる。whether は or 〜を付けて使うのに対し，〈even if〉はこれを付けない。細か
いところだが使い方の違いに留意しよう。さらに (7) に示したような〈**no matter ＋
疑問詞**〉も全体で**譲歩**を表す接続詞として使えることも知っているだろう。

例えば，次のように。

(8) **No matter where you go, I will follow.**
　「たとえあなたがどこに行こうとも，私は付いていく」

〈**no matter ＋疑問詞**〉全体で**1つの接続詞の扱い**だ。〈疑問詞 ＋ -ever〉の形の
wherever でもよいが，こちらのほうが少し口語的でオススメだ。

もう一度くり返すが，**ポイント**❷ の**逆接**は「〜だけれど」，**ポイント**❸ の**譲歩**は「たと
え〜でも」。確かに似ているが，きちんと区別してほしい。

ポイント❹

譲歩と仮定

ポイント❷，**ポイント**❸で示した逆接と譲歩を混同する受験生も多いが，さらに意外
なことに，「**譲歩**」と「**仮定**」を混同する受験生も多い。「**仮定**」は「もし雨が降ったら
家にいる」というものであり，「**譲歩**」はすでに学んだように「(たとえ) もし雨が降っ
ても出かける」というものだ。両者の意味の違いはわかるだろうか。「**仮定**」とは異な
り，「**譲歩**」(「(たとえ) もし雨が降っても」) は，雨が降っても降らなくても，結局
は100% 出かける，ということである。**意味が明らかに違う**ので区別したい。

ところが，問題は「**譲歩**」の文の「たとえ」が省略され，「もし雨が降っても出かけ
る」と書かれることも多いということだ。そうなると，条件文の「もし雨が降ったら」
という日本語とすごく似てくる。それで混乱してしまう人が多いのだ。

冒頭の例題も仮定でもなければ逆接でもない。きちんと「**譲歩**」の文として書いて
もらいたい。

解答例

✕ **If it is difficult, don't give up.**
　▶ if で譲歩を表すことが完全にないわけではないが，やはり受験生には区別して
　　もらいたいので，本書ではあえて「間違った訳」とする。

▶ **Even if it is difficult [No matter how difficult it is], don't
give up.**

例題

> ただ1つ後悔しているのは，彼女に本当のことを言わなかったことだ。

ポイント **①**

分裂文と擬似分裂文

学校で**強調構文**というものを習ったはずだ。People go to the beach in summer. という文があったとして，〈in summer〉を強調したい場合，それを〈It is ～ that〉で挟み，It is <u>in summer</u> that people go to the beach. とするというものだ。強調構文を英作文で使うケースに関してはまた後述するが（→ p.47），この「強調構文」は学術的には「**分裂文**」と呼ばれ，この「強調構文＝分裂文」に対してもう1つ，何かを強調する際にもっと役立つ「**疑似分裂文**」と呼ばれるものがある。こちらは英作文で使いこなせると大変便利なので，ここではそれをテーマにしよう。

疑似分裂文の代表例として，君たち受験生は次のような文を習っているはずだ。

(1) <u>All you have to do</u> is **(to) get a high score** to pass the exam.
「試験に受かるには，よい点を取るだけでよい」

念のため，この構文を確認しよう。all が「すべてのこと」という名詞として使われ，この文の主語になっている。そのあとに関係代名詞の that が省略され，All (that) you have to do で「あなたがやらなければいけないすべてのこと」。is が述語動詞。つまり直訳すれば，「あなたがやらなければいけないすべてのことは，よい点を取ることだ」というわけだ。

ところで，文法上は My dream is <u>to become</u> a doctor. と同じ理屈で to 不定詞であるべき All you have to do is <u>to get</u> ... の下線部が，All you have to do is <u>get</u> ... のように原形であってもよいことを知っているだろうか。そしてそれはなぜだろうか。もう一度 (1) を (2) として書き直すが，下線部だけで文として成り立っているのがわかるはず。それが to 不定詞でなく原形としてもよい理由だ。

(2) <u>All **you have to do** is (to) get a high score</u> to pass the exam.

これでわかるように，もともとは You have to get a high score.「あなたはよい点を取る必要がある」と言っても意味が通じるのだが，〈to get a high score〉を強調するために「あなたがやるべきことはよい点を取ること」のように言っているわけだ。この文が疑似分裂文と呼ばれる理由もなんとなくわかるだろう。

さらに (1) を次のように書いても，同じように〈to get a high score〉を強調できる。

(3) **The only thing you have to do** is **(to) get a high score ...,**

(4) **What you have to do is (to) get a high score ...**

これらを使いこなせると，英作文で「強調する」ということがうまくできるようになる。

ポイント 2

まずは what から

一番汎用性が高いのは **what** が作る名詞節を主語にする形だ。例を挙げよう。

(5) **What I was surprised (at) was that he told a lie.**
　「私が驚いたことは，彼がうそをついたということだ」

もちろん簡単に，I was surprised that he told a lie. と言っても意味は通じるし，できる限り「**主語と述語をずらして**」シンプルに英訳するのが基本ではあるのだが（→ p.2），その上で，さらに「強調」を使いこなせるのが上級者だ。

What I was surprised <u>at</u> was... の at が必要な理由はわかるだろう。ところが，(1)で to が省略できたのと同様，What <u>I was surprised</u> was <u>that</u> he told a lie. の下線部だけで文が成り立つことを考えて，at を省略してしまう人もいる。つまり at の有無はどちらでもよいのだが，受験生としては付けておくほうが無難だろう。

ポイント 3

All [The only thing] と The first thing を主語にする。

もう 1 つは，(1) や (3) のように 〈**all**〉 や 〈**the only thing**〉 を主語にすると「〜なのは…だけだ」（下線部を強調）を表せるし，次の (6) のように 〈**the first thing**〉 を主語にすれば「最初に〜なのは…だ」（下線部を強調）を表せるということだ。

(6) **The first thing I remember when spring comes is <u>the trip to Okinawa we took when I was a child.</u>**
　「春が来て最初に思い出すのは子ども時代にした沖縄旅行だ」

冒頭の例題を見よう。I regret not <u>telling</u> her the truth. のように，もともと「すでに起こったことを後悔する」と言うときの regret の目的語には to 不定詞ではなく動名詞が来るのは知っているはず。ということは疑似分裂文を使う場合，次の **very good** に示すように，(1) とは裏腹に，**補語の場所に動名詞が来る**ことに注意だ。

解答例

▶ **I only regret not telling her the truth.**

▶ **The only thing I regret is not telling her the truth.**

22 「～すればするほどますます…」

例題

> 友だちが増えれば増えるほど，学校生活は楽しくなる。

ポイント❶

〈the ＋比較級，the ＋比較級〉の落とし穴 ── その1

　ここからは英作文頻出の特殊構文をいくつか確認しておこう。最初は有名な〈the ＋比較級，the ＋比較級〉だ。この構文を知らない受験生はいないが，正しく使うのはなかなか難しく，間違いも多い。そしてその間違いは3つに集約できるように思える。これら受験生が陥りがちな3つの落とし穴を，1つ1つ確認しておこう。1つ目は次のような間違いだ。どこがダメなのか考えてみよう。

(1) (×) **The more you study hard, the more you can become intelligent.**
「一生懸命勉強すればするほど知的になれるものだ」

　よくこの〈the ＋比較級，the ＋比較級〉の構文を〈the more, the more〉の構文などと呼ぶ人がいるが，そういう人がやりそうなミスだ。〈the more〉から始めればよいわけではない。まず，You study <u>hard</u>. と You can become <u>intelligent</u>. という2つの文を考え，**それぞれ下線の形容詞・副詞を比較級にして the を付け，文頭に持って来る**という操作の末にでき上がるのだ，ということを理解しなければいけない。すると (1) は正しくは次のようになるはずだ。

(1´) **The harder you study, the more intelligent you can become.**

ポイント❷

〈the＋比較級，the＋比較級〉の落とし穴 ── その2

　2つ目の「落とし穴」を考えてみよう。おそらくこれが最も間違いの頻度が高いものだ。次の (2) のどこが間違っているだろうか?

(2) (×) **The younger you are, the easier you can learn English.**
「若ければ若いほど英語は簡単に身につく」

　この〈the ＋比較級 , the ＋比較級〉の構文に限らず，比較級になると**形容詞と副詞の区別**が曖昧になる受験生が結構いる。easy の比較級は easier，easily の比較級は more easily であることを考えれば，(2) は下のいずれかでなければいけない。

(← you can learn English <u>easily</u>)
(2´) **The younger you are, the more easily you can learn English.**

(← it is <u>easy</u> to learn English)
(2˝) **The younger you are, the easier it is to learn English.**

ポイント 3

〈the＋比較級，the＋比較級〉の落とし穴 ── その3

最後に3つ目の落とし穴。次の (3) はどこが誤りだろうか?

(3) (×) **The more you have friends, the happier you can be.**
「友人が多ければ多いほど幸せになれる」

もともと前半部分は You have <u>many</u> friends. という文だったわけだ。その中の形容詞である <u>many</u> を比較級 more に変え，the を付けて頭に持っていけばよい理屈なのだが，この many friends のように後ろに名詞が付いている形容詞を比較級にして文頭に持っていくときには，後ろに付いている名詞も一緒に文頭に持っていくのがルールだ。つまり次の (3´) が正解。

(3´) **The more friends you have, the happier you can be.**

このように〈**the ＋比較級，the ＋比較級**〉には，いろいろな落とし穴が待ち構えている。それらをうまく避けて使えるようになりたいものだ。

ポイント 4

LECTURE
22

実はもう1つの落とし穴：日本語にだまされないように！

最後に，「**日本語にだまされるな!**」という注意事項も付け加えたい。解答例の not smooth のような答案を書いていないだろうか? 「**友人がもっといる**」と言えばよいのであり「友人がもっと増える」は意味不明。

英語のこの構文で使うのは，比較級にすることのできる形容詞や副詞なのだが，日本語の「〜すればするほど」という慣用表現では動詞も使えてしまう。例えば，「気温が<u>上昇すれば上昇するほど</u>」などという，形容詞も副詞もない日本語を無理やりこの構文に当てはめようとするから，The more the temperature rises, ... のような英訳になる。「気温が<u>高くなればなるほど</u>」のように形容詞や副詞を含んだ文にまず変えたあとで the higher the temperature is, ... とすべきだ。本問でも同様だ。

解答例

not smooth
▶ **The more the number of your friends increases, the happier your school life is.**

very good
▶ **The more friends you have, the more fun your school life is [the more you can enjoy your school life] .**

LECTURE 23 「〜よりむしろ…」

例題

出身大学名よりむしろ大学で学ぶ内容が大切だ。

ポイント ❶
「AではなくてB」は〈not A but B〉だけではない！

　中学生でも知っている〈not A but B〉「AではなくB」という有名な構文があるが、これに類似した表現がいろいろあるのは理解しているだろうか。ここでは、その中で英作文に関係しそうなものをいくつか取り上げる。

(1) **He is not a singer but an actor.**
「彼は歌手ではなく俳優である」

(2) **He is not so much a singer as an actor.**
「彼は歌手というよりむしろ俳優である」

　(1) の〈not A but B〉が「AではなくB」という構文であるのに対し、(2) の〈**not so much A as B**〉という構文は「**AというよりむしろB**」という意味である。もちろん、ほとんど同じようなものであるが、「AでなくB」がA：B＝0：100の関係でAを完全に否定しているのに対し、「AというよりむしろB」は、いわばA：B＝40：60のような関係であり、Aを完全に否定してはいない、という点が異なる。考えてみれば、我々はよく「大切なのはお金より健康」などと言う。お金の重要性を完全に打ち消しているわけではない。「お金も大事だが健康はもっと大事だ」と言いたいのだ。そういうときに(1) より (2) を使うのだと思うと、おそらく英作文でも (1) より (2) を使うことが多いと想像がつくだろう。だいたい同じ意味だから、などと言って (1) で間に合わせず、(2) を使うべきときにはきちんと (2) を使いたい。ただし、順番には注意。〈not so much A as B〉「AというよりむしろB」≒〈not A but B〉「AではなくB」のように、「**両者は同じ順番**」と単純に覚えておくのがよいだろう。

　また、「AというよりむしろB」の英訳というと、次の (3) のように書く人が多い。

(3) **He is an actor _rather than_ a singer.**

　確かに〈**B rather than A**〉は「AというよりむしろB」とするのが定訳になっているが、それは rather が比較級でもないのに than を伴っていることから「〜よりむしろ」と訳すと何となくピッタリな感じがするので便宜上そう訳しているだけであり、実際は意外かもしれないが (1) の〈not A but B〉と同じく「AではなくB」を表す構文である。やはり「AというよりむしろB」は (2) の〈not so much A as B〉を使って書いてもらいたい。

ポイント 2

主語に使うときは強調構文か分裂文

ところで〈not A but B〉であれ，〈not so much A as B〉であれ，これらを主語に使うのはややつたない。例えば先ほどの「お金よりむしろ健康が大切だ」を次の (4) のように英訳するのは，かろうじて文法的には正しいとはいえ，オススメはできない。

(4)（**？**）<u>Not so much money as health</u> matters.

理由は，英語には「言いたいこと（新情報）は述語動詞より後ろに置く」という原則があり，(4) のように「言いたいこと」（下線部）を主語の位置に置くのはマズイからだ。

したがって，こういう場合は次のどちらかで書くのがよい。(5) は**強調構文**で，〈It is 〜 that〉に (4) の主語に相当する部分を挟んでいるし，(6) は **LECTURE** 21（→ p.42）で学んだ**疑似分裂文**であり，〈What matters〉という名詞節が主語になっているのがわかるはずだ。

(5) **It is** <u>not so much money as health</u> **that** matters.

(6) **What matters** is not so much money as health.

英作文で強調構文を使わなければならない場合はあまりないが，主語に〈**not A but B**〉や〈**not so much A as B**〉，〈**not only A but also B**〉がくるときだけは使わなければいけない。

ポイント 3

名詞節を組み合わせる

LECTURE 10（→ p.20）で学んだ「名詞は名詞節で表す」という意訳の基本テクニックを，上記の (5) や (6) と組み合わせるのは英作文の基本技。次の (7) のような文を構文などのテキストで見たことがあると思うが，これはかなり利用価値が高い例文である。英作文向けの「暗唱用例文」と言ってもよい。

(7) **It is** not so much <u>what you have</u> as <u>what you are</u> **that** matters.
　「大切なのは財産よりむしろ人格だ」

冒頭の例題に戻ろう。「出身大学名」は〈which college you graduate from〉，「大学で学ぶ内容」は〈what you study there〉のように，「名詞を名詞節に」して英訳できただろうか。あとはこの課で確認した構文で書いてもらいたい。

解答例

▶ **Not the name of the college you graduate from but the content you study is important.**

▶ **It is not so much which college you graduate from as what you study there that matters.**

24 「〜は，さまざまだ」

例題

挨拶の仕方は文化によってさまざまだ。

ポイント ❶

「〜は，さまざまだ」の表し方：(1)〈different ＋複数〉を２回重ねて

「〜は，さまざまだ」という表現を英訳するのも，英作文（とりわけ和文英訳）で頻出だ。またここにはいろいろな文法・意訳の要素が詰まっているので，この構文を学びながら，それに付随するいろいろなことも同時に学んでいこう。まず冒頭の例題の英作例を１つ上げる。

> 訳例1 **Different cultures** have **different ways** of greeting each other.

〈different〉という形容詞を「異なった」と覚えていると思うが，**後ろに複数形の名詞を伴うと，いわば「相異なる＝さまざまな」という意味だ**。例えば次の例文。

(1) Students from <u>different countries</u> gathered. 「さまざまな国々出身の学生たちが集った」

訳例1 は，(1) の下線部〈different ＋複数名詞〉を２回使い，「**主語と述語をずらして**」，「いろいろな文化がいろいろな挨拶の仕方を持っている」と書くことによって，「挨拶の仕方は文化によってさまざまだ」を表しているわけだ。このことからわかるように，「〜は，さまざまだ」を訳すのに「〈different ＋複数名詞〉を２回使う」という知識と，「**主語と述語をずらす**」という，これまで何度も述べてきた意訳のテクニックを駆使する必要があるわけだ。**意訳のやり方に関しては** 訳例1 **が唯一無二ではない**。例えば次の 訳例2 のように書いてもよいだろう。

> 訳例2 People from **different cultures** greet each other in **different ways**.

「〜は，さまざまだ」をうまく意訳するのは，ある意味で「主語と述語をずらす」意訳テクニックの集大成だ。

ポイント ❷

「〜は，さまざまだ」の表し方：(2) differや varyを使う

もう１つ，冒頭の例題の訳し方がある。

> 訳例3 <u>Ways</u> people greet each other **differ** from culture to culture.

〈differ〉は言うまでもなく different の動詞形だが，「異なる」という意味のほかに「さまざまである」という意味がある（vary でもよい）。ただし，**主語を複数形にすること**が条件である。次のようなことわざを習ったことがあるはずだ。

(2) **Tastes differ.** 「好みはさまざまだ＝蓼食う虫も好き好き」

あえて言えば Tastes differ <u>from each other</u>. の下線部が省略されていると考えればよい。このことから考えても，主語は tastes のように複数形でなければならない理屈だ。

ポイント❸
後ろに「裸の名詞」が来る前置詞

ところで，前置詞の中には後ろに「**裸の名詞**（一切形容詞などの修飾語がつかない無冠詞の名詞のことをそう呼ぶことにしよう）」を要求するものがある。代表的なものは交通伝達手段の〈**by ～**〉である。次の例文で確認しよう。

(3) **He went to Osaka by train.**

そのほか次の (4) で「～の点で」を表す〈**in ～**〉や，(5) で「～に関わらず」を表す〈**regardless of ～**〉も，後ろに「裸の名詞」を持ってくるのがふつうだ（「ふつう」なだけで絶対ではない）。

(4) **These two cars are similar in color.**
(5) **The Internet connects people regardless of age.**

同様に ▌訳例3〉 の〈**from ～ to...**〉も裸の名詞と一緒に使うのがルール（これは必ず）。〈differ <u>from culture to culture</u>〉なら「文化によってさまざま」，〈differ <u>from person to person</u>〉なら「人によってさまざま」。このように「さまざまだ」を表す **differ**（または vary）とセットでよく使うので覚えておいてもらいたい。

ポイント❹
〈depending on ～〉も覚えておこう！

もう 1 つ，differ（または vary）とセットで使うのが〈**depending on ～**〉だ。

(6) **Ways people greet each other differ depending on where they come from.**

〈**depending on ～**〉は分詞構文を使った慣用表現で，「～次第で」を表す。on という前置詞の後ろに〈depending on <u>your age</u>〉「年齢次第で」や，例題なら〈depending on <u>cultures</u>〉「文化次第で」のように後ろに名詞を持ってくるのはもちろん，(6) のように**名詞節**を持ってくるなど使用範囲は広い。ぜひ表現ストックとして覚えておきたい。なお，〈depending on ～〉の代わりに〈according to ～〉を使った答案をよく見かけるが，〈depending on ～〉のほうがふつうだ。

解答例

▶ The way of greeting is various according to culture.

▶ **Ways people greet each other [Ways of greeting] differ from culture to culture.**

25 「～ほど…なものはない」

例題

> **フランスほど柔道が人気な国はない。**

ポイント❶

最上級は比較級か同等比較に書き換えよ！

有名な例文2つを挙げる。最上級はもちろん「一番」を表すのに使うのだが，実は紛らわしいものだという例である。

(1) **He is the busiest (person) on Friday.** 「金曜日に一番忙しい（人）のは彼だ」

(2) **He is busiest on Friday.** 「彼が一番忙しいのは金曜日だ」

どちらも busy の最上級を使った文だが，(1) は「ほかの人と比べて彼が一番忙しい」という意味での最上級であり，(2) は「彼の1週間の中でほかの曜日と比べて金曜日が一番忙しい」という意味での最上級だ。(1) のように主語をほかと比べるような最上級は〈the busiest〉のように the を付け，(2) の on Friday のように「時」や「場所」の副詞的要素をほかと比べるような最上級は〈busiest〉のように the なしで使う，というのが文法のルールだ。したがって，最上級を使った文を書くときに，最上級に the を付けるか付けないかの判断はかなり重要である。

しかし，いくら the の有無によって判断がつくと言っても紛らわしいので，**最上級は極力，比較級や同等比較に置き換えて書くのが英語の通例である。**まず (1) を書き換えてみる（便宜上，比較級に書き換えるが，同等比較にしてもよい）。

(1´) **Nobody is busier on Friday than he is [him].**

このように書けば金曜日とほかの曜日を比べているのではなく，彼とほかの人を比べているのが一目瞭然なのがメリットだ。このバリエーションの文も確認しておこう。

(3) **Nothing is more important than health (is).**

(4) **No other mountain in Japan is taller than Mt. Fuji.**

どれも見たことのある形だと思う。「彼が一番忙しい」のように，漠然とほかの人々と彼を比べるような最上級は (1´) のように〈Nobody〉を主語にして比較級の文にし，(3) の「健康が一番大切」のように，漠然とほかのモノと比べるような最上級は〈Nothing〉を主語にして比較級の文にし，(4) のように富士山とほかの山々を比較するような最上級は〈No other ＋単数名詞〉を主語にして比較級の文にする。

あとは「**日本語にだまされない**」ことだ。「彼が一番忙しい」という文をうまく英訳できる人でも，「彼ほど忙しい人はいない」と言われると，次の (5) のように書く人は多い。

(5) **There is nobody who is busier than he is [him].**

誤文ではないが，(1´) のように書くべきだ。

ポイント 2

「時」の副詞的要素をほかと比べる文は〈Never＋倒置〉!

今度は (2) のような，「彼が一番忙しいのは<u>金曜日</u>」という，「<u>時の副詞的要素をほ</u><u>かのものと比べる文</u>」は，どのように最上級を比較級に置き換えたらよいのかを考えてみよう。これが難しいのだが，結論を先に書く。(2) は次の (2´) にする。

(2´) **Never is he busier than on Friday.**

分析してみよう。まず Never で始めること。never は言うまでもなく否定語だが，例えば (1´) の Nobody が主語であるのとは異なり，Never は副詞だ。主語以外の否定語が文頭に出ると，そのあとの〈S + V〉を倒置（疑問文と同じ形に）することは知っているはず。この文法ルールに従って〈he is busier〉が〈is he busier〉となっている。そして最後に大切なことは，never が副詞であるので，「**比較は比べるものを文法的に同じ形にする**」というルールに従い，than 以下，than Friday ではなくthan on Friday のように前置詞を付けることで〈前置詞＋名詞〉，つまり**副詞句の形にする**ということだ。次の (6) のような形もありうる。

(6) **Never is he happier than when he is eating.** 「彼は食べているときが一番幸せだ」

never という**副詞**と when が作る**副詞節**という文法的に等しい役割のもの同士が比べられているので，これも正しい文だ（→ p.10）。

ポイント 3

場所の副詞要素をほかと比べる文は〈Nowhere＋倒置〉!

今度は冒頭の例題「フランスほど柔道が人気な国はない」を比較級で表現してみよう。

訳例1 **Nowhere is judo more popular than in France.**

(6) の never の代わりに nowhere という副詞が使われていることを除いて，構文は (2´) とまったく同じだ。あとは前述のように日本語にだまされてはいけない。その点を下の not smooth の例でチェックしてほしい。

解答例

not smooth

► **There is no country where judo is more popular than in France.**

very good

► **Nowhere is judo more popular than in France.**

Chapter 2

和文英訳
過去問演習 25

Chapter 1 で学んだテクニックを使って，
和文英訳の過去問に取り組もう。
よく出るテーマや表現への対応力も高めよう。
「答案添削例」コーナーで
ミスしがちな点をチェック。
どう書けばよいのか，解答例もよく研究しよう。

▶前半部分は「見られるようになった」をしっかり訳せるか，後半は不定代名詞を理解して比較級を正しく作れるかがポイント，そして少しだけ意訳を考えたいところがある。しかし，英作文の勉強をきちんとしている受験生なら満点をねらいたい基本問題。

問題

外国語の勉強は私の人生を変えました。**❶そのおかげで，私は自分を，少なくともある程度は，客観的に見られるようになったのです。❷ほかに勉強したどんなことよりも，言語は自分というものを教えてくれました。**

（下線部英訳）

❶の文 ポイント

❶「なった」をどう表すか？ （→ p.26）

「〜になる」という日本語を英訳するときの悩ましさは Chapter 1 で学んだとおり（→ p.26）。念のために本問の「**客観的に見られるようになった**」の英訳例で確認しよう。次の 訳例1 はダメ。

訳例1 （×）**I became to see myself objectively.**

訳例2 （○）**I learned to see myself objectively.**

訳例3 （○）**I became able to see myself objectively.**

（×）〈become ＋ to 不定詞〉だけはやってはいけない。訳例2 と 訳例3 はいずれも可。ネイティブなら断然 訳例2 を選ぶだろうが，学習者の英語としては 訳例3 でも特に悪くはない。また，時制を過去形で書いたが，現在完了形（結果の用法）でもよい。どちらであるべきかは文脈次第であるが，この問題文だけからは判定できない。

❷の文 ポイント

❷不定代名詞を使いこなす

❸文脈を考え，同意表現を探す （→ p.15）

❹名詞は名詞節で （→ p.20）

まず「**不定代名詞**」という文法用語を確認しておこう。much (a lot) や something, little や nothing のような，ばくぜんと「物」を表す単語を不定代名詞と呼ぶ（または不定代名詞として使うことができる）。

much を例にとろう。中学校で習ったのは，次の (1) や (2) の much の用法だ。

(1) **I love her very much.**

(2) **I don't have much time.**

（1）は love を修飾する**副詞**の much，（2）は time を修飾する**形容詞**の much だ。このように，much はもちろん副詞や形容詞としても使えるし，そのイメージが強いかもしれない。それでは次の文の much はどうだろう。

（3）**We cannot do much [a lot] about it.**

この much（肯定文では a lot のほうが好まれる）は「多くのこと」という意味の**名詞**として使われているのがわかるだろうか。teach <u>a lot</u> about it「それについて多くを教える」のような文の a lot も同様だ。これを比較級にすれば teach <u>more</u> about it となる理屈で，teach about it <u>more</u> という語順はちょっとおかしい。Chapter 1 で学んだように（→ p.9），まず元の文を（つまり原級で）しっかり考えてから，それを比較級を使った文に変えるという感覚を失わないようにしたい。

文法的なこと以外に，❷の文には「意訳」のポイントがある。「**言語は自分というもの**を教えてくれた」とあるが，「言語」を language として事足れり，としていてはダメ。ここでいう「言語」とは，イコール第 1 文の「**外国語の勉強**」である。和文英訳は原文の日本語を正しく解釈し，それを訳文に反映させることが大切だ。このくらいどうでもいいや，などと軽く考えず，必ず心がけよう。

また「**自分というもの**」とは，まさか自分の住所や職業という話ではない。自分の性格や母語に影響された，自分の気づかなかった固定したものの見方などであろう。だとすれば単に about me とするのではなく **about what I am** としたほうがベターだろう。

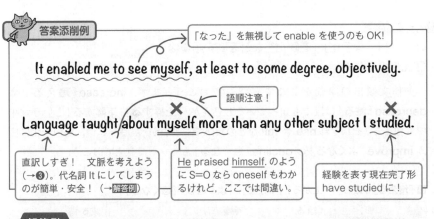

答案添削例

「なった」を無視して enable を使うのも OK！

It enabled me to see myself, at least to some degree, objectively.

語順注意！

Language taught about myself more than any other subject I studied.

直訳しすぎ！　文脈を考えよう
（→❸）。代名詞 It にしてしまう
のが簡単・安全！（→解答例）

He praised himself. のように S＝O なら oneself もわかるけれど，ここでは間違い。

経験を表す現在完了形
have studied に！

解答例

Thanks to it, I [have] learned to see myself objectively, at least to some extent. It [has] taught me more about what I am than anything else I have studied.

▶使うべき語彙がわかればどうにかなるが，そうでなければどうにもならない問題。しかし，この程度の語彙は巻末の語彙集を利用して使えるようになっておいてほしい。

問題

❶現在，総人口に占める65歳以上の老齢人口は20%。❷平均寿命の伸びと，少子化の影響もあって，日本の社会は急速に老齢化の道をたどっている。

❶の文 ポイント

❶「割合」をうまく表現する （→ p.4）

Chapter 1 で学んだとおり，「**割合**」をうまく表現してもらいたい（→ p.4）。まずは❶の文「65歳以上が日本人の20%」という日本語を「20%の日本人が65歳以上」のように，日本語の主語と述語をずらして読み替えること。そして，このときに動詞を単数扱いにするか複数扱いにするかは要注意だということもすでに学んだ（→ p.5）。

> 訳例1　Twenty percent of **Japanese people** are 65 and over.
> 訳例2　Twenty percent of **the Japanese population** is 65 and over.

　上のどちらで書いてもよいが，下線部が主語とみなされるので，訳例1 は動詞が複数扱い，訳例2 は動詞が単数扱いになる。また，「〜歳以上」は〈65 and over〉のように表現されることを覚えよう。なお，ここでは「65歳以上」のことを「老齢人口」と定義しているわけだから，「老齢人口」は**冗語**（→ p.29）であり，訳す必要はない。

❷の文 ポイント

❷「伸び」「少子化」「老齢化」などを表す語彙は？
❸比例の表し方

　英作文頻出の語彙をここで確認しておこう。まず，increase「増える」⇔ decrease「減る」は誰でも知っていると思うが，「**上昇する**」「**下降する**」という意味でも使える（それぞれ rise ⇔ fall などの類語でもよいが）。さらには，質の変化に使う improve「よくなる」⇔ decline「悪くなる」もセットで覚えておこう。

■「増える」「減る」・「上がる」「下がる」・「よくなる」「悪くなる」

☐ increase	増える	⬌	decrease	減る
	上がる (rise)			下がる (drop・fall)
☐ improve	よくなる	⬌	decline （類語：deteriorate）	悪くなる

さらに，これらの名詞形とその語法を確認しよう。improve → improvement を除いてはすべて名詞形も同じ綴りで，**動詞としても名詞としても使える**。注意すべきは，これらの語法であり，どれも**後ろの名詞の前に in（× of）を使う**と覚えておこう。

■ 上記単語の名詞形を含んだ表現

☐ **an increase in** the population	人口の増加
☐ **an increase in** the average lifespan	平均寿命の上昇
☐ **a decrease in** the sales	売り上げの減少
☐ **a decrease in** the birthrate	出生率の低下
☐ **an improvement in** the standard of living	生活水準の向上
☐ **a decline in** the quality of life	生活の質の悪化

また英語には「**少子化**」という便利な日本語に相当する表現はないので，上記のように「**出生率の低下**」と言わなければいけない。

ところで，❷の文の「**〜の影響もあって**」とはどういうことだろうか。「少子化のために」という「**理由**」ともとれるが，もっとよいのは「少子化に伴って」のように「**比例**」と考えることだろう。**比例は接続詞では as，前置詞なら with で表せる**ことを確認しておこう。

（1）<u>With</u> **age, you become vulnerable.** 「年齢とともに人は弱くなる」
（2）<u>As</u> **you grow older, you become vulnerable.** 「年を取るとともに人は弱くなる」

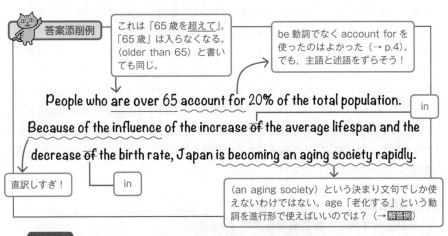

答案添削例

これは「65歳を超えて」。「65歳」は入らなくなる。〈older than 65〉と書いても同じ。

be 動詞でなく account for を使ったのはよかった（→ p.4）。でも，主語と述語をずらそう！

People who are over 65 account for 20% of the total population. [in]
Because of the influence of the increase of the average lifespan and the decrease of the birth rate, Japan is becoming an aging society rapidly.

直訳しすぎ！　[in]

〈an aging society〉という決まり文句でしか使えないわけではない。age「老化する」という動詞を進行形で使えばいいのでは？（→ 解答例）

解答例

Twenty percent of the Japanese population is 65 years old and over. Japan is aging rapidly with an increase in the average lifespan and a decrease in the birthrate.

▶非制限的な修飾語に気づくこと。時制を正しく使うこと。文脈を考えること。この問題にはそうした和文英訳に必要な基本がいろいろとつまっている。

問題

社会にはさまざまな問題があります。❶例えば深刻な被害を引き起こしてきた環境問題は，現在も十分に解決されていません。❷ドキュメンタリーはこういった社会の現状やそこに関わっている人たちの考えや気持ちを伝える方法の１つです。

（下線部英訳）

❶の文 ポイント

❶非制限的な修飾語に気づき，接続詞に置き換える（→ p.23）
❷否定文の疑問文や受け身に惑わされないで，適切な時制を選択する

　この問題の❶の文で何より重要なポイントは，「非制限的な修飾語」に気づけるかどうかだ。「非制限的な修飾語」と言われて何のことかわからない人は，[Chapter 1] を読み直しておこう（→ p.22）。本問の「深刻な被害を引き起こしてきた」のような修飾語は，もしも関係詞を使って表現するのなら，非制限用法としてコンマではさんで使う必要があるし，ここでは「問題が被害を起こしてきたのに解決されていない」ということであるから，although などの逆接の接続詞に置き換えればなおさらよい。

　それともう１つの問題は，この文の「時制」である。４月くらいになって「春が来たねえ」と言うときに，"Spring has come." のように現在完了形の結果用法を使うことは中学生でも知っているが，それでは，「まだ春は来ていないねえ」と言うときはどうだろう？　多くの受験生は "Spring doesn't come." としてしまう。これは現在形の否定文だ。現在形は変わらぬ習慣を表すわけだから，この文は「春は（いつも）来ないものである」と言っているようなものだ。言うまでもなく正解は "Spring hasn't come." である。このように否定文（や疑問文），または受け身などの要素があると時制のことまで気が回らなくなり，すべて現在形にしてしまうクセがある人は気をつけてもらいたい。本問の「まだ解決されていない」も受け身かつ否定文ではあるが，現在完了を使わなければいけない。

❷の文 ポイント

❸文脈を考え同意・反意表現を探す（→ p.15）

　❷の文には特に間違いやすいポイントは見当たらないが，「社会の現状」はどう英訳したらよいだろう？　society's situation...？　少し文脈を考えよう。「こういった社会の現状」と書いてあるのだから，本文にすでに述べられている何かを指している

はず。もちろん，この文章で言うところの「こういった社会の現状」とは冒頭の「さまざまな問題」の同意表現としてこの文章で使われているのだ。「問題に関わっている人々」というのなら，具体的で意味が通じると納得できるだろう。 Chapter 1 で述べたように，和文英訳では問題文を下線部以外も含めてよく見て，そこに含まれている同意・反意表現を発見して意訳の助けにしてもらいたい（→ p.15）。 LECTURE 01では「言語」を「言語を学んだこと」と考えたはずだ。

あるいは，こうした英訳しにくい名詞は名詞節を使い（→ p.20），「社会の現状 = 問題」=「今，世の中で何が起こっているか」と考えて， what is happening [going on] in the world のようにするのも1つの考えだ。

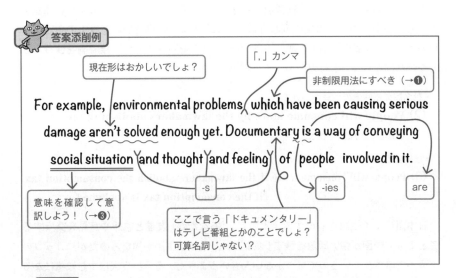

答案添削例

現在形はおかしいでしょ？

「,」カンマ

非制限用法にすべき（→❶）

For example, environmental problems which have been causing serious damage aren't solved enough yet. Documentary is a way of conveying social situation and thought and feeling of people involved in it.

意味を確認して意訳しよう！（→❸）

-s

-ies

are

ここで言う「ドキュメンタリー」はテレビ番組とかのことでしょ？可算名詞じゃない？

解答例

For example, environmental problems have not been solved satisfactorily, although they cause serious damage. Documentaries are a way of showing such problems and the thoughts and feelings of people involved in them.

▶「何か変な日本語だなあ。そうか，主語が省略されているせいだな」と気づいた人は鋭い。そこが最大のポイントだ。それ以外にも Chapter 1 で学んだ意訳のいろいろな基本テクニックを活用してみよう。

問題

おもしろい本や映画は，友達と感想や意見を交換することによって，さらに強い印象を残すと私は思う。

ポイント

❶ 動名詞の主語の一致（→ p.16）

Chapter 1 で説明したように，動名詞を使うときには意味上の主語の一致に気をつける必要がある（→ p.16）。ここで復習しよう。次の（1）は「消費税を廃止することで人々はもっと消費するようになる」ということを英訳したつもりだが，誤文だ。

（1）（×）**People would consume more by abolishing the consumption tax.**

abolishing の意味上の主語は「国会」であり，この文の主語である people と一致しない。動名詞，とりわけ〈前置詞＋~ing〉の形を使うときには，この文法に注意をする必要があった。この文の直し方は次の（2）のように**動名詞に意味上の主語をつける**か，（3）のように〈前置詞＋~ing〉を使うことをあきらめて，**接続詞を使う**などしなければならないわけだ。

▶動名詞に意味上の主語をつける
（2）**People will consume more by the lawmakers abolishing the consumption tax.**

▶接続詞を使う
（3）**People will consume more if the lawmakers abolish the consumption tax.**
　　　　　　　　　　　　　　　[**if the consumption tax is abolished**]

日本語はよく主語を省略する。本問も「（あなたが）友達と感想や意見を交換することで本や映画が強い印象を残す」のように，本当は主語が異なるのだが，カッコの部分が省略されているので気づかない人もいるようだ。そういう人は少し敏感になるよう心がけよう。一般的には〈前置詞＋S＋~ing〉を使う代わりに，できるだけ〈接続詞＋S＋V〉を使うように心がけるとよい。（3）に示したように，主語の一致を気にしなくて済むと，能動で書くか受け身で書くかなど，いろいろな書き方が可能になるからだ。

ポイント

❷名詞は名詞節で（→ p.20）

「感想や意見を交換する」は exchange impressions and opinions と書いてももちろんよい（ただし，お互いに自分の意見や感想を言い合うわけだから，当然，複数形に）。

しかし「名詞は名詞節で表す」という，Chapter 1 の意訳の基本テクニック（→ p.20）を思い出してみよう。ここでいう「感想や意見」とは，**見た映画や読んだ本について**「**どう思うかということ**」である。と考えれば，この部分は〈talk with your friends about how you **feel about it**〉というようにも訳せそうだ。直訳でもよいが，こうした「別解」を考えてみると表現の練習になる。

LECTURE
04

ポイント

❸主語と述語をずらそう（→ p.2）

「本や映画は強い印象を残す」とあるが，訳しにくいと感じたら，主語と述語を問題文とはちょっとずらして考えよう。この文は「印象が残る」と言えば簡単だ。「残る」は remain でもよいだろうし，「長持ちする」の last でもよいだろう。

以上，簡単な問題のようでいて，いろいろなポイントがあった。すべてまとめると「もしあなたが友達と（読んだ）本や（見た）映画についてどう思うか語り合うと，その印象は長く残る」という文を英訳することになる。よく「意訳は，日本語をまず英語に訳しやすい日本語に直してから英語に訳せばよい」などと言われるが，そのプロセスを分解すれば本問のポイント❶〜❸のようなことであり，英作文が得意な人はこれらのポイントを無意識にすばやくできるわけだ。

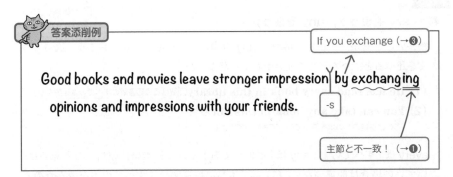

答案添削例

If you exchange (→❸)

Good books and movies leave stronger impression by exchanging opinions and impressions with your friends.

-s

主節と不一致！（→❶）

解答例

When you read an interesting book or watch an exciting movie, if you talk with your friends about how you feel about it, its impression lasts longer.

問題

不安はもっとも根源的な感情の１つであり，喜びや悲しみや怒りと同じように，人間であることの中核を成している。**誰もがときとして不安を感じるものだとしても，なぜ不安を抱き，それがどんな影響をもたらすかは人によって違いがある。**

(下線部英訳)

ポイント

❶形容詞を使うか，名詞を使うか？

Chapter 1 で学んだように，日本語なら名詞を使うところで英語では形容詞を使うことが多く，それによっていろいろな意訳がスムーズにできることもある（→ p.24）。例えば，「**幸せを感じる**」という日本語を feel happiness するのも間違いではないが，feel happy とするほうがはるかにふつうだし，応用が効くので，そちらを使うように習慣づけたほうがよい，ということを学んだわけだ。問題の「**不安を感じる**」だが，おそらく多くの読者は feel anxiety と迷わず書いたことと思うし，それでまったく問題はない。しかし feel anxious や，さらに言えば **become anxious [worried / afraid]** など，形容詞を第２文型で使って，さまざまな書き方ができるという可能性には気づいておこう。

ポイント

❷every を使うか，any を使うか？

細かいことだが，ここで **every** と **any** の違いをハッキリさせておこう。次の２つの文を比べると，なんとなく違いがわかるだろうか。

（1）**He has read every book in this library.**「彼はこの図書館のすべての本を読んだ」

（2）**You can take any book in this library.**
「この図書館のどの本を持っていってもいいですよ」

every は「すべての」，**any** は「どの〜でも」という日本語に相当すると思えば，たいていの場合は間違いない。(1) は，本当に彼はすでにすべての本を読んだのだが，(2) は，まさかすべての本を持ち去って図書館を空っぽにしてよいと言っているわけではない。〈any book〉は「任意の１冊」という意味である（２冊以上，持っていってよいのかどうかはその場の状況次第だが）。別の言い方をすれば，**〈every〉はすでに確定した事実に使い，〈any〉は仮定や未来を表すときに使われる**のがふつう。everyone ／ anyone や everything ／ anything の使い分けも同様である。

ポイント

❸逆説と譲歩を使い分ける

　「～だけれど」という逆説は，等位接続詞 but 以外に although や even though, though などの従位接続詞でも表現できる。それに対して「たとえ～でも」という譲歩は even if や whether や〈no matter + 疑問詞〉だと学んだはず（→ p. 40）。原文に忠実に訳すなら，ここは譲歩の接続詞がよさそうだ。

ポイント

❹「～は，さまざまである」（→ p.48）

　さて，何と言っても本問の一番のポイントは，「～は，さまざまだ」の表し方（問題文では「違いがある」となっている）。すでに Chapter 1 で学んだが，簡単に復習しよう。

(3) **Reasons why people travel differ from person to person.**

(4) **Different people travel for different reasons.**

　言うまでもなく (3) と (4) はどちらも「**旅をする理由は人それぞれだ**」という文だ。詳しい説明は Chapter 1 を参照してもらいたいが（→ p.48），簡単に言えば (3) は日本語に近い直訳調の英語であるが，構文的には関係詞を使っていて，ちょっと複雑。それに対して (4) は多少の意訳が必要になるが，構文的には簡単である。どちらを選ぶかはケースバイケース，どちらでもたいていのものは表現できるが，うまく選ぶのが重要だ。本問はおそらく，(3) の型で書くとけっこう大変だ。一方，「**いろいろな人が，いろいろな理由で不安を感じ，いろいろなやり方でそれに影響される**」というように日本語を砕いて (4) の型で書こうと考えれば，あとはそれほど難しくはないだろう。このように表現のストックを蓄えておいて，ドラえもんのようにうまく最適なものを選び，うまく使いこなすのが英作文のコツだ。

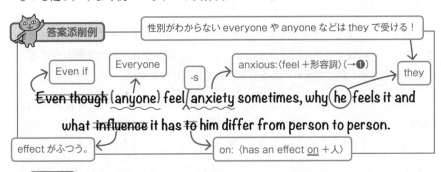

答案添削例

性別がわからない everyone や anyone などは they で受ける！

Even if　　Everyone　　-s　　anxious:〈feel ＋形容詞〉（→❶）　　they

~~Even though~~ (anyone) ~~feel~~ anxiety sometimes, why (he) feels it and what ~~influence~~ it has to him differ from person to person.

effect がふつう。　　on:〈has an effect on ＋人〉

解答例

Even if everyone sometimes becomes anxious, different people become anxious for different reasons and get affected by it in different ways.

▶京大，大阪大などを目指す人の基礎練習としてちょうどよい問題だ。このレベルになると「文法や語法を生かして英文を組み立てる」という段階を卒業して，「日本語の意味を咀嚼（そしゃく）して手持ちの文法や語彙を工夫し，それを表現する」という段階になる。

問題

❶ 旅は人を変える。**❷** しかし変わらない人というのも間違いなくいる。**❸** 旅がその人を変えないということは旅に対するその人の対応の仕方の問題なのだろうと思う。（中略）危険はいっぱいあるけれど，困難はいっぱいあるけれど，やはり出ていったほうがいい。いろいろなところに行き，いろいろなことを経験したほうがいい，と私は思うのだ。

（下線部英訳）

❶❷の文 ポイント

❶「無生物主語」は「人」を主語にした文に（→ p.6）
❷ 文脈の中での同意・反意表現を発見し，代動詞と組み合わせる（→ p.15）
❸ 手段を表すときは〈by ～ ing〉（→ p.19）

❶の文を英訳するときにそのまま「旅」を主語にして悪いわけではないが，「**無生物主語は人を主語に代えて意訳**（→ p.6）」という原則を考えれば，「**旅は人を変える**」→「**旅をすることで人は変わる**」としたほうが好ましい。

さらにそのようにすると，**❷**の文とのつながりもよくなる。「旅をすることによって<u>変わる人も多いが，変わらない人</u>もいる」というわけだから，有名な〈Some ... but others ～〉のような形で書けそうだと構想ができ上がってくる。

ついでに下線部での意味の重複を考えれば，「**代動詞を使いこなす**（→ p.14）」という Chapter 1 で学んだテクニックと組み合わせてシンプルに英訳できそうだ。

このように１文ごとを英訳することばかりに気をとられず，**まずは全体を見渡そう**。そして Chapter 1 で学んだことを活用しながら，**英訳全体の構成を組み立てること**。これが首尾一貫した流れのある答案を書くためには重要だ。

基本的なことも１つ確認しておこう。「～することによって」という「**手段**」は，〈**by ~ing**〉で表すのがよい。なぜか to 不定詞で「手段」を表そうとする人が結構多いが，to 不定詞では「～するために」という「目的」は表せても「手段」を表すことはできない。

（1）People grow by overcoming hardships.「人は困難を克服することで成長する」

ただし動名詞は「**意味上の主語の一致**」に気を配る必要がある（→ p.16）。

❸の文 ポイント

❹名詞は名詞節で表す（→ p.20)
❺「～のやり方」の表し方

「旅に対する対応の仕方の問題」と本問にある。安易に直訳でやっつけ仕事をする前に，この筆者は何が言いたいのかを解釈しよう。本問の下線部以下にあるように，危険や困難があっても怯（ひる）まず，いろいろなところに行けば人は変われる。逆を言えば（この文章には書いていないが），パック旅行でツアーガイドの後ろについて歩くだけの旅をしても人は変われるはずがない，と言いたいのだ。つまり❸の文は「**もし旅をしても変われないとしたら，旅の仕方のせいだ**」ということなのだ。

では，「旅の仕方」を「**名詞は名詞節で**（→ p.20)」の方針でうまく表してみよう。別の例文で考えてみよう。例えば，「**あいつの話し方が気に入らない**」は次の2つの表し方がある。すでに確認した how に導かれる名詞節（→ p.20）を使った次の (2) の文はよいとして，(3) の〈**the way S + V**〉という形も学校などで習っていると思うのだが，あまり英作文で使える人がいない。

LECTURE
06

(2) **I don't like how he talks.**
(3) **I don't like the way he talks.**

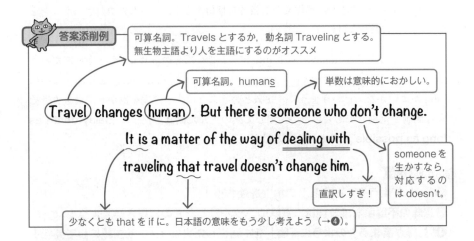

答案添削例

可算名詞。Travels とするか，動名詞 Traveling とする。無生物主語より人を主語にするのがオススメ

可算名詞。human**s**

単数は意味的におかしい。

(Travel) changes (human). But there is someone who don't change.
It is a matter of the way of dealing with
traveling that travel doesn't change him.

someone を生かすなら，対応するのは doesn't。

直訳しすぎ！

少なくとも that を if に。日本語の意味をもう少し考えよう（→❹)。

解答例

Most people change by traveling but some don't. I think if they don't, it is because of the ways they travel.

▶❶の文は特に問題はない。第2文目は，どんな接続詞を使うか，「認識が高まる」を「人」を主語にして英訳するというあたりがポイントだ。

問題

❶20世紀の医学の特徴の1つは，科学技術を利用し，死を可能な限り遅らせようとしてきたことである。❷しかし，最近になって，死が克服できないものである以上，死をどう考え，受け入れるかという問題の方が重要であるとの認識が高まってきている。

❶の文 ポイント

❶〈as ～ as possible〉を正しく使おう！

問題文の「可能な限り遅らせようと…」という日本語を見て〈as ～ as possible〉という表現を使おうと思った受験生は多いはずだ。問題はその使い方だ。例えば「できる限り一生懸命勉強する」という日本語なら study as hard as possible と正しく書ける受験生でも，「できる限り勉強する」という日本語だと（×）study as possible as などと，わけのわからない英文にしてしまうことがある。**日本語で副詞が抜けているので自分で補わなければいけないこと**に気づいていないせいだろう。本問でも「**死を可能な限り遅らせる**」とあるが，「遅らせる」を例えば delay を使って英訳するとして，それを修飾するのにどのような副詞が適切か。単語と単語の正しい組み合わせを「コロケーション」と呼ぶが，英作文の上級者を目指すなら，こうしたコロケーションを考えるようにならなければいけない。

日本語で考えても "delay death <u>much</u>"「すごく死を遅らせる」も一応可能だろうが，"delay death <u>long</u>"「長いこと死を遅らせる」のように，delay を修飾するのは long がよいかな，というように，知識というよりは少し感覚を働かせて最もよさそうな副詞を選別してもらいたい。そしてその選んだ副詞を使って "**delay death as long as possible**" とすればよいわけだ。

❷の文 ポイント

❷「～してようやく…する」の構文を使おう！
❸意味の不鮮明な接続詞は，意味のハッキリしたものに置き換えよう！
❹「認識が高まる」のように「物」を主語にした文は「人」を主語にして英訳！

まずここでの「最近になって認識が高まってきている」というのは，「最近になってようやく高まってきている」という意味である。本書の Chapter 1 で「冗語」と呼ばれるような不要な言葉まで訳そうとするな，ということは再三述べたが，本問の第1文

で「可能な限り長く遅らせようとしてきた」の「長く」を補わないと文法的に英文でき上がらなかったのと同様，ここでも「最近になってようやく」のように「ようやく」を補わないと文意が伝わりにくい。このように，和文英訳では不必要な日本語を切り捨てる技術同様，足りないものを補う技術も必要だ。

　日本語では接続詞がときに曖昧だ。よく「少子化が進む中で年金問題がクローズアップされている」などと言うではないか。「『中で』って何？」ということを日本語で話しているときにはあまり気にしないが，英語ではこうした曖昧な表現はないので，もっと適切な接続詞に置き換えなければいけない。本問の「死が克服できないものである以上」は「死は克服できないので」ということであり，「理由」を表す **because** などの接続詞か，**considering** や **given** などで表せそうだ。

　「認識が高まってきている」の部分はもちろん「人」を主語にして英訳したい。できる限り「高まってきている」というところを忠実に訳すなら People have become more aware than before that ～「人々は以前より～を意識している」とするのだろうが，**People have begun to realize that** ～「人々は～に気づき始めた」と言う程度で十分だ。

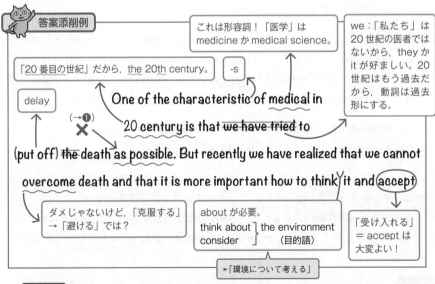

解答例

One of the characteristics of medical science in the 20th century is that it tried to delay death as long as possible. It was not until recently that we began to realize what is more important is how to think about death and to accept it, given we cannot avoid it.

▶意訳の基本，『『物』が主語の文は『人』を主語に」に気づくこと。「〜によって」という「手段」は〈by ~ing〉で表せるが，意味上の主語の一致に気をつけたい。ごく基本的な問題だ。

問題

試合での実力発揮には，試合の場で必要となる心の側面を鍛えるとともに，人間的な成長も必要と考えられます。そして，<u>スポーツ選手の人としての成長は，単に試合で勝つ方法を考えるだけでなく，スポーツを行う意味や，社会の中で自分が果たす役割を考えることによってももたらされます。</u>　（下線部英訳）

ポイント

❶「物」を主語にした文は「人」を主語にした文に直す（→ p.6）
❷〈前置詞＋動名詞〉を使うときは，意味上の主語の一致に注意（→ p.17）

「スポーツ選手の成長がもたらされる」という問題文をそのまま直訳するというやり方は，この問題ではよくても，今後もっと複雑な文を書くことを考えると，ぜひ早いうちに改めてほしい。「**スポーツ選手が成長する**」と書けばずっと簡単に書けるのだ。 Chapter 1 で学んだように，基本的に「物」が主語になっているような日本語を英訳せよと言われたらアタマの中で「人」が主語になるような文に言い換えて書こう。

さらに本問では，もう１つのポイント「**動名詞の主語の一致**」ということが絡んでくる。動名詞を使うときには意味上の主語の一致ということを意識しなければいけない（→ p.17）。そして「**〜を考えることで**成長がもたらされる」のような手段を表すときは，〈**by ~ ing**〉を使うわけだ（→ p.19）。次の２つの文を比べてみよう。

（1）**Growth** of an athlete can be encouraged by <u>thinking</u>...
（2）**An athlete** can grow by <u>thinking</u>...

（1）のように「成長」を主語にすると動名詞 thinking と意味上の主語が一致しなくなるのがわかるはずだ。（2）のように「人」を主語にすれば問題はない。
また，巻末の語彙編にあるように，「（肉体的に）成長する」のは〈**grow up**〉だが，「（精神的に）成熟する」のは **grow** または **mature**（mature は形容詞としても使える）だ。

ポイント

❸名詞を表すときは名詞節で！（→ p.20）

Chapter 1 で，「**名詞は名詞節で英訳する**」という意訳の基本も学んだ（→ p.20）。問題文の「スポーツを行う意味」や「社会の中で自分が果たす役割」もそのまま名詞で直訳するのではなく，うまく名詞節を使って表現したい。こうしたことは普段から習慣

づけておかないとなかなか身につかないことなので，「別に名詞でそのまま訳しても
いいじゃない！」と思うくらいのものから積極的に「**名詞は名詞節で**」という意訳の
方法を使ってもらいたい。「**スポーツを行う意味**」のほうを英訳してみよう。

> ▌訳例1〉名詞でそのまま直訳　　　➡　**the meaning of playing sports**
> ▌訳例2〉名詞節を使っての意訳1　➡　**what it means to play sports**
> ▌訳例3〉名詞節を使っての意訳2　➡　**why they play sports**

おそらく ▌訳例3〉は思いつかなかったかもしれないが，意訳として成立することは
納得してもらえるだろう。このように名詞節を使った意訳は柔軟性があり，問題文の
日本語を読み砕いてそれを反映できるので，言いたいことがわかりやすい英文になる
というメリットがある。

「**社会の中で自分が果たす役割**」のほうも考えてみよう。

> ▌訳例4〉名詞でそのまま直訳　　　➡　**the role they <u>should</u> play in society**
> ▌訳例5〉名詞節を使っての意訳1　➡　**what role they <u>should</u> play in society**
> ▌訳例6〉名詞節を使っての意訳2　➡　**what they <u>can</u> do for society**

こちらは正直なところ名詞を使った直訳でもそれほど悪くはないが，やはり名詞節
を使っていろいろに訳せることがわかるはずだ。いずれの訳でも下線部の**助動詞が効
果的に使われている**のもわかるはず。問題文にはそれに相当する日本語がないので，
多分，君たちの答案は the role they play のように現在形になっていると想像するが，
ここではアスリートたちが今現在，自分たちが何をしているかを考えるのではなく，
これから社会の中でアスリートとしてどう役割を果たすべきか，または果たせるかを
考えなさい，と言っているのだ。**動詞の形**には気をつけてもらいたい。

LECTURE
08

答案添削例

> development は受験生が多用する単語だが，「人」に使うと「（子ども）の発育」
> の意味。「人」を主語にできないか考えてみよう（→❶, 解答例）

The (development) of athletes as a human is brought up

by thinking not only how to win but also the meaning of

sports and the role they play in the society.

動名詞：主語の不一致（→❷）　　　　　　should

解答例

**An athlete can grow as a human by thinking not only about how to
win a game but also why they play and what they can do for society.**

09

難易度： 🐾 🐾 🐾 🐾 🐾

▶下線部が少し長いが，「多い」「増えている」という和文英訳問題の定番を
しっかりこなせれば，ごく簡単に書ける基本問題だ。Chapter 1「英作文基本テクニック25」
で学んだことを確認していこう。

問題

（前略）❶英語が話されている国に住めば英語ができるようになると思ってい
る人は意外に多いのだが，外国語習得はそんなに容易に，そして首尾よく達
成できるものではない（中略）。❷確かに，海外研修では英語を聞いたり話
したりする機会は増えるが，何が話されているか，何が書かれているのかを
理解するように努力しなければ「できる」ようにはならない。　（下線部英訳）

❶の文 ポイント

❶「多い」をうまく表す（→ p.2）　　❷重言は1つに（→ p.29）

　基本ではあるが Chapter 1 で学んだ「～する人は多い」（→ p.3）をうまく表現すること。
もう一度ここで確認しよう。単純化して「そう考える人は多い」の英訳を考えてみよう。

　(1)（？）People who think so are many.
　(2) There are many people who think so.
　(3) Many people think so.
　(4) Unexpectedly, many people think so.
　(5) More people think so than you imagine.
　(6) Quite a lot of [many] people think so.

　(1)，(2) より極力 (3) で書くべきということは Chapter 1 で学んだ。ただし今回は
問題文が単に「～する人が多い」ではなく「～する人が意外に多い」なので，ちょっ
ととまどったかもしれない。もしできる限り一字一句正確に英訳しようと思うなら，
(4) のように「意外なくらい多い」とするか，(5) のように「想像するよりもっと多
い」とするという策が考えられなくもないが，そこまで忠実に訳す必要もない。無視
して (3) でもよいし，(6) のように「かなり多い」で十分だ。また問題文に「容易に，
そして首尾よく」とあるが，この2つの表現に大差はなく典型的な「重言」（→ p.29）
だ。2つ合わせて easily 1語で十分だ。

❷の文 ポイント

❸文脈をよく見る（→ p.21）　　❹「増える」をうまく表す（→ p.12）

　❷の文に「海外研修では」とあるが，「海外研修」とはもちろん問題文の1行目にあ
る「英語が話されている国に住む」ことだ。問題文をよく読んで，その中に同意・反
意表現を見つけて意訳の助けにするテクニックがここでも役立つ（→ p.15）。さらに

もう一度問題文を見てもらいたい。「確かに」と書いてあるが, これは何を意味しているか考えただろうか。この文の後半部分と〈譲歩＋打ち消し〉を形成しているのだ。ごく目立たないところなのだが, このように文脈の中で論理的に大きな意味を持つところは, 訳文にもしっかりそれを反映させるのが大切だ。〈譲歩＋打ち消し〉を表す表現として, 〈Of course [To be sure // Admittedly // True], ～ but...〉など, いろいろ知っていることと思う。それらを使ってもらいたい。

　もう1つ大きなポイントは, 「増える」をどう英訳するかだ。例えば「勉強する時間を増やす」は study a lot を比較級にして study more と言えばよく, このように「比較級を活用するのが重要だ」と学んだはずだ。同様に, 「英語を話す機会が増える」は, speak more で済ませられる。最後に, 「何が話されているか」は, さすがに「何を現地の人が話しているか」とでもしないと意味不明だ。こうした箇所も問題文に日本語を補って, 意味の通じる英語にしたい。

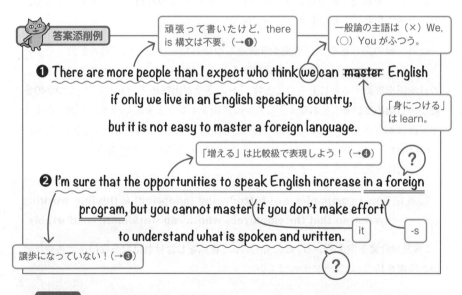

答案添削例

頑張って書いたけど, there is 構文は不要。(→❶)

一般論の主語は（×）We, （○）You がふつう。

❶ There are more people than I expect who think we can master English if only we live in an English speaking country, but it is not easy to master a foreign language.

「身につける」は learn。

「増える」は比較級で表現しよう！(→❹)

❷ I'm sure that the opportunities to speak English increase in a foreign program, but you cannot master if you don't make effort to understand what is spoken and written.

it
-s

譲歩になっていない！(→❸)

LECTURE
09

解答例

❶ Quite a lot of people think you can learn English only by living in a country where it is spoken, but it is not so easy to learn a foreign language.　❷ Of course, if you live in a country where English is spoken, you hear and speak English more, but you will never learn it unless you try to understand what people there speak and write.

▶難易度🐾2つと評価した。一見難しそうに見えるもしれないが，ほとんど意訳をする必要がなく，直訳だけで書けるという面からすると易しい問題だ。「**目的**」や「**増える**」をきちんと表現することに尽きる。

問題

❶近年，育児や介護を抱えている人たちが働きやすい環境を作るため，柔軟な勤務体制を導入する会社が出始めている。❷その結果，コンピューターや携帯電話を活用して，オフィスではなく在宅で勤務する人の数が増加している。

(下線部英訳)

❶の文 ポイント

❶「目的」を 〈so that〉を使って表す（→ p.38）

問題文の「～の人たちが働きやすい環境を作るために」を単に「～の人たちのために」と考えて，**for** 1語で表すことも可能であり，むしろそのほうが自然な英語かもしれない。それだと拍子抜けするかもしれない受験生のために，もう少し日本語に沿った英訳を考えるとしよう。

改めて❶の文を見ると，「育児や介護をしなければいけない被雇用者が働きやすいようにいくつかの会社が柔軟な勤務体制を導入し始めている」ということである。この日本語を英訳するのに必要なことは，「～の会社が出始めている」を「**いくつかの会社が～し始めている**」とするように多少の意訳をすることを思いつき，「環境」のような冗語は切り捨てる力と，主文の主語と「目的」を表す部分の主語が異なる場合は，〈**so that**〉（→ p.38）を使って「目的」を表せばよいと気づく文法力だ。

具体的には次のようになるだろう。

> 訳例1 ▷ Some companies are introducing [adopting] a flexible working system so that the employees who.... can work more comfortably.

「育児や介護を抱えている」は，もちろん「**世話をしなければならない子どもや年老いた家族を持つ**」のようにすればよい。

❷の文 ポイント

❷「増える」をうまく表す（→ p.12）

「増える」は Chapter 1 で学んだが（→ p.12），問題文の「在宅勤務する人が増えている」の部分はしっかり書けただろうか。これが❷の文を英訳する際の最大にして唯一のポイントだ。復習しておこう。この文は次のようにさまざまに書ける。

> 訳例2 People who work at home are increasing in number.

> 訳例3 The number of people who work at home is increasing.

> 訳例4 An increasing number of people work at home.

> 訳例5 More people work at home than before.

> 訳例5 More and more people are working at home.

　どれであろうと正しく書ければ正解でマルをもらえるだろうが， 訳例4 ～ 訳例6 のどれかで書くことをオススメする。

　「オフィスではなく在宅で」という部分は〈not A but B〉のような書き方をしてもダメではないが，instead of commuting to the office のように書くほうがこなれた表現ではある。また「～を活用して」は〈(by) using ～〉でも申し分ないが，〈with the aid of ～〉「～の助けを借りて，活用して」という前置詞も使える。この熟語は受験生の間では知名度が低いようであるが，英作文では利用できる場面が多いので，覚えておくとよいかもしれない。

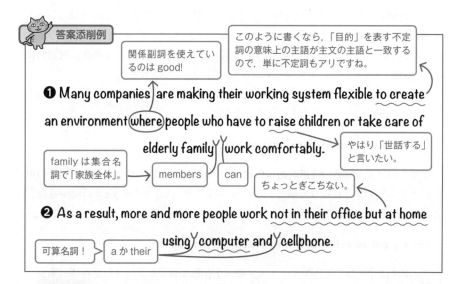

LECTURE 10

解答例

❶ In recent years, some companies have been introducing a flexible working system so that the employees who have a baby or an elderly family member to take care of can work without difficulty. ❷ As a result, more and more people are working at home with the aid of a computer and a cellphone instead of commuting to their workplace.

> ▶❶の文で「～してようやく…する」の構文を使うのはすぐわかる。でも、そこに少し応用が必要であり、意外に難しいはず。問題文の「真価」「心構え」などは「名詞は名詞節で表す」テクニックが求められている。基本的だが良問だ。

問題

（前略）**大学に入学することは、ほかの商品やサービスを買うこととは本質的に異なる。そもそも教育を受けている時点で自分にとって何が真に必要かを見抜くのは容易ではない。言い換えれば、❶大学で学んだものの真価は、卒業後、ある程度時間が経ってからしか判断できない。❷また教育の成果は学生の心構えや努力次第で大きく変わる。**（後略）　　　　　（下線部英訳）

❶の文 ポイント

❶度量詞の利用

❷「～してようやく…する」の構文をどう使うか（→ p.66）

❸名詞は名詞節で表す（→ p.20）

　five years のような度量詞（程度や量を表す〈数字＋単位を表す名詞〉をこう呼ぶ）は**副詞的**に使える。例えば He is <u>twenty years</u> old. のような文は、もともと He is old. という文があり、その old という形容詞の前に twenty years を置き、副詞的に old を修飾（「20年分だけ年を取っている」＝「20歳」）したものだ。

　それでは、今度は「**卒業して5年経って彼は結婚した**」という日本語をうまく英訳できるだろうか。まず次の (1) のような文を考える。

（1）He got married after he graduated.

　そして five years という副詞的に使える度量詞を、今度は after が作る副詞節の前に置けば (2) のようになり完成だ。もちろん「5年経って」を five years passed などと考えないのは当然のことだ。

（2）He got married five years after he graduated.

　この知識と「～してようやく…する」という有名な構文を組み合わせれば出来上がりだ。ところで、この構文だが、おそらく君たちの知っているのは次の (3) だろう。

（3）It was not until yesterday that he returned.
　「彼が帰ってきたのは、ようやく昨日のことだった」

　しかし、次の (4) や (5) のようにシンプルに組み合わせられるのは、理解できているだろうか。

（4）He returned only yesterday.

(5) **Only yesterday did he return.** (only は否定詞扱いなので倒置が起こる)

このどちらかと (2) を組み合わせればよい。次に一例を挙げる。

(6) **Only five years after he graduated did he get married.**
「卒業して5年たって，ようやく彼は結婚した」

残るは「大学で学んだものの真価」である。「**名詞は名詞節で表す**」(→ p.20) というルールはここでも使える。the real value of your studies at college とでも書くのが名詞をそのまま名詞で訳した例なのだろうが，例えば **what having studied at college means to you**「大学で学んだことがあなたにとって何を意味するか」とか，**what meaning your studies at college has**「大学でのあなたの勉強がどのような意味を持つか」など，君たちの創意工夫次第だ。

❷の文 ポイント

❹文脈を考えよう (→ p.15)

さて❷の文の冒頭に「**教育の成果**」とあるが，どのように英訳しただろうか？ またこれも，「名詞を名詞節で」？ それもよいのだが，よく問題文を見よう。❶の文の「大学で学んだものの真価」＝「教育の成果」である。Chapter 1 で学んだように，問題文をよく見て，文章中の同意表現，反意表現を探して意訳の手がかりにする例のテクニックをここでも使えばよい。❷の文の「教育の成果」は it でよい。「〜次第で大きく変わる」は「〜次第だ」でよく，「大きく変わる」は冗語なので訳す必要はない。

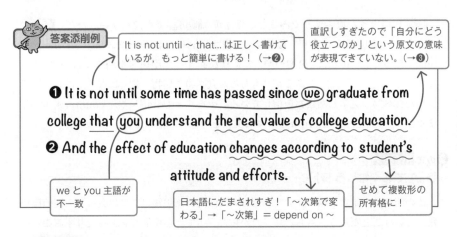

解答例

❶ It is not until some time after you graduate from college that you understand what having studied at college means to you. ❷ It depends on how motivated you are and how hard you study.

►実はこの問題は東北大以外でも過去に出題されている。**疑似分裂文**や「AというよりむしろB」，さらには〈**the 比較級, the 比較級**〉を使いこなす文法的な作文力も必要だし，「文脈をよく考える」ことも大事になる。そうした意味で，複数回入試に出題された経歴があるのも理解できる問題だ。

問題

❶訪れた異国の印象を語ろうとするとき，私がまず思い浮かべるのは，食物でも建物でもなく，私と言葉をかわした人の顔であり，考え方である。❷そこになにがあったかより，そこにだれがいたかをまず考える。❸出会った人間との付き合いが深いほど，その国に親しみを覚える。

（黒岩徹『豊かなイギリス人』中央公論社）

❶の文 ポイント

❶ 疑似分裂文（→ p.42）
❷ 文脈を考えよう（→ p.15）

こうした文はぜひ， Chapter 1 で学んだ**疑似分裂文**で書いてもらいたい（→ p.42）。具体的には次のような書き方である。

訳例1 **The first thing I remember is that ...**
訳例2 **What I remember first is that ...**

訳例1 のほうが流ちょうであるとは思うが，訳例2 でも構わない。ただし訳例2 のように書く場合は，「まず，最初に」を表す副詞は単に **first** である。for the first time「初めて」，at first「最初の頃」のような間違った副詞句を使ってはいけない。また「食べ物」や「建物」とあるが，もちろん食べ物や建物一般ではなく，訪れた国で食べた食べ物，見学した建物を指している。少なくとも its (= the country's) food，または the food I ate there など，少し文脈を考慮して補いたい。

❷の文 ポイント

❸「A でなくむしろ B」（→ p.46）

この問題文の筆者が❷の文で言いたいのは，訪れた史跡以上に出会った人間のほうだ，ということだろう。もちろん，だからと言って，名所旧跡を巡ったりすることを完全に忘れたりするわけでは当然ないだろうから，〈not A but B〉より「思い浮かべるのは A というよりむしろ B」という意味になる〈**not so much A as B**〉を使いたい。この構文と名詞節を組み合わせる形は Chapter 1 に詳述した。

❸の文 **ポイント**

❹〈the ＋比較級，the ＋比較級〉を使いこなす（→ p.44）

　もちろん，❸の文には〈**the ＋比較級 , the ＋比較級**〉を使うことは明白だ。ただし
この構文はいい加減に使うと思わぬ落とし穴にハマるので，**元の文**をしっかり考えて，
正しく変形する手続きを踏むように。いくつか訳例を考えてみよう。まず構文の前半。

訳例3 **You know people there <u>well [much].</u>**　　　◀現地の人をよく知っている

　　　→ **The better [more] you know people there.**

訳例4 **You become <u>good</u> friends with people there.**　◀現地の人とよき友人になる

　　　→ **The better friends you become with people there.**

訳例5 **You strike up <u>intimate relationships</u> with people there.**

　　　　　　　　　　　　　　　　　　　　　　　◀現地の人と親密な関係を作る

　　　→ **The more intimate relationships you strike up with people there.**

　このように，どういう文からスタートするか次第で，簡単に，または少し硬くなど，
さまざまに書くことができる。構文の後半も同様だ。いろいろ試してもらいたい。

解答例

❶When I talk about the impression of a country I have visited, the
first thing I remember is not the food I ate or the architecture I saw
there but faces of the people I met and their way of thinking. ❷What
I remember is not so much what was there as who was there. ❸The
better I know the people I meet there, the closer I feel to the country.

▶意訳のさまざまなテクニックが必要になる。問題文の長さに翻弄されず，きっちり1文ごとにポイントを考えながら英訳していこう。

問題

❶若いうちは健康のありがたさを知らない。❷中年になると，そろそろ身体が気になりだす。❸健康にいいということに関心を持ち出す。❹ある調査によると，現代の日本人は十人に九人強が，健康の保持に深い関心を持っているという。❺高齢化社会になればますますこの傾向は強まるだろう。

❶の文 ポイント

❶ 名詞は名詞節で（→ p.20）

「健康のありがたさを知る」はどう書けばよいだろう。「ありがたさを知る」＝「ありがたく思う」であり，単純に appreciate health とか appreciate the value of health とするのもよい解決策だ。またこれまでのように「名詞は名詞節で表す」という考え方を使って，例えば know how precious health is などとすれば何も問題はない。またこの❶の文には主語がないが，「若者は〜を知らない」とすればシンプルに訳せそうだ。

❷❸の文 ポイント

❷「中年になる」をどう表すか？　「うなぎ文」に注意！（→ p.28）

受験生で「私は病気になった」を（×）I became disease. などと書く人がいる。そういう答案には半分ふざけて，私は「そうか，君はとうとう人間をやめてバイキンになったのかあ」と言う。正しくは I got ill.（disease は名詞，ill は形容詞）だ。「中年」を表す英単語は知っているだろうか。middle age は名詞，middle-aged は形容詞だ。become middle age は become disease と同じ理屈でダメ。become middle-aged か，さもなければ「中年に近づく」と考えて approach middle age としなければいけない。

もう1つ，「身体が気になりだす」の「身体」は絶対に body はダメ。body は「ナイスボディー」という日本語のように，外見的な容姿以外では使ってはいけない。「身体によい＝健康によい」のように，日本語の「身体」という言葉の多くは「健康」（→ p.214）に置き換えられる。また，「健康によいということ」は，「健康によいと（世間で）言うこと」である。健康サプリとか運動法とか，いろいろ試すのだろう。先行詞を複数形にして things (which) people say are good for your health「健康によいと世間で言うもの」のように連鎖関係詞節を使えたら最高だ。

❹の文 ポイント

❸「～割」や「～％」を正しく表そう！（→p.4）

　「10人中9人強」はもう書けると思うが，自信のない人はもう一度，Chapter 1 を見直そう（→ p.4）。「健康を維持する」は **stay healthy**。これも日本語で「健康」という名詞を使うところで英語では healthy という形容詞を使うので間違いやすいところだ。本章の Chapter 1 を確認してほしい。

❺の文 ポイント

❹文脈を見て同意・反意表現を探そう（→ p.15）

　まず「高齢化社会になる」には主語がないが，もちろん「日本」が主語であろう。だからといって「日本が高齢化社会になる」を Japan becomes an aging society. などと直訳するのは，「彼が有名人になる」を He becomes a famous person. とするようなものである。これは He becomes famous. とすればよいのと同様，**Japan ages.**「日本が老化する」と書けばよい。

　そして「傾向が強まる」が一番困るところだ。困ったら例によって文脈をよく見て**同意反意表現を探そう**。言うまでもなくここで言う「傾向が強まる」は「**もっと人々が健康に関心を持つようになる**」ことだ。ならばそう訳せばよい。

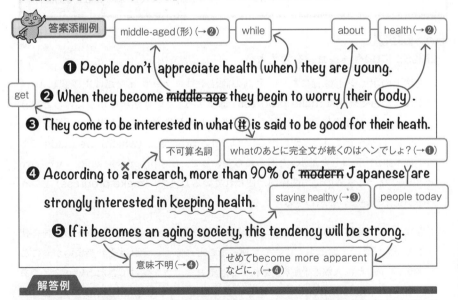

答案添削例

middle-aged（形）（→❷）　while　about　health（→❷）

❶ People don't appreciate health (when) they are young.

get　❷ When they become middle age they begin to worry their body.

❸ They come to be interested in what it is said to be good for their heath.

不可算名詞　whatのあとに完全文が続くのはヘンでしょ？（→❶）

❹ According to a research, more than 90% of modern Japanese are strongly interested in keeping health.

staying healthy（→❸）　people today

❺ If it becomes an aging society, this tendency will be strong.

意味不明（→❹）　せめてbecome more apparent などに。（→❹）

解答例

❶ Young people don't know how precious health is. ❷❸ But as they become middle-aged, they begin to worry about their health and get interested in things people say are good for your health. ❹ A survey says nine out of ten Japanese people are very interested in staying healthy. ❺ And they will be more interested, as Japan ages.

LECTURE **13**

▶長文読解問題の中の一部が下線部和訳になっているという，最近はやりの形式の問題だ。この形式の問題は，英語の部分がいろいろな意味でヒントになるのだが，本問はそうしたヒントなしでも英訳できてもらいたい。意訳の余地はほぼない。語彙と，ちょっとした文法活用能力があればできる。文脈に関してひと言だけ言うと，「人類の進歩によって逆にその進歩についていけない人間の身体に健康上の問題が生じる」といった趣旨の文章だ。

問題

（前略）As new technologies have become available faster and faster, especially since farming began, we have devised or adopted a growing list of novel cultural practices that have had conflicting effects on our bodies. On the one hand, ❶比較的新しい時代に獲得した進歩は有益である，❷すなわち，農業を営むことは食糧生産の増加につながり，現代の衛生設備と科学に基づく医学は乳幼児死亡率の低下と寿命の延長に寄与している。On the other hand, numerous cultural changes have altered interactions between our genes and our environments in ways that contribute to a wide range of health problems.

（注）ただし，「衛生設備」については "sanitation" を使用せよ。

❶の文　ポイント

❶語法，コロケーションを考えよう

　文法上のポイントは特にない。動詞の語法やコロケーションだけを確認しよう。たぶん君たち受験生は make progress「進歩する」という熟語を知っていると思う（progress は不可算名詞）。これを使えば，「人類が獲得してきた進歩（文脈を見れば「人類」は we でよいことがわかる）」は，the progress (which) we made である。日本語が「獲得した進歩」とあるからといって，the progress (which) we have acquired などとするのは，関係詞が使われているだけで，〈make progress〉という熟語が見えていないと思わざるをえない。

　もう1つ。「有益である」とある。受験生は英作文で beneficial という形容詞を使うことが大好きで，おそらくここでも使ったことだろう。それはそれでよいが，ここで言う「有益」とは人類が「進歩」を利用し，それで恩恵を受けてきたということである。ならば，benefit from 〜「〜から利益を得る」とか exploit「利用する」などの動詞を使うことも考慮したい。

❷の文 ポイント

❷ 動名詞を活用する（→ pp.16～19）

「～につながる」は〈lead to ～〉,「～に寄与する」は〈contribute to ～〉を使った受験生が多いと思うが, どちらの to も前置詞だ。ということは, to の次には**名詞**か**動名詞**を続けなければならない。例えば, まず「農業が食糧生産の増加につながった」という部分の英訳を考えてみよう。

訳例1 Agriculture led to **an increase** in food production.

訳例2 Agriculture led to food production <u>increasing</u>.

訳例3 Agriculture led to more food being produced.

訳例1 は単純に to という前置詞の後ろに an increase「伸び」という名詞をつなげた。それに対して 訳例2 は, p.18で学んだように, **動名詞を利用したもの**（**increasing** が「増えること」, それに**意味上の主語**である <u>food production</u> を付して food production increasing で「食糧生産が増えること」）。さらに p.13で学んだように,「増える」に**比較級**を使うことを考えると, 訳例3 のように書くこともできる。後半の「死亡率の低下と寿命の延長につながる」も同様に, 名詞だけではなく動名詞を使うことも視野に入れて柔軟に書いてみよう。

made。コロケーション（→❶）

era は the Edo era（江戸時代）のように何年から何年までとはっきりしているものには適するがこのような漠然とした「時代」は times を使う。

❶ The progress we ~~acquired~~ in recent ⟨era⟩ was beneficial.

❷ That is, the agriculture contributed to the increasing food production, and medicine based on modern sanitation and science contributed to decrease the death rate of infants and prolong the average lifespan.

to 不定詞じゃない！（→❷）

「衛生設備」と「科学」が並列では？

分詞としてではなく動名詞として使うべき。

解答例

❶ We have benefited from the progress we made relatively recently. ❷ That is, agriculture has led to an increase in food production [led to food production increasing], and modern sanitation and medicine based on science has contributed to a decrease in the death rate of newborns and an increase in the average lifespan [contributed to the death rate of newborns decreasing and the average lifespan increasing].

LECTURE
14

▶文法的には第１文で Chapter 1 で学んだ「**否定の射程**」の考え方をしっかり使うこと。第２文は人を主語に置き換えると，簡単に書けるはずだ。

問題

❶さまざまな職業における成功者と呼ばれる人も自分の才能や意志だけを頼りに成功への道を進んできたわけではない。❷人との偶然の出会い，失敗からの教訓，そして書物に記された言葉が，心の中で生き続け，支えになってきたことも確かである。

❶の文 ポイント

❶否定の射程（→ p.32）

「**否定の射程**」という言葉を覚えているだろうか。簡単に言えば，動詞句の中の一部を否定したいときにも，否定したい語句の直前に not を置くのではなく，ふつうに否定文にするということだった。例えば次のような文。

(1) **I haven't come here to lose.**「負けるために来たわけではない」
  (**(?) I have come here not to lose.**)

本問も同様で，「才能や意志のおかげじゃないよ」と言いたいわけだが，ふつうに否定文にすれば十分。シンプルに書けば，例えば次のようになる。

(2) **They don't succeed just thanks to their talent.**

もちろん受験生が気になるのは，そこより「〜を頼りに成功への道を歩む」という部分をどう訳したらよいかということのほうだろう。まずは (2) のように「**〜のおかげで成功する**」とするのが一番簡単だろう。または，〈**depend on A for B**〉「Bの面でAに頼る」とか〈**owe A to B**〉「AはBのおかげ」のような表現を使い，(3) や (4) のようにしてもよい。

(3) **They don't depend only on their talent for their success.**
(4) **They don't owe their success only to their talent.**

同様に「**成功者と呼ばれる人**」という部分は call や be said to do を使ったと思うが，本当は〈**describe A as B**〉「AがBだと言う」などを使えるともっとよい。このあたりは英作文というより，語彙・語法力が必要になる。

❷の文 ポイント

❷「物」が主語の文は「人」を主語に！（→ p.6）

❸「一般論」の時制はすべて現在形

❷の文は直訳してもよいかもしれない。だがやはりここでも、**「物」が主語の文は「人」を主語に置き換えて意訳する**のが賢明だ。

問題文の「人との出会い、失敗からの教訓、本の中の言葉が心の中に生き続け、支えになってきた」は、「彼らはいろいろな人と出会い、失敗から学び、本を読み、そうした経験に支えられてきた」ということだ。方針が決まればそれを英訳するのは難しくないだろう。

また、「**一般論では時制が面倒なら全部現在形で**」、ということも覚えておくとよい。例えば、「よく<u>寝た</u>あとはさっぱり<u>する</u>」などと日本語で言う。下線を引いた2つの動詞の時間差を明確にするため、日本語では動詞の形を変えるが、英語ではどちらも現在形で You **get** refreshed after you **sleep** well. でじゅうぶん。「**子どもの頃、本を読むと将来賢く<u>なれる</u>**」のような文も、下線部を特に未来形にしないで You **become** wise if you **read** a lot while you are children. のように2つの動詞どちらも現在形でじゅうぶん（未来形にすると逆に一般論に聞こえず、本当に目の前にいる "you" について語っているようにも思われてしまう）。

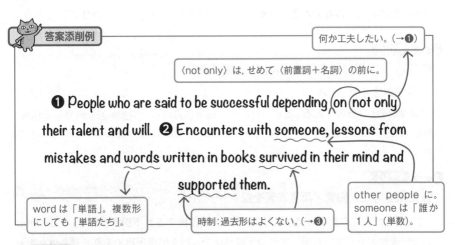

答案添削例

何か工夫したい。（→❶）

〈not only〉は、せめて〈前置詞＋名詞〉の前に。

❶ People who are said to be successful depending on (not only) their talent and will. ❷ Encounters with someone, lessons from mistakes and words written in books survived in their mind and supported them.

word は「単語」。複数形にしても「単語たち」。

時制：過去形はよくない。（→❸）

other people に。someone は「誰か1人」（単数）。

解答例

❶ People who are described as successful in various professions don't owe their success only to their own talent and will power.

❷ They encounter various people, learn from their own mistakes, and read books, and such experiences mean a lot to them.

LECTURE
15

83

16

難易度： 🐾 🐾 🐾 🐾 🐾

►このくらいのレベルの和文英訳になると，どのように意訳するかによって，難しくもなるし簡単にも書ける。受験生が辞書を使えず，ごく短時間で書かなければいけない英作文なのだから，意訳を駆使して，できる限り簡単に書くことを考えよう。

問題

❶二十四時間はあっという間だ。❷特に睡眠が三分の一近くあるわけで，実質はもっと短い。❸生きていくために必要な時間があり，人間関係や社会のために拘束される割合も無視できないほどあるから，自分が自分のために使える時間は，残りのほんの僅かなものになるだろう。

❶の文 ポイント

❶単数扱いか，複数扱いか

時間や距離を表す数字は，単数扱いされることもあれば複数扱いされることもあるというのは文法の基礎知識だ。次の2文を比べてみよう。

（1）**Five years have passed since she left Japan.**

（2）**Five years is long enough to learn a foreign language.**

（1）のように複数扱いされるのが当然に思えるが，（2）のように**5年間をひとまとまりの期間としてみなすときには単数扱い**。本問でも，もちろん単数扱い。

❷の文 ポイント

❷「物」を主語にした文は「人」を主語に直す （→ p.6）

「睡眠が3分の1ある」のような「物」を主語にした文は，「人」を主語にして「**人は（24時間の）3分の1眠る**」と書いたほうが簡単に書ける。 Chapter 1 で紹介して以来，何度も使ってきた基本テクニック（→ p.6）は，さすがにもう身についていることだろう。

❸の文 ポイント

❸文脈を考え，同意・反意表現を探す （→ p.15）

「〜するために必要な時間があり，…するために拘束される割合もある」などとかっこよい書き方をしているが，2つの下線部はまったく**同意表現**であり，繰り返しを避けるために表現を変えているだけだ。そんなものに付き合う必要はない。さらにここでも「物」を主語にした文を「人」を主語にした文に変えるという考え方を使えば，結局ここで言っているのは，「**人は生きるためや人間関係や地域のために時間をかなり使っている**」というだけの話だ。そう割り切れば，はるかに簡単に書ける。ちなみに「生きるため」というのは生活費を稼ぐことであり，「人間関係」とは，「人と付き合う

こと」であるし、「社会」は、例えばボランティア活動をして地域社会に奉仕すること だろう。このあたりを少し言葉を補って英訳するかどうかは好き好きでよいと思う が、どういうことを言っているのか、少なくとも自分の中で具体化して書かれている ことを納得してから問題に取りかかろう。普段からそうすることが柔軟な意訳につな がる。

　さらに「自分のために使える時間は残りわずかしかない」の「わずか」という部分 だ。中学校時代に習ったことだが、意外に間違いが多いところなので念のため表にし ておく。**後ろに可算名詞が来るか不可算名詞が来るか**で few と little を使い分け、さ らに肯定的に**「少しある」**と言いたいのか、否定的に**「少ししかない」**と言いたいのか によって、また使い分ける。本問では表の右下 (不可算名詞が「少ししかない」場合 の表現) のいずれかを使う。主語以外では only a little time がふつうだ。

■「少しある」「少ししかない」の表し方

	＋可算名詞	＋不可算名詞
少しある	**a few friends**	**a little time**
少ししかない	**few friends** **only a few friends** **very few friends**	**little time** **only a little time** **very little time**

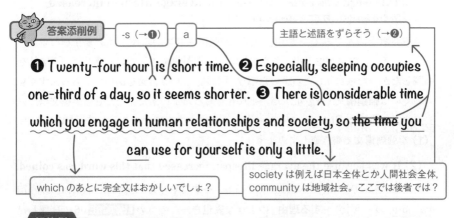

答案添削例　　-s (→❶)　　a　　主語と述語をずらそう (→❷)

❶ Twenty-four hour is short time. ❷ Especially, sleeping occupies one-third of a day, so it seems shorter. ❸ There is considerable time which you engage in human relationships and society, so ~~the time you~~ can use for yourself is only a little.

which のあとに完全文はおかしいでしょ？

society は例えば日本全体とか人間社会全体、community は地域社会。ここでは後者では？

解答例

❶❷Twenty-four hours is a short time, and actually it is shorter because you sleep (for) almost one-third of it. ❸You have to also spend some of it earning your living, socializing and doing things for the community. So you have only a little time for yourself.

▶**①**の文は簡単に書くこともできそうだが，できれば「〜なったからこそ」と書かれている理由を何らかの形でうまく強調できれば，言いたいことが伝わりやすい英文になるだろう。**②**の文は文法的に難しいところはないが，「熱」，「ゆとり」をそれぞれどう英訳するかがポイントだ。

問題

アンチエイジングは豊かさの指標とも言われる。**①**<u>医療の進歩で寿命が延び，食べ物に事欠かない社会になったからこそ，この言葉が生まれた。</u>そうでなければ老化を気にする前に寿命がつきかねない。**②**<u>政治も経済も問題山積で不安だらけの日本だが，アンチエイジング熱はまだゆとりがあることを示しているのかもしれない。</u>

（下線部英訳）

---

①の文 ポイント

① 「理由」の強調の仕方

「言葉が<u>生まれる</u>」は〈be made〉でも〈be invented〉でも〈be born〉でも意味は通じるが，できれば〈be coined〉「**（新語が）生み出される**」という語を覚えておいてもらいたい。読解問題でも中心的な話題にはだいたい何らかの学術的な名前がつけられていて，それを紹介するときによく使われる単語なので覚えておいて損はない。それはともかく，次の文をまず考えてみよう。

（1）This word was coined because the average lifespan increased.

「平均寿命が伸びたのでこの語が生み出された」

日本語訳を読んでみて，「理由」の部分が強調されている感じはあまりしないだろう。むしろ「この語が生み出された」という主文が強調されている感じだ。**「理由」を強調**したかったらどうしたらよいだろう。「強調」という言葉を聞いてもちろんすぐ思いつくのは**強調構文**（→ p.42）だ。それももちろんよい案だ。ただし強調構文は，過去形の文の場合は〈It <u>was</u>... that 〜 .〉のように過去形にすることを忘れないように。（1）を強調構文で書き直してみよう。

（2）It <u>was</u> because the average lifespan increased that this word was coined.

または I like the way he talks. のような「〜するやり方」と，This is <u>the reason I was late.</u> のような「〜する理由」のような表現を，この章の **LECTURE 06** で確認したはず（→ p.65）。これを使って次の（3）のように書くこともよい案だろう。

（3）One reason this word was coined was <u>that the average lifespan grew.</u>

または次のように書くのはどうだろう。

(4) This word reflects the fact that [shows that] the average life span increased.

p.47で述べたように，基本的に英文は述語動詞の部分より後ろが強調されるので，(3) や (4) は下線の部分が強調されるという仕組みだ。

「食べ物に事欠かない社会になった」というのも結構英訳しにくい。少なくとも「社会」は冗語 (つまり訳す必要のない語) だということには気づきたい。「食べ物に事欠かなくなった」=「食べ物が今や豊富にある」とか「飢餓が消えた」などと考えて意訳すればよい。

❷の文 ポイント
❷文脈から同意・反意表現を探そう (→ p.15)

まず「アンチエイジング熱」の「熱」はもちろん「アンチエイジングのブーム」ということだ。「ブーム」は crazy の名詞形である **craze** を使う。こちらは知識で解決つくが，問題は「ゆとり」だ。訳語に困ったときは「文脈から同意・反意表現を探そう」ということは再三繰り返してきた。1行目に書いてあるように「ゆとりがある」というのは「豊かさがある」ということに気づこう。そして，「物質的な豊かさ」は the standard of living (「生活水準」が高い) という風に言うのが一番無難だ (→ p.244)。

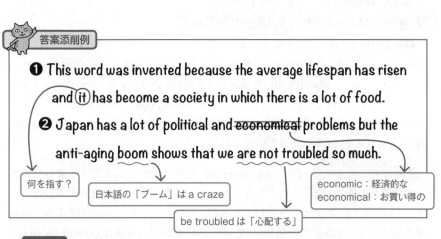

答案添削例

❶ This word was invented because the average lifespan has risen and ⓘ has become a society in which there is a lot of food.

❷ Japan has a lot of political and ~~economical~~ problems but the anti-aging boom shows that we are not troubled so much.

何を指す？

日本語の「ブーム」は a craze

be troubled は「心配する」

economic：経済的な
economical：お買い得の

解答例

❶This word reflects the fact that the average lifespan has increased thanks to medical progress and that now we are almost free from starvation.
❷There are a lot of political and economic problems in Japan but the anti-aging craze shows that our standard of living is still high.

難易度： 🐾🐾 🐾🐾 🐾🐾 🐾🐾 🐾

出題：京都府立医大（2005）

▶❶の文の「判断材料」はどのように英訳したらよいのだろう。文脈をよく理解することと，あとはちょっとした文法の知識でなんとか頑張って訳してみてほしい。あとは「できるだけ〜」という，この章の **LECTURE 07**（→ p.66）で扱った頻出の慣用表現と組み合わせること。

問題

手首が痛いので医者を訪ねたとする。医者はあなたに「どのくらい手首が動かせますか」と尋ね，手首が動く範囲を見て触診する。「何か思い当たることはありませんか」とさらに質問し，レントゲンを撮る。それぞれの診断テクニックが，さまざまな情報を提供していく。医者は全体像が浮かび上がるまで情報を集め，最終的に診断を下す。

❶<u>あなたが誰かを評価するときにも，この医者のようにあらゆる角度からできるだけたくさんの判断材料を集めることが大切だ。</u>❷<u>どの情報がいちばん頼りになるかは，状況によっても異なるし，あなたがその人に何を求めているかによっても変わるからだ。</u>

（下線部英訳）

❶の文 ポイント

❶文章中の同意・反意表現を探す（→ p.15）
❷〈as 〜 as possible〉を正しく使いこなす

　❶の文を見て，誰もが最初にどのように英訳しようかと悩むのが「判断材料」という日本語だろうが，その前の文の「**情報**」と同じ意味でこの文章の中では使われている。このような「**文脈の中での同意表現を意訳の手がかりにする**」というテクニックもそろそろ身についてきたと思う。「判断材料」「情報」は単に **information** と英訳してもよいだろうし，さらにもう少し考えて，**information to base your judgment on** とでも言葉を補えればなおよいだろう。

　それよりこの意訳に〈**as 〜 as possible**〉をかけ合わせて，「**できる限りたくさんの判断材料を集める**」ということをしっかり表現することのほうが重要だ。まず information は不可算名詞として有名だ。collect much information「多くの情報を集める」の much の直前に as を置くわけなので，正解は **collect <u>as</u> much information [to base your judgment on] <u>as possible</u>** である。間違っても（×）collect information as much as possible のような誤った語順にしないように。

❷の文 ポイント

❸「〜は，さまざまだ」を正しく表す（→ p.48）

　これも，ここまで本書で繰り返し練習してきた「〜は，さまざまだ」（→ p.48）を

どのように英訳するかというテーマの応用編だ。「頼れる情報は状況により，さまざまだ」のように，問題を単純化して英訳を試みてみよう。

> 訳例1 <u>Pieces of information</u> you should rely on differ from situation to situation.
> 訳例2 **You should rely on** different pieces of information in different situations.

例によって2通りの訳し方ができる。まずポイントになるのは，前述のようにinformation は不可算名詞なので，<u>Opinions differ.</u>「意見はさまざまだ」のように複数形を使えないことがやっかいだ。 訳例1 のように <u>pieces of</u> information とか <u>types of</u> information にしなければならないところが知恵の使いどころだ。 訳例1 は直訳調だが，その分，関係詞を使うことになって文構造的にはやや複雑になる。逆に 訳例2 は文構造は簡単だが少し意訳をしなければいけない，というように一長一短あるというのは，これまでも扱ってきたとおりだ。

さらに「〜によってさまざま」の部分は， 訳例1 のように **from situation to situation** と表すこともできるし，<u>depending on</u> what situation you are in のような書き方もできるということもすでに学んだ。この部分はどちらでも書けるが，「あなたが何を求めるかによって」は後者で書くしかないだろう。

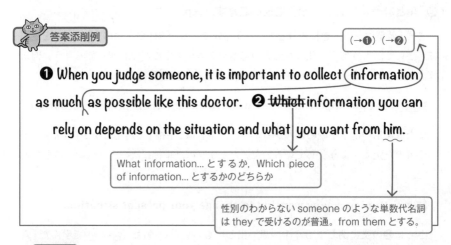

答案添削例

（→❶）（→❷）

❶ When you judge someone, it is important to collect (information) as much as possible like this doctor.　❷ ~~Which~~ information you can rely on depends on the situation and what you want from him.

> What information... とするか，Which piece of information... とするかのどちらか

> 性別のわからない someone のような単数代名詞は they で受けるのが普通。from them とする。

解答例

❶ Like this doctor, when you want to judge someone, it is important to collect as much information to base your judgment on as possible, and see them from as many points of view as possible. ❷ Pieces of information you should rely on differ depending on what situation you are in and what you want from that person.

▶語学的な側面で言えば難しいところはあまりないのだが，哲学的で抽象的な文章なので，どのように意訳するか，しっかり問題文の日本語を咀嚼して方針を決めよう。

　「継続」を求める幸福に対し，希望は「変化」と密接な関係があります。（中略）過酷な現在の状況から良い方向に改善したい。苦しみから少しでもラクになりたい。もしくは誰かをラクにしてあげたい。そんな思いが，希望という言葉には宿っているのです。

　❶希望は，現状の継続を望むというよりは，現状を未来に向かって変化させていきたいと考えるときに表れるものなのです。

　（中略）ただ，変化を起こすことが，一人ひとりの力だけではむずかしいこともあります。そんなときは，❷同じ変化を希望する人たちと，どんな方向に変えていきたいのかという希望をともにしながら，一緒に行動できるかどうかに，変化の実現はかかってきます。

（下線部英訳）

❶の文 ポイント

❶「物」を主語にした文は「人」を主語に直す （→ p.6）
❷「A というよりむしろ B」を使いこなす （→ p.46）

　まず「希望は〜のときに表れる」という部分である。「物」が主語の文は「人」を主語に，という，もう何度も使った意訳の基本テクニックをここでも使ってみよう。例えば次のように訳せそうだ（**hope** は want などと違って自動詞）。

> 訳例1　People hope **when they want to change their present situation.**

　または文章の前半を読めばわかるように，筆者は「幸福」と対比しながら「希望」というものを定義しようとしているのだ。だとすれば，単純に次のように訳すことも可能だ。

> 訳例2　Hoping means **wanting to change your present situation.**

　さらに❶の文に関してもう1つ思い出してもらいたいのは，Chapter 1 で学んだ「A というよりむしろB」の表現方法（→ p.46）だ。本問で筆者は「希望」という言葉にはいろいろな意味合いがある中で「現状維持」より「変革」を望む意味合いが強い，と言いたいのだろうから，〈not A but B〉「A ではなく B」よりも〈not so much A as B〉「A というよりむしろ B」を使うのが適当であろう。

❷の文 ポイント

❸「物」を主語にした文は「人」を主語に直す（→ p.6）

❹重言は切り捨てる（→ p.29）

　直訳するなら「変化が成功できるかどうかは，ほかの人たちと協力できるか次第」ということであり，「〜次第」は〈depend on 〜〉を使えばよい。したがって次の 訳例3 になる。

> 訳例3 Whether you can achieve the change **depends on** whether you can cooperate with other people.

　名詞節を使いこなして 訳例3 のように英訳できればそれはそれで問題ないが，いつもどおり「**人**」を主語にしようと考えれば，次のように発想を転換できるはずだ。

> 訳例4 **You** can achieve the change if you cooperate with other people.

　また「同じ変化を希望する」と「変えていきたいという希望をともにする」というのは重言なので，あまり原文につき合わず，内容を簡潔に訳せば十分だ。

LECTURE **19**

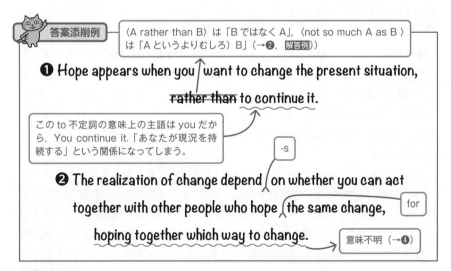

答案添削例

〈A rather than B〉は「B ではなく A」，〈not so much A as B〉は「A というよりむしろ）B」（→❷, 解答例 ）

❶ Hope appears when you ↑ want to change the present situation, ~~rather than~~ to continue it.

この to 不定詞の意味上の主語は you だから，You continue it.「あなたが現況を持続する」という関係になってしまう。

-s

❷ The realization of change depend ↑ on whether you can act together with other people who hope ↑ the same change, | for |

hoping together which way to change. → 意味不明（→❹）

解答例

❶Hoping means not so much wanting the present situation to continue as actively wanting to change it. **❷**You can achieve the change if you can cooperate with other people who share the same hope.

▶今まで勉強してきたことを遺憾なく発揮してしっかり英訳したい。問題文の文章自体は素直でわかりやすい。それほど意訳を駆使する必要がないところは取り組みやすく感じるだろう。

問題

❶人間には他人の気持ちを感じ取るという素晴らしい能力が備わっている。❷微妙な表情や仕草や，声のトーンなどから，相手の気持ちを読み取ることで，人と人とのコミュニケーションは成り立っている。（中略）

人間はいかにして他者の感情を読み取って共感するのか。この仕組みを脳科学は解き明かしつつある。脳の話になると，頭の良さや記憶力や集中力などの理知的な能力に注目しがちだ。❸しかし，人間の脳が本当にすごいのは，他人の気持ちを感じ取り，他人の幸せまで考える社会的な能力があることだ。❹脳の研究をすると，人間の脳は，他者と共存していくために進化してきたことに気付かされる。

（金井良太『他者をもてなす心』『PHP』2014年4月号　PHP研究所，一部改変）（下線部英訳）

❶❷の文 ポイント

❶動名詞の主語の一致（→ p.16）
❷「物」を主語にした文は「人」を主語に直す（→ p.6）

❶は問題ないはず。❷について，「(我々が) 相手の気持ちを読み取ることによってコミュニケーションが成り立つ」という問題文どおり communication を主語に設定して「相手の気持を読み取ることによって」という手段を〈by ~ing〉で書くとすると，動名詞の意味上の主語の不一致（→ p.16）が起こってしまう。ここも「我々は相手の気持を読み取ってコミュニケーションしている」のように，「人」を主語にするのが一番妥当な解決策だ。

あとは語彙だ。メール，会話など自分と「相手」の二者しかいないときの相手は〈the other person〉という便利な表現が存在するが，ここでは「ほかの人々」というくらいの漠然とした意味で使っているのだろうから〈other people〉としたほうがよいだろう。「備わっている」は単に have だけでは寂しい。言うまでもなく「先天的に持つ」という意味である。innately「生まれつき」くらいの副詞は思いつくだろうが，〈be endowed with ~〉「～を授けられている＝生まれつき持つ」や〈be born with ~〉など，そのくらいは思いつけるだろうか。こういう語彙を思いついて使えるかで，その受験生の全般的な英語力が明らかになってしまう。「読み取る」は少し比喩的な表現だから「読む＝ read」というのはいただけない。understand とか intuit あたりがよさそうだ。

❸❹の文 ポイント

❸ 疑似分裂文を使おう！（→ p.42）

❹「目的」を表すときは〈so that〉で！（→ p.38）

「人間の脳に関して本当にすごいのは…」はぜひ疑似分裂文（→ p.42）を使って表したい。具体的には **What is special [remarkable] about the human brain is that SV** のように書きたい。ここまで本書を勉強してきた君たちなら，ここはできただろう。「脳には社会的能力がある」は，実際に学問的にそのような言い方をするのだろうからそのまま直訳でよいと思うが，「脳が他者と共存していくために進化してきた」の部分は，さすがに下線部のところに主語・述語の関係があるとは思えない。「人間が他者と共存できるよう脳が（他人の気持ちを感じ取るような社会的な能力を持つよう）進化してきた」のである。これならば意味が通じる。そしてそのように英訳すると，主語が異なる（下線部）目的を表すことになるわけだから，[Chapter 1]で学んだように，to 不定詞を使うよりも，「目的」を表す接続詞〈**so that**〉を使うのが便利だ（→ p.38）。

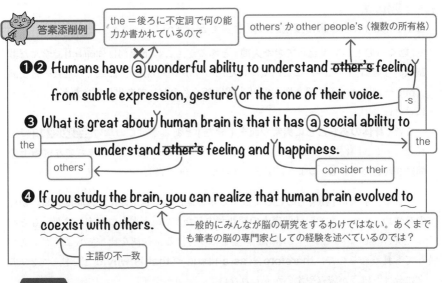

解答例

❶ Humans have the innate ability to intuit other people's feelings.
❷ We communicate with people by intuiting their feelings from their subtle expressions, gestures and their voice tones. ❸ However, what is really surprising about the human brain is that it has social abilities such as the ability to empathize and to think even about other people's happiness. ❹ Brain studies have shown that the human brain has evolved so that humans can coexist with each other.

▶問題文の長さに圧倒されるかもしれない。実際長いのだが，そればかりに気をとられて端から機械的に直訳していってしまうと，その結果，意味のまったく通じない英文になってしまうだろう。たとえ問題文が長くても，ここまで学んできたことを十分に生かしてよい英訳になるよう，しっかり作戦を立てていこう。

問題

自動車，電車，飛行機の発明といった機械文明のもたらした大きなマイナス点の1つは，運動不足によって生じる健康への支障である。❶数十万年の人間の歴史の中で，動くものとして進化してきた人間が，急に動かないで済むようになったために，身体のあちこちに異常が起きてきたのである。❷しかも経済状態がよくなったので，食べるほうは不自由しなくなってきているから，動かなくなったことと相まってカロリーが余りがちになり，その結果，肥満が一般的な傾向となってきている。　（下線部英訳）

❶の文 ポイント

❶非制限的な修飾語は接続詞に置き換える （→ p.22）

「動くものとして進化してきた人間」とあるが，この下線部は Chapter 1 で学んだ非制限的な修飾語だということに気づいただろうか（→ p.22）。ここでは逆接の接続詞（but や although）に置き換えて，「人間は動くものとして進化してきたが…」のように書けばよい。

また「身体のあちこちに異常が起きてきた」とあるが，この章の LECTURE 13 で述べたように，「身体」を body と訳してよいことはあまりない。「さまざまな健康上の問題が起こっている」のように訳すのが無難だ（→ p.78）。

そして，最後に「動くものとして数十万年も進化してきたのに，人間は突然，動くのをやめた」という文と，「健康上の問題が生じた」という文をつなぐわけだ。もちろん，because や so といった理由と結論を結び付ける接続詞を使ってもよいが，文がとても長くなるので，**therefore** や **as a result** や **that is why** などを使って2つの文に分けたほうが読みやすいかもしれない。

❷の文 ポイント

❷「物」を主語にした文は「人」を主語に直す （→ p.6）
❸文脈の中から同意・反意表現を探す （→ p.15）

さて，❷の文は大変だ。日本語としても長く，その中で因果関係のような論理が錯綜している。**1語1語英訳することより全体としてその論理が伝わるような英文にしなければいけない**。そのためには簡便に済ませられるところは済ませたい。

　まず「動かなくなったことと相まって」とあるが，文脈をよく見れば「動かなくなったこと」は，もう前の文で述べられている。つまり，❶の文の「現代人が本質的に運動不足である」ということに付け加えて，摂取カロリーも多すぎると言いたいのだ。ならば also 1 語で，または〈in addition〉「さらに」と書けば，これだけで「**動かなくなったことに付け加えて**」ということが表せる。

　「カロリーが余りがち」＝「**人**はカロリーを摂りすぎ」，「肥満が一般的な傾向」＝「**現代人**は太っている傾向がある」のように，例によって「物」を主語にした文は「**人**」を主語にした文に変えて英訳することはもう身についていると思う。

　なお，「太っている」「肥満」などの語彙は，巻末を参照のこと（→ p.214）。また，この章の**LECTURE** 02 で述べたように，「**経済状態がよくなった**」は「**生活水準**」〈the standard of living〉という語を使って表すのがオススメである（→ p.57, 244）。

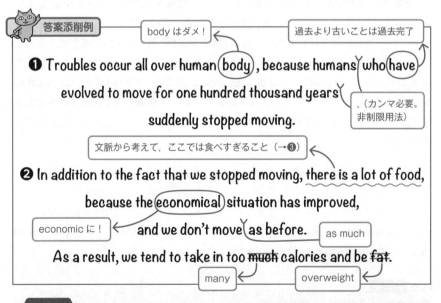

答案添削例

body はダメ！　　　　過去より古いことは過去完了

❶ Troubles occur all over human (body), because humans who (have) evolved to move for one hundred thousand years suddenly stopped moving.

，（カンマ必要。非制限用法）

文脈から考えて，ここでは食べすぎること（→❸）

❷ In addition to the fact that we stopped moving, there is a lot of food, because the (economical) situation has improved, and we don't move (as before).

economic に！　　　as much

As a result, we tend to take in too much calories and be fat.

many　　overweight

解答例

　❶Humans had evolved to move for hundreds of thousands of years, and then we suddenly stopped moving around. That is why we have many health problems. ❷Also, there is too much food around us owing to the rise in the standard of living, so we take in more than enough calories. The result is that people today tend to be overweight.

22

▶この問題も大変長く，それだけで嫌になってしまうかもしれない。特に難しい単語があるわけではないが，どの程度直訳でいけるのか，どこでどのように意訳のテクニックを使えばよいのか，など迷いはつきないと思うが，しっかり取り組んでほしい。

問題

❶今日，睡眠不足は見過ごせない問題となっている。❷原因の１つは社会全体が深夜も多くの人が起きていることを想定して動いていることである。❸照明器具の発達も，我々の体内時計を狂わせているのかもしれない。❹その一方で，多くの学校や会社の始まる時間は変わっていない。❺こうして睡眠不足が生まれやすくなり，日中の集中力の低下を引き起こすのだ。

❶❷の文 ポイント

❶冗語は切り捨てる（→ p.29）

「社会全体が想定して動いている」とあるが「**社会全体が想定 (assume) している**」と書けば十分だ。「動いている」は冗語であり，そのまま訳出しようとしてもかえって変な英語になるばかりだ。さらに「社会全体が」という主語に違和感があるのなら「（世の中の人によって）〜が当たり前と思われている」と受け身で書けば主語を書かずに済む。具体的には，**It is assumed that SV**、や **It is taken for granted that SV.** のように訳せばよい。さらに意訳するなら，「**夜遅くまで起きているのが普通 (the norm) になっている**」でもよい。こういうつまらないところで直訳にこだわるのは愚かしい。

「深夜」は at midnight ではダメ。at noon が正午ちょうどを指し，決してもう少し広い時間帯である「昼間」を指さないように（「昼間」は in the daytime），at midnight も12:00 a.m. ちょうどを指し，広い時間帯である「夜中」を指さないというのは基本事項だが，英作文では相変わらずよく見かける誤答だ。正しくは **late at night** や **in the middle of the night** だ。

❸の文 ポイント

❷ここでの「発達」の意味は？

Chapter 1 で述べたように，文脈をよく考えて訳語を考えるのは大切だ。「照明器具の発達」とあるが，どういうことだろう。まさかここでは行灯がエジソンの発明で電球になり，そして LED に替わったという「進歩」を言っている訳ではなく，社会の隅々まで照明が「普及」して，明るく照らし出されるようになったことを言っていると考えるのが常識的だろう。

❹❺の文 ポイント

❸ 冗語は切り捨てる（→ p.29）

❹ 「物」を主語にした文は「人」を主語に直す（→ p.6）

「学校や会社の始まる時間は変わっていない」という文をそのまま直訳調で英訳すると，例えば次の 訳例1 のように，関係詞を使った英文になるはずだ。あまりスマートではない。しかも現在完了形にすることも忘れそうだ（→ p.58）。

訳例1 The times when schools begin haven't changed.

または，次の 訳例2 のような英訳も受験生の答案でよく見かける。

訳例2 School start times haven't changed.

確かに〈the start time〉「始業時間」という表現は存在しているし，実は 訳例2 はすばらしい解答だ。でも受験生はそれを知っていて書いているのではないだろう。入試ではギャンブルは禁物であり，できる限り保守的に行こう。だとすれば例によって**主語と述語を少し入れ替えて**，次のように英訳すれば安全だ。

訳例3 Schools begin as early as time as before.

「睡眠不足が生まれやすく，集中力の低下を引き起こす」という最終文は，もちろん「人」を主語にして書きたい。「**現代人はあまり眠らず，日中は集中できない傾向がある**」というように日本語を変えて英訳するのなら，訳せない人はいないだろう。

LECTURE
22

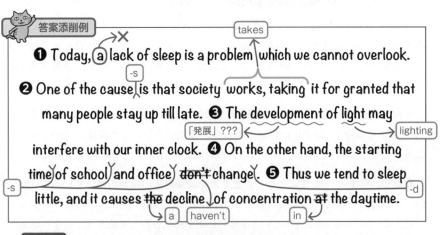

答案添削例

❶ Today, ⓐ lack of sleep is a problem which we cannot overlook. ✕ ← takes

❷ One of the cause⌐-s⌐ is that society works, taking it for granted that many people stay up till late. ❸ The development of light may 「発展」??? → lighting interfere with our inner clock. ❹ On the other hand, the starting time of school and office don't change ← -s / haven't. ❺ Thus we tend to sleep little, and it causes the decline of concentration at the daytime. ← -d / a / in

解答例

❶ Nowadays, lack of sleep is a serious problem. ❷❸ One of its causes is that it is the norm for many people to be awake even in the middle of the night, and the widespread use of lighting also disrupts our inner clock. ❹❺ On the other hand, schools and offices begin as early as before, so people tend to sleep less and cannot concentrate in the daytime.

▶語彙もなかなか難しく，英訳しにくい文ばかりだ。それとともに「増えてきている」，「幅が広がる」などをうまく意訳できるかが勝負の分かれ目。

問題

❶21世紀に入り，多様な分野に進出し活躍する女性が増えてきていますが，これは女性にとって，生き方や職業選択の幅が広がっていることを意味します。❷このこと自体は大きな前進ですが，同時に女性は自分で選択をするという大きな課題を背負うことになります。

❶の文 ポイント

❶「増える」をうまく表す（→ p.12）
❷主語と述語をずらして意訳する（→ p.2）

　順番に行こう。まず「21世紀に入り」とあるが，「増えてきている」という部分と合わせて考えないと，この部分だけだと「『入り』ってなんだ？」ということになりかねない。「**21世紀の初頭以来ずっと増えてきている**」ということを言いたいわけだ。だとすると，この部分は例えば次のように表せそうだ。

> 訳例1 　More and more women have been advancing **in various careers since the beginning of the 21st century.**

　「進出する」は advance を使おう。「21世紀に入り」を「**21世紀初頭以来**」のように表すのなら，since を使って時制は継続を表す現在完了形，もしくは現在完了進行形を使わなければならない。 訳例1 では簡便化するために省略したが，「活躍する」は「**重要な役割を演じる**」と読み替えて，**play important roles** などとすればよい。

　そのほか，「**21世紀**」のような表現も意外に間違える人が多いが，建物の５階を the five floor ではなく the fifth floor と言わなければいけないのと同様に，「**21世紀**」も 21番目の世紀であり，序数を使わなければいけない（the の付け忘れも目立つミス）。

　❶の文の後半の，「**女性にとって，生き方や職業選択の幅が広がっている**」が難しい。しかし，「**主語と述語を入れ替える**」というおなじみの手法と，「**比較級を使って『増える』か『減る』を表す**」という手法の応用を組み合わせて使えば，かなり難易度は低くなるはずだ。具体的には「**女性たちは以前より多くの選択肢を持つようになった**」というように，日本語を少し変えて考えようということだ。方針が決まれば細かいところは各人の工夫でどうにでも英訳できるだろうが，とりあえず訳例を２つ挙げる。

[訳例2] Women have more job choices, and choices in life in general, than before.

[訳例3] Women now have a wider variety of job choices and ways of living than before.

❷の文　ポイント

❸文脈をよく考えよう

❷の文にはとりたてて難しいところはない。前半と後半とは「譲歩＋打ち消し」を形成している。単純に but でつないでもよいが，できれば譲歩だということがわかるような表現（例えば Of course, ... but ... のような形）がなされているとなおよいだろう。また「**女性は自分で選択**」とあるが，文脈からわかるように女性たちが直面するいろいろな選択に対し，いつでも自分で決断を下すということであろうから，「選択」は choices のように複数形であるべき。「**自力で**」は 〈**by oneself**〉か〈**on one's own**〉をいつでも使うとよい。

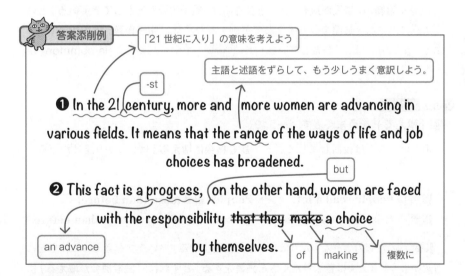

答案添削例

「21 世紀に入り」の意味を考えよう

主語と述語をずらして、もう少しうまく意訳しよう。

-st

❶ In the 21 century, more and more women are advancing in various fields. It means that the range of the ways of life and job choices has broadened.

but

❷ This fact is a progress, on the other hand, women are faced with the responsibility ~~that they~~ make a choice by themselves.

an advance

of｜making｜複数に

LECTURE

23

解答例

❶ Since the beginning of the 21st century, more and more women have been advancing in various careers and playing important roles, and that means that women now have a wider variety of job choices and ways of living than before.　❷ Of course, it may be a great advance, but at the same time women now have the responsibility for making choices on their own.

▶問題文は長く，語彙も難しい。意訳のテクニックもいろいろと必要になる。もちろん一筋縄ではいかない問題だが，今まで学んできたことの総仕上げだと思って取り組んでもらいたい。

問題

❶近年，電子書籍の普及が急速に進んできた。❷アメリカほどではないが，日本でも，パソコンや耳慣れない機器で文章を読む機会は増える一方である。❸しかし，中高年層に限らず，紙の本でないとどうも読んだ気がしないという人も多い。❹論文でも小説でも普通にコンピューターで執筆される時代だけれども，きちんと製本された真新しい本には，何とも言えない味わいがあるらしい。

❶の文 ポイント

❶主語と述語を入れ替える（→ p.2）

「（電子書籍の）普及が進む」という日本語は「**電子書籍が普及してきている**」というように，主語・述語を少しずらして英訳するわけだ。「電子書籍」は **e-book** と呼ぶ（→ p.239）。また「普及している」は，[Chapter 1] で学んだように〈**is common**〉が一番，安全確実（→ p.11）。

❷の文 ポイント

❷「増える」をうまく表す（→ p.12）

細かいところは後回しにして，「**～で読む機会は増える**」はしっかり書けただろうか。

訳例1 **People read a lot.** → **People read more than before.**

訳例2 **It is common to read.** → **It is more common to read than before.**

訳例1 の左辺のような「人々はたくさん読書をする」という文を考え，これを元に右辺のように「**人々は昔よりたくさん読書をする**」とすれば，「**読む機会が増える**」になる（→ p.12）。または 訳例2 の左辺のように「**読書することはありふれている**」という文を考え，それを右辺のように比較級にするのでもよい。解答は何通りもあり，ともかく**比較級**を使って表せばよいはずだという戦略を持つことが大事だ。「**耳慣れない機器**」というのは iPad のようなタブレット型コンピューターのようなものを指すのだろうが，こうしたものは **a gadget** と総称し，**a computer** 同様，**前置詞は on** だということも確認しておこう。

❸❹の文 ポイント

❸日本語を整理して，比喩的な表現には付き合わない

「中高年に限らず」のような語句を見ると，つい〈not only ～〉などとしたくなるが，〈but also...〉と続けて，「そのあとどうしよう…」などと悩むようでは情けない。あえて言えば「中高年に限らず<u>ほかの年齢層の人も</u>」ということだろうが，書きにくい。でも「多くの人，とりわけ中高年」と考えれば，簡単に書ける。このあたりは日本語を咀嚼することが，うまく英訳をするのにも大切になる。

「読んだ気がしない」とあるが，こうした比喩的な表現を直訳するのは禁物だ。まさか読んだのに読んだことを忘れるほどボケているということではない。「**電子書籍に満足できない**」，「**紙の本に固執する**」などいくらでもふつうの表現に言い換えられるはずだ。同様に「**味わいがある**」もまさか本当に味がするわけではなく，「**すばらしいところがある**」などと言い換えよう。「**製本**」の英訳がわからなかったら「**印刷**」でもよいのではないだろうか。また「**論文でも小説でも<u>すべてのものが</u>**」の下線部が省略されているのも英訳しづらく感じる点だ。しっかり問題文の日本語に不足している部分を補って英訳しよう。

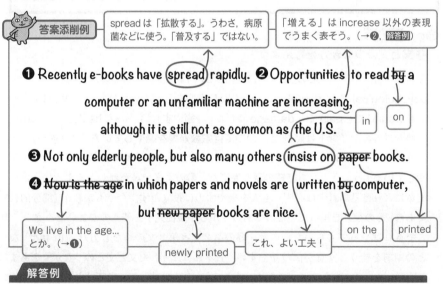

答案添削例

> spread は「拡散する」。うわさ，病原菌などに使う。「普及する」ではない。

> 「増える」は increase 以外の表現でうまく表そう。（→❷, 解答例）

❶ Recently e-books have (spread) rapidly. ❷ Opportunities to read by a computer or an unfamiliar machine are increasing, although it is still not as common as the U.S.

> in　on

❸ Not only elderly people, but also many others (insist on) ~~paper~~ books.

> on the　printed

❹ ~~Now is the age~~ in which papers and novels are (written by computer, but ~~new paper~~ books are nice.

> We live in the age... とか。（→❶）

> newly printed

> これ、よい工夫！

解答例

❶In recent years, the e-book is becoming increasingly common. ❷People read more on a computer or on an unfamiliar gadget, although it is not as common in Japan as in the U.S. ❸However, many people, middle-aged and elderly people especially, are not satisfied with reading on such gadgets. ❹Everything from academic papers to novels is written on a computer, but for them there is something wonderful about newly printed books.

LECTURE **24**

▶問題文が大変長く，やる気を失うかもしれないが，もう1問，今までの総仕上げだと思って取り組もう！

問題

人間は誰しも心のなかに傷をもっている。もっともその傷の存在をあまり意識しないで生きている人もいる。そのような人は一般的に言って，他人の心に傷を負わせる —— ほとんど無意識に —— ことが多いようである。

❶それではその傷はどのようにして癒されるのか。心の傷の癒しは，古来からもっぱら宗教の仕事とされてきた。いろいろな宗教がそれぞれの教義や方法によって，人間の心の癒しを行ってきた。❷しかし，近代になって人々が宗教を信じがたくなるのと同時に，心理療法という方法によって，心の癒しができると考え，しかもそれは「科学的」な方法でなされると主張する人たちが現れた。❸そのような「科学」を絶対と信じる人には，それは時に有効かもしれないが，そうでない人には，人間の心が科学的方法で癒されたりするものでないことは，少し考えるとわかることである。

（河合隼雄『中年クライシス』朝日新聞社）

❶の文 ポイント

❶文と文のつなぎ方を考えよう

語彙の話になるが，「心の」をすぐに mind という語と結びつけるのが受験生の常だが，**psychological** とか **mental** とか，そんな形容詞を思いついてほしい。「傷」は injury でも wound でも pain でも damage でもよい。「癒やす」はもちろん heal だ（→ p.216）。

語彙以外のポイントは**時制**だ。「かつては宗教が傷を癒やしていた（今は違う）」というのなら〈used to do〉を使うべきだし，「昔から今も含めて宗教がずっと傷を癒やしている」というのなら**継続の現在完了**だ。❸の文まで読めばわかるように，この文章によれば結局科学は必ずしも人を癒やすのに役立たず，今でも宗教が（部分的にであれ）その役目を担っているのであろうから，**現在完了を使うのがよいだろう**。

できればやってもらいたいのは，❶の第2文と第3文のつなぎ方だ。〈in fact〉などの副詞を補うと文意が伝わりやすい。日本語はこうした文と文とのつながりをあまり明示しないこともあるが，できればそういうところは補って，**文ではなく文章を英訳しているのだ**という姿勢を示せるとよい。

❷の文 ポイント

❷日本文の情報を間違いなく読み取ろう！

こうした長い文の和文英訳の問題に対する受験生の答案を見ていると，**問題文の「構文」がとれていない答案**がよくある。本問でも，細かいことよりもまず，❷の文の後半は，次のような構造になっていることを整理しよう。

- 心理療法で癒しができる
- 心理療法は科学的である

と主張する人が現れた。

そうすれば英訳も意味が伝わるものとなるだろう。

❸の文 ポイント

❸本文中の同意・反意表現を見つける（→ p.15）

「有効」とは何だろう？　例によって**文脈の中で同意表現**を探せば，心の傷を癒せるということを，心理療法も「有効」と呼んでいるのだ。「**科学を盲信する人は心理療法で癒やされるかもしれないが**」というように読み替えて訳そう。ついでに言えば，「科学を<u>絶対だと信じる</u>」は，「科学を盲目的に（＝ blindly）信じる」とか「科学が万能だと信じる」など，いろいろに訳せるだろう。

答案添削例

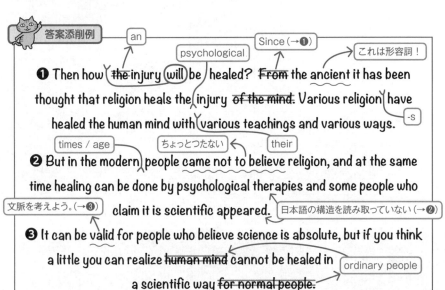

an
psychological
Since（→❶）
これは形容詞！

❶ Then how ~~the injury will be~~ healed? ~~From~~ the ancient it has been thought that religion heals the injury ~~of the mind.~~ Various religion have healed the human mind with various teachings and various ways.
-s

times / age
ちょっとつたない
their

❷ But in the modern people came not to believe religion, and at the same time healing can be done by psychological therapies and some people who claim it is scientific appeared.

文脈を考えよう。（→❸）
日本語の構造を読み取っていない（→❷）

❸ It can be valid for people who believe science is absolute, but if you think a little you can realize ~~human mind~~ cannot be healed in a scientific way ~~for normal people.~~
ordinary people

解答例

❶ How can a psychological pain be healed? It has been thought that religion can do the job. In fact different religions have tried to heal such pain with their own rituals in their own ways. ❷ However, as people lost faith in religion in the modern age, some people began to claim that humans can be healed by psychological therapy and that it's a scientific method. ❸ People who believe science blindly may be healed in such a way, but if you think a little, you will realize humans cannot be healed by science.

Chapter 3

自由英作文
過去問演習 24

最難関大で出題される新形式・新傾向の
自由英作文を6つのタイプに分類。
何をどう書けばよいのか,
どう表現すればよいのかを実戦的に学ぼう。
「答案添削例」と解答例はよく研究して,
書く実力を高めよう。

自由英作文へのアプローチ

▶自由英作文というもの

　与えられた日本語を英語に訳す和文英訳に対し，与えられたテーマをもとに書く内容を受験生が自由に決められる（別の見方をすれば**自分で書く内容を考えなければいけない**）ものを一般に自由英作文と呼ぶ。本書ではその自由英作文の中でも1文だけ書かせるものではなく，ある程度の長さのパラグラフや文章を書かせるものを扱うことにする。

▶自由英作文の種類

　自由英作文と一口に言ってもいろいろな種類がある。

　自由英作文と聞いて，もしかしたら君たち受験生のアタマの中では，「～という意見に対し，あなたは賛成ですか？　反対ですか？」のような賛否両論あるような問題に関して意見を書かせるようなものが思い起こされるかもしれないが，これ以外にも自由英作文にはいろいろなタイプがある。実は先に挙げたタイプの問題は，最近の入試の中では主流ではない。ここではまず最新の傾向における**自由英作文のタイプ**を大別して，以下に列挙する。

▶自由英作文の問題パターン

❶ 物事を描写（descriptive writing）したり説明（explanatory writing）したりするもの。専門的にはこの2つは別々のものとされるが受験生向けとしては1つのグループと考えてしまってさしつかえないだろう。何かのイラストを見せて，そのイラストを説明させたり，ことわざの意味を英語で書かせたり，グラフから読み取れることを書かせたり，といったタイプの自由英作文だ，と言えば過去問などを少し見たことのある受験生にはピンとくるだろう。

❷ 出来事を時間軸に沿って物語る（narrative writing）もの。「高校時代で一番思い出に残る出来事は何か」などと問われて，それを読み手にわかるように物語るなど，非常に書きづらい自由英作文の問題を見たことがあるはずだ。

❸ 賛否両論があるような問題に関して自分の意見を主張する（argumentative writing）もの。上に挙げたような賛否両論ある話題について，自分の意見や

そう考える理由を書くもの。

　❸のようなものだけが自由英作文だという目で見てしまうと，❶や❷のタイプの問題を過去問で見かけても「ヘンな問題出すなあ」で終わってしまうかもしれないが，それは認識不足であり，特に最近の入試では，そういうものもきちんとこなせる力が要求されているのだということをしっかり理解しよう。

▶ 自由英作文の構成

　いずれのタイプの自由英作文でも「文ではなく文章を書け」という要求は同じなのだから，当然そこでは「**文章としての構成**」という要素が重要になってくる。

　文章の構成に関して絶対的なルールがあるわけではない。どんな構成でもよい文章はよい文章だし，悪い文章は悪い文章だ。英語の文章も同じで，絶対守らなければいけない起承転結のような「型」のルールもないし，逆にこの「型」さえ守って書けば合格点がもらえるという便利な「型」もない。よく「『譲歩（確かに〜だが…）』は書くな」と指導する先生がいたり，「最後の『結論』は書け」と言う先生がいる一方で，「書くな」と言う先生がいたりするが，基本的にはあまり耳を貸す必要はない。大学が問題文の中でこう書きなさいと指定してくる「型」（例えば「『例』を挙げなさい」，とか「よい点と悪い点双方に言及せよ」のような）以外には，どのような構成で文章を書こうともちろん自由だ。それはちょうど，俳句で「松島や　ああ松島や　松島や」のような，俳句のルールを無視したようなことをやっても，場合によっては名句と讃えられることがあるのと同じだ。

　しかし，よほど文章力がある人以外は，自由度が高いと逆に何を書いたらよいのか困ってしまうだろうから，**ある程度の「型」のようなものを自分の中で確認したほうがよいし，それを提示して，それに沿って問題を練習してもらおうというのが本書の姿勢**だ。そしてその「型」を考える前に，自由英作文に取り組む君たち受験生の姿勢として守ってもらいたいことを，ここに挙げておく。

▶自由英作文の書き方のポイント

❶書き始める前に構成を考えること。君たち受験生が書く英文は，だいたい**1文15語程度**（またはそれを少し下回る程度）である。例えば80語で答案を書けと言われたら，とりあえずまず15で割り算をしてみてもらいたい。$80 \div 15 \fallingdotseq 5$ であるから，5文で書けばよいのだというように考えよう。**これからどのくらいの長さの文章を書こうとしているのかをイメージすることが大切**

107

だ。その次に，その5文でどのような文章の構成にすればよいのかをイメージしてから書き始めよう。語数を気にする受験生が多いが，それより「いくつの文で書くか」を最初に決めて，それを守って書くことを（特に最初のうちは）オススメする。

❷語数は無駄遣いしないように。限られた時間で決められた指定語数を満たすように書かなければならない受験生としては，なんとかして指定語数を満たそうとする意識が働く。その気持ちはわかるし，ある程度は仕方がないところもあるのだが，理想としては**与えられた語数を埋めようとするのではなく，最大限に活用しようとすること**が望ましい。語数を無駄遣いせずに書いたほうがより書くべきことを詳しく書けるわけだから，内容の薄い答案よりもよい点をもらえるのは当然のことだからだ。

❸首尾一貫性・まとまり(coherence)があり，かつ，文と文のつながり(cohesion)がわかりやすい文章を書くこと。自由英作文を書くのに，前述のように絶対守らなければならない文章としての「型」のようなものはないが，しかし**最低限文章として必要な体裁**というものがある。それができているかどうかが，想像するに自由英作文の最大の採点ポイントだ。文章として成立するために最低限必要なことは**首尾一貫性と文と文のつながり**だ。**首尾一貫性・まとまり**とは，答案全体が1つの話題に向けてまとまっていること。**文のつながり**とは，文字どおり文と次の文の間に順接でも逆説でも対比でも何でもよいから何らかの関連性があり，その関係が読者にわかりやすく示されていることを指す。どちらも当たり前のことだが，心がけてもらいたい。

❹抽象と具体をセットにした文章構成にすること。上記のほかにもう1つ文章を書くときに気をつけたらよいと思うのは，**文章の中には基本的にいつでも抽象と具体がセットになっているべき**ということだ。「ぼくねー，ネコちゃんが好き。えーとねえ，ワンちゃんも好き」のように具体的なものは幼稚だし，「私は小動物が好きです」のように抽象的なものはわかりにくい。「私は小動物が好きで，子どもの頃から犬や猫をずっとペットして飼ってきた」のように抽象と具体がそろっているとわかりやすく，幼稚ではない発言が出来上がる。よく「自由英作文は中学生のような簡単な英語で書けばよい」などという発言を耳にする。部分的にはそのとおりである。上の発言の波線部のような具体的な部分は簡単な英語で書けばよい。しかし，ただそれだけでは本当に幼稚な文章にしかならない。それをしっかり抽象化してまとめるような文が必要

になり，その両者がうまくかみ合うことで簡単だけれども幼稚ではない英語の文章ができるものと心得てもらいたい。

▶本書の「自由英作文編」の構成

　本書では，自由英作文の問題を**タイプ別**に分けて演習していく。最初に問題を提示するので，問題を見ただけである程度自分の力で書けそうだと思ったら解説を読む前に自力で取り組み，自分の解答を書いたあとで解説を読んでもらいたい。逆に，どんなふうに考えればよいのかわからない場合は少し解説を読み進め，書けそうな気がしたらそこで解説を読むのをいったんストップして，自分で書いてもらいたい。タイプ別に分類した問題の１問目は後者のようなやり方でまったく構わない。そのあとに続く類題は次第に前者のやり方，つまりできる限り自力で構想を練るところからできるようになることが望ましい。

　なお本章では，近年の難関大入試自由英作文を以下の６つの「問題パターン」に分類し，１～６の順番でパターン別に攻略法を演習する。

〈　〉内は指定ワード数

	問題パターン		問題							
1	ことわざ・名言を説明する	01	東京女子大 (2018) 〈50〉	02	東京大 (2014) 〈50-70〉	03	東京大 (2018) 〈40-60〉	04	東京大 (2015) 〈60-80〉
2	イラストや写真を説明する	05	早稲田大[法] (2019) 〈解答欄スペース内〉	06	東京大 (2015) 〈60-80〉	07	東京大 (2016) 〈60-80〉	08	一橋大 (2019) 〈100-130〉
3	図表を説明する	09	広島大 (2018) 〈90〉	10	広島大 (2015) 〈90〉	11	名古屋大 (2018) 〈50-70〉	12	名古屋大 (2019) 〈80-100〉
4	物語る	13	東京大 (1997) 〈―〉	14	大阪大 (2018) 〈70〉	15	名古屋市大 (2016) 〈120-150〉	16	一橋大 (2018) 〈100-130〉
5	空欄を補充する	17	東京大 (2008) 〈15-20〉	18	京都大 (2017) 〈解答欄スペース内〉	19	京都大 (2019) 〈解答欄スペース内〉	20	東京大 (2016) 〈50-70〉
6	英語の文章を読んで英語で答える	21	九州大 (2019) 〈100と50〉	22	北海道大 (2019) 〈80-100〉	23	東北大 (2019) 〈解答欄スペース内〉	24	慶應大[経] (2019) 〈―〉

問題パターン1 ことわざ・名言を説明する ❶

▶ことわざや著名人の名言を説明させる問題は昔からあり，一時すたれかけたが，最近また非常に多く出題されるようになってきた。説明しやすいことわざもあれば説明しにくいことわざ，さらにはそもそも英語で書かれた意味を理解することすらおぼつかないほど難解な名言まで難易度はさまざまだが，本問はちょうどよいくらいの難易度のことわざだ。しかも指定の語数も50語程度と比較的短いので，難易度 🐾 1つだ。しかし良問だと思う。

問題 1

   In an English paragraph of about fifty words, write on your ANSWER SHEET a response to the following:

   A famous proverb says that "you can't judge a book by its cover." In fifty words or so, explain in your own words the meaning of this proverb and provide a specific example.

 構成を考えよう！

   「自由英作文の書き方のポイント」（→ p.107）で述べたように，まず答案を書く前にやるべきことは**制限語数を制限「文」数に換算**することだ。1文＝15語だと考えれば，「50語で書け」という問題は「3〜4文で書け」と問題文に書いてあるのと同意である。とりあえずその3文で書くとして，次なる問題は，その3文で**どのように文章を構成するかを決定**することだ。

   注意すべきことは，この問題では解答者の意見が求められているわけではなく，単にことわざを**説明しなさい**と言われているということだ。ところがこういう問題でも，「私はこのことわざに賛成です」＝ "I agree with this proverb." のような書き出しで書き始めようとする受験生は多い。しかし，例えば日本語で「猿も木から落ちる」ということわざを説明しなさい，と言われたらどうするだろうか。まさか「私は『猿も木から落ちる』という考えに賛成です」とは書かないだろう。ことわざにはたいてい比喩的な表現や抽象的な表現が含まれているので，まずそれを**わかりやすい言い方に直して説明**するだろう。例えば，「猿も木から落ちる」ということわざなら，「このことわざは得意なことでも失敗することがある，ということを意味している」のように1文目には書くだろう。

   その次に何をするだろうか。意見を言うタイプのエッセイなら，自分の主張を1行目に書いたあとに，自分の主張の理由を書きたくなるだろう。本問のような「説明する問題」でも，書けるなら理由を書いてもよい。しかし「猿も木から落ちる」ことに

理由はあるだろうか。あえて言えば，得意なことは油断するから？

　自分が何らかの意見を言うなら，そう考える理由はあるだろうし，それを明らかにする責任もある。しかし，説明する問題では，理由は書けそうだったら書いてもよいが，無理に書く必要はない。

　問題はその先だ。だいたい受験生の答案はこのあたりから「手詰まり」状態，つまり「もう書くことがなくなった！」状態になり，そして悪いことには手詰まりになると，無用なことの繰り返しに陥るのだ。

「自由英作文の書き方のポイント」でも述べたように，**文章は必ず抽象と具体がセットで混在するように書く**ものだ。つまり，ここで君たち受験生が次に書くべきことは，「猿も木から落ちる」ことの具体例である。とりわけことわざや名言は抽象的・哲学的な洞察を含んでいるものであるから，それが現実の我々の生活の中で実際にどのように**具現化**されているのかを示すのが，そのことわざや名言を説明する一番の方法ではあるまいか。

　そしてその例は１つにとどまらない。例えば万有引力の法則を説明するのに「りんごが木から落ちるのは引力のおかげ」と１つ例を挙げたあと，さらに続けて「月が地球の近くを回り続けるのも引力のおかげ」のように，もう１つ例を挙げてもおかしくはない。そして２つ具体例を挙げるなら，このように「りんご」と「地球」のような，両極端な例を挙げたほうが，ピンからキリまで万有引力の法則がいろいろなところで働いていると理解しやすくなるだろう。

　以上述べたことをまとめて，「意見を言う英作文」と「説明する英作文」の構成を比較してみよう。まず受験生がイメージする「自由英作文」である「**意見を言う英作文**」の構成にありがちな例から。

●意見を言う自由英作文

1文目	主張	私は飲食店は全面禁煙にすべしという意見に賛成だ。
2文目	理由	分煙でも従業員には健康被害あり。
3文目	例	お客さんにサービスするために喫煙室に入らざるをえない。

このような流れはおなじみだろう。それに対して，「猿も木から落ちる」ということわざを説明するような「説明する英作文」を書くとしたら次のようになるだろう。

●説明する自由英作文

1文目	❶命題の説明	このことわざは，得意なことでも失敗することがあるということを意味している。
2文目	❷理由 （書いても書かなくてもよい）	得意なことにはつい油断するから。
3文目	❸例	野球の名選手でも，ときにはエラーもするし三振もする。
4文目	❹例	アインシュタインだって計算ミスをする。

両者は似ていると言えばもちろん似ているのだが，やはり別物であり，「説明する英作文」はきちんと「説明する英作文」なりの書き方をしなければいけない。

さてここまで読んで，なんとなく本問についてアタマの中にアイデアが浮かんできたら，ぜひ答案を書いてみてもらいたい。ポイントはこのことわざが本についてのみ言及しているのか，それとも「猿も木から落ちる」が猿の性質について語ろうとしているのでないのと同様に，このことわざも本だけの話ではないのかを見極めることだ。

✏️ **表現研究**

具体例を挙げるところは簡単な英語で書けそうだし，問題は1文目でことわざをしっかりパラフレーズするところがうまく書けるかどうかだ。いくつか解答例を挙げてみる。

(1) This proverb implies you cannot judge something by its appearance.

「猿も木から落ちる」ということわざを説明するのに「猿」がなくてもよいのと同様，このことわざも要するに物事は「見かけで判断するな」という意味であると考えて book という単語を使わずに表現すれば (1) のようになるだろう。

語彙についても確認しておこう。「意味する」を imply という動詞で表している。mean でも構わないが，imply は「ほのめかす」。ことわざを文字どおり以上の深い意味で読み取っているということを示すには，**imply** か **suggest** がよい。また「<u>こ</u>

112

の言葉は～を意味する」とばかりに This word means... などと書く受験生があとを
絶たないが，word は「1単語」。複数形にして these words とするならまだわから
ないでもないが，proverb，saying「ことわざ」，maxim「格言」，remark「発言」，
expression「表現」，quote「名言などの引用」といった語彙を使うほうがはるかに
好ましい。

　もう1つ例を挙げる。

(2) **This proverb literally means that just because the cover of a book
is nice it doesn't guarantee it has substance. However, the same
also applies to many other things in life.**

　言うまでもなく (2) は (1) より丁寧に，ことわざの文字どおりの意味を言葉を
補って言い直し（下線部），さらに，同じことが本にとどまらず，人生万事に当ては
まる（apply to）という両方に言及している。1文目（ことわざの説明）で (2) の
ように書ければ，語数的にもあとは1つか2つ例を挙げれば，ちょうどよい語数にな
りそうだと目星がつけられるだろう。

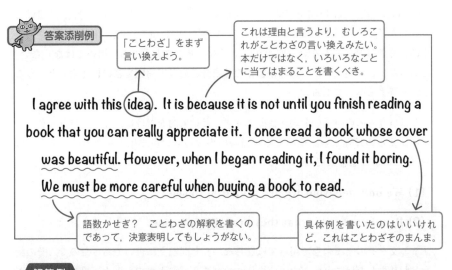

答案添削例

「ことわざ」をまず
言い換えよう。

これは理由と言うより，むしろこ
れがことわざの言い換えみたい。
本だけではなく，いろいろなこと
に当てはまることを書くべき。

I agree with this idea. It is because it is not until you finish reading a
book that you can really appreciate it. I once read a book whose cover
was beautiful. However, when I began reading it, I found it boring.
We must be more careful when buying a book to read.

語数かせぎ？　ことわざの解釈を書くの
であって，決意表明してもしょうがない。

具体例を書いたのはいいけれ
ど，これはことわざそのまんま。

解答例

❶As this proverb says, just because the cover of a book is nice,
it doesn't mean that the book is a nice one, and the same is true
of many other things in our lives. ❸❹A well-dressed person is
not always reliable, and a beautifully wrapped birthday cake can
disappoint you.

(51 words)

▶長らく廃れかけていた，ことわざや名言を説明させる問題が大学入試の自由英作文で再びよく出されるようになったきっかけとも言えるのが2014年の東大の問題。前の **LECTURE** 01の問題と比べると，ことわざ自体の抽象度が高く，また，こうした問題が出ると受験生たちは予想もしていなかったようで，この年の再現答案（入試直後に受験生から試験場で書いた答案を再現してもらう調査）の出来は痛ましいばかりだった。

問題 2

　以下のような有名な言葉がある。これについてどう考えるか。50〜70語の英語で記せ。ただし，下の文をそのままの形で用いてはならない。

People only see what they are prepared to see.

 構成を考えよう！

　長さは前問とほぼ同じ，**3〜4文**で書けばよいわけだし，全体の構成もおおよそ同じようにやればよいというイメージはつかめるはずだ。もちろん，前問では "explain the meaning" が設問の指示であり，本問は「これについてどう考えるか」を書けというのが指示であるが，だからと言って，いきなり "I agree with this saying." のように書くのは好ましくない。問題文に「下の文をこのままの形で用いてはならない」とあるが，言い換えれば「**このままでなく自分の言葉で命題を言い換えよ**」ということだと解するべきである。

　とは言うものの，その命題が前問よりずっと抽象的なだけに，うまく自分の英語で言い換えるのは難しい。そのためか当時の再現答案で多く見られたのは，次の **(1)** や **(2)** のような答案だった。

（1）**We only see what we are prepared to see.**

（2）**People only see what they are willing to see.**

「下の文をそのままの形で用いてはならない」と問題文に書いてあったので，その指示どおり少しだけことわざを言い換えたのだろう。言うまでもなく下線部に変えただけのものである。苦し紛れなのだろうが，そんな「脱法行為」を大学が許してくれるはずもない。

　この名言が言いたいのは，同じものを見ても，人によって見方が違う，ということだろう。抽象的な命題である分，いろいろな解釈が可能であろうし，**多少，命題からずれてもかまわないから**，できる限り比喩や抽象を排して自分の英語で表現し直すの

が重要だ。

　前問でも述べたとおり，こうした命題に理由づけをするのは無理がある。**理由を書くよりはすぐに具体例を挙げるのが現実的**だろう。はたしてどんな具体例が思いつくだろうか。例えば，日々忙しく過ごしていて季節の移り変わりなどには無関心な人には，道端の春の花も見えないなどと書いてもよいかもしれない。または古典的な逸話だが，コップに半分ミルクが入っているのを見て楽観論者はまだミルクが半分残っていると考える一方，悲観論者はもう半分しかないと考える，などという話でもよい。

　よく具体例を書けと言われると，自分の体験談のようなものを書き始める受験生がいる。うまく書ければそれでも何も問題はない。しかし会ったこともない読者（すなわち採点官）に自分が実際にどういう体験をしたのかをうまく説明するのは至難の業だ。前述のような，誰もが身近に見聞したことがありそうな**一般性のあるエピソードを短く書く**のがコツだ。

✎ 表現研究

　前問同様，１文目（❶）をうまく書くことをまず考えよう。いくつか例を挙げる。

(3) This quote implies that **different people see things differently** (**and I agree with it**).

(4) As this quote says, **different people see things differently.**

(5) I agree with this quote, which implies that **different people see things differently.**

　(3)〜(5)の赤字部分をそれぞれ比べてみよう。前の **LECTURE** 01で述べたとおり，基本的にこのような説明型の自由英作文は，まず**しっかり命題を説明する**ことが大切である。前問と同じように **This quote implies 〜**「この名言の引用は〜であることを意味している」のように書き出したのが (3) だ。ただ，本問は前問とは異なり「どう考えるか」とあるので，自分が賛成なのか反対なのかを明示しなければいけないのではないかと不安になる受験生もいるだろうから，末尾に "and I agree with it" という文言を付け加えた（本当に必要であるとは特に思われないが）。

　(4) は賛否を明示しなかったが，**As this quote says**「この引用が言うように」とすれば十分，自分もそれを真理として受け取っているということが表せる。こんな書きだしも本問のような問題に対する解答としておススメの書き方だ。それに対し，おそらく，ほとんどの受験生は (5) のように "I agree 〜" と書こうとするだろう。別にいけないわけではないが，少なくとも (5) のように，**非制限用法で関係代名詞**

which を使って，ことわざを自分の言葉で言い直すことは必要だ。

　さらに言えば，ことわざに反対して I don't agree with this proverb. のように書くのはかなりの力量がないとうまくいかないだろう。本問に対する受験生の答案を相当見たが，「反対論」でうまく書けているものは１つもなかった。「私は『猿も木から落ちる』ということわざは間違っていると思います」などとことわざに対する反対論を書いても，うまくいきそうにないのは想像がつくだろう。

　基本的には，(3) や (4) のような書き出しをオススメする。

　さて，肝心の中身だ。(3) ～ (5) はいずれも本書の Chapter 1 Chapter 2 の和文英訳で何度も扱った構文を使って「人によってものの見方はさまざまだ」と書いたわけだ。「言い換え」というのは (1) や (2) ではなく，(3) ～ (5) のようなものであるともう一度確認してもらいたい。そして，もちろんいろいろな答案が可能だ。ほかにいくつか答案例を挙げてみる。

(6) **Cognition is not objective.**

(7) **People have cognitive biases and nobody can escape them.**

(8) **People try to ignore things they don't want to face.**

　一番端的に表現するなら (6) だ。「**cognition**『認知』は客観的なものではない」ということだ。東大などで繰り返し出されるテーマでもあるので，cognition は語彙としても覚えておくと便利だ。同様のことを (7) のように書いても表現できる。a cognitive bias は「物事に対する**客観的ではない，ものの見方，偏見**」というくらいの意味であり，こうした問題でよく使われる。

　逆に，できる限り簡単な英語で書くなら (8) のように「人は立ち向かいたくないことは無視しようとする」のように書けばよいだろう。ただし (6) や (7) に比べると (8) のほうが狭く命題を定義しているので，このあとの例を考えるのがより大変になるかもしれない。こうしたことわざの言い換えを書いたあとに続けるべき２文目（❷）の具体例の書き方を，１つだけ挙げておこう。

(9) **Suppose (that) there is a glass half filled with milk. An optimist would say there is still half a glass of milk, while a pessimist would say there is only a little milk left.**

　こうした **suppose** の使い方を知っておくと便利だ。suppose は「想像する」という意味の動詞だが，それを命令文で使い，読者に「～という**場面を想像してみなさいよ**」と言うことで，架空の状況を設定しているのだ。もちろん，その次の文で「**そうしたら～でしょ**」のようにその架空の状況に対する帰結を書くわけだ。この (9) のように **suppose** を使うと，２つの文で架空の状況を設定し，それに対して結論を書

くことになるわけだ。これ以上長く具体例を書いた答案はたいてい冗漫すぎて読みづらいが，逆にこの方法で2文だと30語くらいになるので，いつも指定の語数に届かず困っている受験生にはなかなか便利な道具だ。使える場面があったら使ってもらいたい。

 答案添削例

these

of（〈be true of 〜〉で「〜にあてはまる」）

I think ~~this~~ words are true. And this is true ~~to~~ ghosts. People who believe in ghosts can see them, but people who don't believe in them can't ~~see~~. I think what people don't believe in at all can't show up in their sight because their brain can't recognize it.

代名詞を思い出そう。助動詞を使った文の省略は，助動詞だけ残す。

まず名言の言い換えに相当するこの部分を先に持ってきてから，「幽霊」の例を後に持ってくれば，よい構成になるのでは？

 説明型の問題は，自分の意見を言う前に，きちんと「説明する」ことを心がけよう。

解答例

❶ As this quote says, cognition is not objective and different people see things in different ways. ❷ A Picasso can seem to be just like graffiti to those who have no taste for modern art. Or suppose there is a glass half filled with milk. Someone may think there is still some milk in it, while another may think there is only a little milk left.

(65 words)

▶実に独創的な問題であり，東大の面目躍如といった感がある。引用はことわざと違って，本来は文脈があるものであるのに，その文脈を切り捨ててあるから，解答する側としては，その文脈も多少想像しながら，発言の持つ意味合いを考えなければならない。そして前問同様にきわめて抽象的な発言だから，それをうまく言い換えて（問題文はシェイクスピアの文章そのままなので16世紀の英語であり必然的に言い換えが必要になる），わかりやすい具体例を思いつき，それをうまく英語で表現できるかどうかが腕の見せどころだ。

問題3

　次の，シェイクスピアの戯曲『ジュリアス・シーザー』からの引用を読み，二人の対話の内容について思うことを40〜60語の英語で述べよ。

引用

CASSIUS　Tell me, good Brutus, can you see your face?

BRUTUS　No, Cassius; for the eye sees not itself,

　　　　　　But by reflection, by some other things.

　　　　　　　　………

CASSIUS　I, your glass,

　　　　　　Will modestly discover to yourself

　　　　　　That of yourself which you yet know not of.

引用の和訳

キャシアス　どうだ，ブルータス，きみは自分の顔が見えるか？

ブルータス　いや，キャシアス，見えない。目は，反射によってしか，つまり他のものを通してしか自分自身を見ることができないから。

キャシアス　私が，きみの鏡として，きみ自身もまだ知らないきみの姿を，あるがままにきみに見せてやろう。

✏️ 構成を考えよう！

　最近の東大の傾向からすると，少し短めの指定語数で書かせる問題である。1文の平均語数の15で割り算すれば，**3文**で十分な長さになりそうだ。もうそろそろ慣れてきたと思うが，まず**1文目**ですべきことは，この会話の主導権を握っている**Cassius**の発言の意味を推測し，それをうまく自分の英語で表現することだ。

　この年の受験生たちの再現答案を見ると，次のような答案がかなりの数あり，あぜんとした覚えがある。

1)（×）「キャシアスは信頼できる友人だと思う」

 これは「猿も木から落ちる」ということわざを説明せよと言われて「猿はカワイイです」と答えるようなもの。会話に含蓄された真理を説明することを求められているのだ。

2)（×）「私はキャシアスの意見に賛成です」

 そのキャシアスの考えとはいかなるものかがきちんと説明された上でならよいのだが，単に「賛成」と書いても，どのように解釈した上での「賛成」なのかが明確に示されていなかったら意味がない。

3)（×）「キャシアスの言うとおり，人は自分の顔を自分で見ることはできない」

 比喩をそのまま受け取ってはダメだ。「顔」が何の比喩なのか考えよう。

　ブルータスはローマ皇帝カエサル（シーザー）を暗殺したローマ帝国の重要人物であることはよく知られている。他方キャシアスは何者でどういう場面での会話なのか，シェイクスピアのこの戯曲を読んだことがある人でなければわかりはしないが，たぶんこの2人は友人だろうと考えるのは常識的な推測だ。その友人のセリフの中に2つ重要な点がある。

　1つはもちろん「**自分の顔が見えるか**」という部分である。そしてこれは「人は自分のことを客観視することはできない」ということを言っているのだろうというのがふつうの解釈だろう。さらにもう一点は「**私が，きみの鏡になろう**」というところである。これもふつうに考えて意味しているのは，「**友人である自分が忠告をしてやるので耳を傾けよ**」という意味であろうか。このように，与えられた言葉の中からポイントになるところ，言い換えれば比喩的な箇所を探し出し，それを自分の言葉で言い換えればどのようなものになるかをしっかり考えよう。受験生を見ていると，漠然と「どういうふうに言い換えたらよいだろう？」と考えているようだが，もっとピンポイントで言い換えるべき比喩的な表現をまず見つけよう。本問で言えば「顔」と「鏡」だ。しっかりこの2つのポイントが見つかっただろうか？

　そんなふうに考えると一例ではあるが，本問では最初の2文は次のような構成にできそうだ。

● [構成案]

1文目	❶主張	周りの人があなたについて語るのに耳を傾けるのは大切だ。
2文目	❷理由	自分のことを自分が一番よくわかっているとは限らないから。

　もちろんこのあとは**具体例**（❸）を書くことになる。指定語数から考えてごく短めな例を１つ書けばちょうどよい長さになるはずだ。そういう戦略を持って取り組もう。

 表現研究

　繰り返すが，「賛成」，「反対」と書いていけないわけではないが，それ以前の問題として，まず Cassius のせりふの真意をきちんと解釈しよう。I agree with Cassius. などと書くよりは，次のような表現が常識的だ。

（1）**As Cassius says, SV.**「キャシアスが言うとおり…」

（2）**I suppose what Cassius means is that SV.**
　　「私が思うにキャシアスが言いたいのは…」

「自分を客観的に見る」というのは see yourself objectively。または日本語にとらわれず know yourself「自分を知る」と言ってもよいだろう。

「他人の（周囲の人の）批判に耳を傾ける」というのは書けるだろうか。hear は「（自然に）聞こえてくる」。自分のほうから意識的に耳を傾けるのは〈listen to〉であり，listen to other people と書いてもよいだろうし，知覚動詞として使って listen to other people tell you an honest opinion としてもよいだろう。このあたりの表現を使って，**キャシアスのセリフの解釈と理由**，つまり上記の構成案の❶，❷は書けそうだ。

　次に書くうまい**具体例**は思いつくだろうか。 LECTURE 02 でも述べたが，「具体例を書こう！」となると自分の体験を物語らなければいけないと思う受験生が多い。例えば，「昔，高校受験のとき，先生から『集中力がない』と言われました。内心，そんなことはないと腹が立ちましたが，実は先生の言ったとおりで，成績が最後まで上がらず志望校に落ちました」のように書こうとする。日本語で考えても，冗漫でストーリーがつかみにくいのがわかるはずだ。自分の体験を物語るのではなく，**身の回りでいくらでも見聞する，一般性のあるエピソード**として「先生に『集中力がない』と言われたら，たぶんそのとおりなのだ」のように書いておいたほうが読みやすいこ

とがわかるだろう。**コンパクトに例を挙げる**ことに習熟しよう！

　いくつか例を挙げる。親は子どもに「行儀よくしなさい」（"Behave yourself."）と言うだろうし，兄弟や友人は "You're selfish." と言ったり，同僚は "You aren't a team player."「君は協調性がない」と言ったりするだろうし，その中には的はずれな誹謗中傷もあるだろうけれども，「建設的」（**constructive**）な批判である限りは，「怒ったり」（**get angry / get mad**），「逆ギレしたり」（**counterattack**），「過剰反応したり」（**overreact to 〜**）せずに，そこから何かを学び，「成長する」（**grow**）（→ p.226）機会と捉えるべきである，というようなことをここに挙げた語彙を使って1〜2文で書けばちょうどよい長さになりそうだ。本当はもう少し具体的に書きたいところであるが，語数的にもそのくらいだろう。

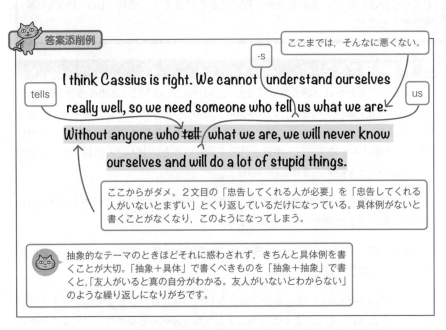

答案添削例

-s ここまでは，そんなに悪くない。

tells

us

I think Cassius is right. We cannot understand ourselves really well, so we need someone who tell us what we are. Without anyone who tell what we are, we will never know ourselves and will do a lot of stupid things.

ここからがダメ。2文目の「忠告してくれる人が必要」を「忠告してくれる人がいないとまずい」とくり返しているだけになっている。具体例がないと書くことがなくなり，このようになってしまう。

抽象的なテーマのときほどそれに惑わされず，きちんと具体例を書くことが大切。「抽象＋具体」で書くべきものを「抽象＋抽象」で書くと，「友人がいると真の自分がわかる。友人がいないとわからない」のような繰り返しになりがちです。

解答例

❶❷ As Cassius says, it is difficult to see yourself objectively, and that's why you should have good friends and listen to them even when they tell you an honest opinion about you. ❸ For example, if your colleague says you are not a team player, you may want to talk back, but regard it as an opportunity to reflect on yourself. (60 words)

問題パターン1 **ことわざ・名言を説明する ❹**

▶これも東大の問題だ。相反する意味を持つことわざというのは何組かあるが，そんなに数多くはないので予想がついてしまうだろうから，今後も東大が類題を出すことは考えにくいが，こうした説明問題の練習素材としては大変よいと思う。見た目ほど難しくはない。書くことはほとんど決まっているし，抽象度が低いことわざであるおかげで具体例も思いつきやすいはずだからだ。

問題4

"Look before you leap" と "He who hesitates is lost" という，内容の相反することわざがある。どのように相反するか説明したうえで，あなたにとってどちらがよい助言と思われるか，理由とともに答えよ。全体で60〜80語の英語で答えること。

 構成を考えよう！

　1つ目のことわざは「**跳ぶ前に見ろ**」，2つ目のことわざは「**ためらうやつは負け**」というのが文字どおりの意味だ。日本語のことわざ・格言で言えば，前者は「石橋を叩いて渡る」とか「転ばぬ先の杖」のような用心深さを勧める意味を持ち，後者は「当たって砕けろ」のように，失敗を恐れず新しいことにどんどん挑戦するような積極性を持つことを勧める意味を持つわけだ。

　その違いがわかるように説明するのが1文目（**❶**）の役割になるだろう。具体的な書き方はあとでまた研究することにしよう。

　今回は明確に「**どちらがよいと思われ，その理由は？**」と聞かれているわけなので，それが2文目（**❷**）となろう。

　ただし理由が難しい。「猿も木から落ちる」ということわざをなぜ信じるかと言われても困るように一般にことわざは理由をわざわざ述べる必要のない自明なことを述べたものなので，「理由を述べよ」と言われても困ってしまうのだ。だからこそ先の**LECTURE**01〜03では理由を書かず，すぐに具体例を書いたわけだ。しかし本問は「理由」が求められているわけだから，受験生としては当然がんばって「理由」を書かなければいけない。このあたりは重要なので，問題文をよく読もう。

　なぜ「石橋を叩いて渡る」のか。「失敗するのは嫌だから」だろうか。何か具体例は？　ミュージシャンを志して高校を辞める前によく考えないとあとで後悔するとか，そんなことだろうか。逆に「当たって砕けろ」の理由は？　「挑戦しないことには成功できない」とか「試行錯誤することでしか上達・成長はありえない」など，そのあたりだろう。こちらはいろいろな例が思い浮かぶ。語学習得でもよいし，留学で

もよいだろう。または無謀に見える試みから最終的に成功した実業家や科学者の例を挙げてもよいかもしれない。

　大切なのは，**理由と例とをセットで考える**ことだ。繰り返すが，**必ず具体例（❸）を挙げる**ことを忘れないように。そして理由や具体例が書きやすいほうのことわざを選ぶとよい。

📝 表現研究

　まず，2つのことわざを比較するのに使う語彙を確認しよう。**the first** proverb ／ **the second** proverb「最初のことわざ・2番目のことわざ」としてもよいし，**the former** proverb ／ **the latter** proverb「前者のことわざ・後者のことわざ」でもよい。対比をするのに接続詞なら **while** や **whereas**，副詞句なら **on the other hand** や **by contrast** を使うのも，心得ているだろう。

　すでに学んだ imply を使い，（1）のように書くのは一番単純な解法だ。

（1）**The first proverb implies that SV.**

　しかし **emphasize**「強調する」などを使い，（2）のように書くのも，よさそうだ。

（2）**The first proverb emphasizes the importance of ...**

　さらには **suggest**，**propose**，**recommend** などの「勧める」という意味の動詞を使うのもよいだろう。ただし語法に注意だ。suggest を例にとって語法を確認したい（**propose** ／ **recommend** も同じ）。

（3）**I suggest reading this book.**
（4）**I suggest that everyone read this book.**

　（3）のように**動名詞を目的語**に取って〈**suggest -ing**〉「〜することを勧める」という形か（to 不定詞不可），または（4）のように **that 節を目的語**にとるかだが，**that 節の中は必ず原形を使う**のがルール（everyone が主語だが read に 3 単現の -s が付いていない）だ。本問でもその語法を守りながら（5）のように書ける。

（5）**The first proverb suggests ...**

　さて，1つ目のことわざをもう一度見よう。「跳ぶ（**leap**）前に見ろ（**look**）」という2つの動詞がそれぞれ比喩的に使われているわけであり，それを**平易な動詞に置き換えて**使えばよい。例えば「何か新しいことに挑戦する（**try a new thing**）・重要な決断を下す（**make an important decision**）前には用心深くあれ（**be careful**）」のように言い換えることができそうだ。

ちなみに「挑戦する」は challenge ではなく **try**。長文読解のためにも覚えておいてほしいが，英語の challenge は日本語の「チャレンジ」とは少し意味が違い，名詞では「難問」，動詞では「（権威などに）挑む，疑義を呈する」といった意味である。

　他方，2つ目のことわざは「ちゅうちょする（hesitate）者は負ける（be lost）」とある。He who ... などと一般的な「人間」を he で表し，それに関係詞を付けるという聖書並みに古めかしい言い方をしていることを除けば，特に比喩的・抽象的表現はないので，絶対に言い換えなければならない箇所はない。しかし，そのあとにつなげる具体例とうまくズレがないように言い換えたい。簡単に言えば1つ目のことわざが **careful** であることの勧めだったとすれば，2つ目は「大胆さ」の勧めだ。「大胆な」という形容詞 **bold** が思いつけば一番よいが，思いつきにくいかもしれない。類語としては **reckless**「向こう見ずな」。それが思いつかなければ，「失敗を恐れるべきではない（**You should not be afraid of making mistakes.**）」とか，「試行錯誤によってのみ何かを学べる（**You can learn something only by trial and error.**）」のような言い換えをすることになるだろう。

　2つのことわざを説明したあと，どちらか「よりよい助言」か選べ，という要求に答えることになる。いくつか書き方を挙げてみる。

(6) **I prefer the former proverb to the latter.**

(7) **I think the former is truer than the latter.**

(8) **I think the former is better advice for me than the latter.**

(9) **I am inclined to believe the former.**

　特に説明は必要ないだろう。〈**be inclined to do**〉は「どちらかと言えば～する」。

　最後に例を書くわけだが，「物事には慎重に取り組んだほうがよい」ということの例よりは，「思い立ったが吉日」のようなことのほうが，おそらく例が思いつきやすいと思うが，わかりやすく書きやすい例を思いつけるのなら，どちらの立場で書いても，もちろんかまわない。

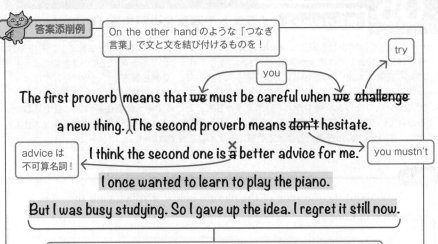

答案添削例

On the other hand のような「つなぎ言葉」で文と文を結び付けるものを！

try

you

The first proverb means that ~~we~~ must be careful when ~~we~~ ~~challenge~~ a new thing. The second proverb means ~~don't~~ hesitate.

advice は不可算名詞！

I think the second one is a better advice for me.

you mustn't

I once wanted to learn to play the piano.

But I was busy studying. So I gave up the idea. I regret it still now.

LECTURE 04

自分の体験談を具体例として使うのは難しい。どういうことをして，それがどういう失敗につながったのか，採点官に伝えるのは至難。「ピアノを習いたかったから，すぐやらないとあとで後悔する」のように誰にでも当てはまる一般性のある例として書いたほうがよい。

解答例

例1

❶ The first proverb emphasizes the importance of being careful when making an important decision, while the second proverb recommends not being afraid of making mistakes when trying a new thing. ❷ And I think the latter is truer, because you can succeed in something only by trial and error. ❸ Suppose you are learning to speak English. The only way to improve is to speak as much as possible. (67 words)

例2

❶ I like the first proverb, which recommends being careful before making an important decision, better than the second one, which recommends being bold. ❷ I think it is better because you cannot always accept the consequences if you try something and fail. ❸ Many young people quit their jobs to become "entrepreneurs," but few can actually succeed. (56 words)

問題パターン2 イラストや写真を説明する ❶

▶イラストを説明させる問題は（宮城教育大など一部の大学では昔から出されていたものの）全国区の大学としては東大が先鞭をつけた。そして東大で出てもおかしくないほど似たような趣旨の問題（本問）が2019年に早大［法］で出題され，受験指導をしている我々に少なからぬ驚きを与えた。東大だけが「ヘンな問題」を出しているわけではなく，これからの自由英作文入試問題の流れを示唆するように思えるからだ。ところで早大の自由英作文は指定語数が書かれていない。解答欄に収まるように，という意味であるようだが，解答欄はあまり大きくなく，せいぜい60語程度だと考えて問題にトライしてみてほしい。

問題5

Think about the meaning of the picture below. Explain your thoughts in a paragraph in English.

（イラストは出題に基づき，編集部にて作成）

✏️ 構成を考えよう！

このようなイラストを説明させる問題が出たときに，**単にイラストを説明すれば終わるのか，それとも「自分の考え」を述べる余地がある問題なのかを見きわめる**必要がある。例えば本問であるが，窓の外の風景がなくて単にカップルがテレビで美しい夕日を見てロマンチックな気分に浸っているだけの絵なら，それを描写するだけで終わりだ。ところがテレビに熱中するあまり，実は窓の外に同じくらい美しい夕日が見えるのにまったく気がついていないという，いわば**「オチ」がある**わけであり，そこを指摘せよという意味で "Explain your thoughts..." と問題文にあるわけだ。

さて，**答案を４文で書くとしよう**（60語程度と考えて）。どのような構成にしたらよいだろうか。問題文には "Explain your thoughts" と書いてあるのでいきなり「自

分の考え」を述べてもよいのだろうが，まずはこのイラストに描かれている情景を簡単に説明するのが常識的だろう。かといってもちろん，**イラストの描写に終始してしまうようではいけない。イラストの説明に制限語数の半分か半分弱（❶）**，「自分の考え」を述べるのに残りの半分から半分強（❷）を使おうと考えよう。本問のように4文で書くのなら，2文ずつくらいでそれぞれを書けば標準的だろう。

　それでは，まず**イラストの描写の仕方**から考えよう。日本語で考えてみよう。

> 「カップルがロマンチックな気分で夕日の映像をテレビで見ている。<u>ところが，おかしいのは，</u>窓の外には同じくらい美しい夕日が見えるのに気づいていないことだ」

　こんなふうに書くと最小限の長さで，しかもこの絵を見ていない人にも絵に描かれていることが効果的に伝わるのがわかるはずだ。すなわち，**1文目で絵の概略を説明し，2文目でオチに当たる部分を際立たせる**ということだ。必ずこのように書かなければいけないというルールはもちろんないが，こんな書き方が妥当なところだというのはわかってもらえると思う。大切なのは，**下線部のような箇所をきちんと書くこと**。これによって文と文の「つながり」が生まれるし，この「**文と文のつながりをつける**」というのがこの章の冒頭「自由英作文へのアプローチ」（→ p.108）で述べた「**cohesion**」である。自由英作文を書くうえで，きわめて大切なところだ。

　さて，それでは「**自分の考え**」に移ろう。「自分の考え」にずっとカギカッコをつけてきた。それはまずその「自分の考え」というのがどういうものなのかを考えてもらいたいからだ。何を書くことが「自分の考え」なのだろうか。「私は～に賛成です」のように<u>意見</u>を求められているわけではない。このカップルはおそらくアツアツなのだろう，というようなことを書くことを求められているのでもない。**このイラストから何が読み取れるか解釈が求められている**のだ。すでに本章の LECTURE 01～04 で学んだことわざや名言の場合は，抽象的な命題を具体的に解きほぐすことが求められたわけだが，今度はこのうえなく**具体的に描かれているイラストを見て，それを抽象化する**ことを求められているわけである。単純に考えれば「**現代人はメディアに頼りすぎて自分の五感で現実と向き合おうとしない**」というのが，このイラストの解釈だろう（うまく英語で表現できるかは後回しでよいから，まずそうした発想に習熟しよう）。

　その次には何を書いたらよいだろう。「**抽象的なことを書いたら具体例**」という鉄則はここでも同じだ。もちろん，イラストに描かれている，本物の夕暮れを楽しまないでテレビの夕暮れに見入っているカップルというのがすでに「現代人はメディアに頼りすぎ」という命題の具体例になっているのだが，**類例**（似た例）を挙げるのだ。「ネットで見ただけで海外旅行した気分になる」とか「現実の友人はいないのにSNSでは人気者」とか，いくらでも類例は思いつけるはずだ。

まずイラストの描写の仕方に関して表現方法を学ぶことにしよう。すでに述べたように**最初にイラストの概略を述べたあと，次に「オチ」を強調する**のが標準的な書き方だろう。**書き出しの１文目**は単純に次のような書き方でよい。

(1) In this picture, a couple are watching a beautiful sunset on TV.

より重大なのは，そのあとにしっかり「オチ」を「オチ」だということを強調して書くことだ。どんなふうに書いたらよいかを次に例として挙げる。

(2) Ironically, they could see just as beautiful a sunset out of the window.

(3) What is funny about this picture is that they could see just as beautiful a sunset out of the window.

ポイントの１つは (2) の ironically「皮肉なことに」のように文頭に副詞を置くと，文修飾といって文全体を修飾できる。これを使うことだ。ほかにも **oddly**「奇妙なことに」, **fortunately**「幸いなことに」, **regrettably**「残念なことに」, **surprisingly (enough)**「驚いたことに」, **not surprisingly**「驚くには当たらないが」などがこうした問題で便利に使えそうだ。

もう１つは Chapter 1 で学んだ**疑似分裂文的な文型**（→ p.42）を用いて，(3) の色文字部分のような書き方をすることだ。funny のほかに interesting「興味深い」, striking「印象的」, strange「奇妙」, revealing「示唆的」などといった形容詞を使うことになるだろう。

それでは次に，「**自分の考え**」をどのように述べるかを具体的に考えてみよう。まず次ページの 解答例 を先に見てもらいたい。❷で Like them という表現が使われているのに気づくはずだ。「彼ら同様に，現代人はテクノロジーに頼りすぎている」という文の下線部は，何気ないようでいて，示されたイラストの説明と「自分の考え」を結び付けるのに大きな役割を果たしているのが理解できるだろう。繰り返しになるが，これが自由英作文で重要な「**つながり**」である。もちろん，これ以外にもいろいろな表現があるが，それらについては次の **LECTURE** 06 で，もう少し詳しく紹介することにする。

ここではまず，like をぜひ英作文を書く上での道具箱の中に加えておいてほしい。また，反対語である unlike も自由英作文で便利に使える。

(4) Unlike the internet, books are reliable. 「ネットとは違い，本は当てになる」

ふつうの受験生なら次の（5）のように書くところだ。

(5) **While the internet is not reliable, books are reliable.**
　　「ネットは当てにならない一方で，本は当てになる」

(5)でも間違いではないが，(4)のほうがスッキリ表現できているのがわかるはずだ。

like 以外にこうした「つながり」を作れる表現は，次の **LECTURE** 06 以降で紹介するが，まずは下の解答例では，**like them** 以外にも「つながり」を作っている表現に下線を付けた。その部分を意識しながら読んでみよう。

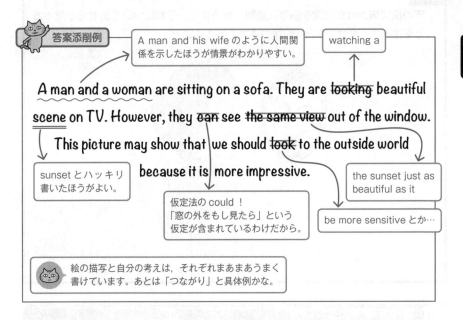

答案添削例

A man and his wife のように人間関係を示したほうが情景がわかりやすい。

watching a

A man and a woman are sitting on a sofa. They are ~~looking~~ beautiful scene on TV. However, they ~~can see~~ ~~the same view~~ out of the window. This picture may show that we should ~~look~~ to the outside world because it is more impressive.

sunset とハッキリ書いたほうがよい。

仮定法の could！
「窓の外をもし見たら」という仮定が含まれているわけだから。

the sunset just as beautiful as it

be more sensitive とか…

絵の描写と自分の考えは，それぞれまあまあうまく書けています。あとは「つながり」と具体例かな。

解答例

❶In this picture, a couple are watching a beautiful sunset on TV. <u>What is revealing about this picture is that</u> they could see just as beautiful a sunset just by looking out of the window of their apartment.　❷<u>Like them</u>, people these days depend too much on technology. <u>One example is that</u> we have substituted social media for real friendship.　　　　　　　　(60 words)

▶大変難しい問題だ。まず「鏡の中の自分がアッカンベーをしている」などという状況をうまく描写するだけでも，それなりの語彙力が必要だろう。そのあとで前問同様に「自分の考え」を書くわけだが，そもそも何を書いたらよいのか。前問などを読んだあとなら同じように少し一般化をすればよいのだと思いつけるかもしれないが，この問題が出題された当時はこうしたイラストの問題になじみがなく，各予備校の解答速報などしも，こぞって「なぜこんな不思議な現象が起きたのか？」を躍起になって説明しようとしていたが，そもそも方向性が違う。

問題6

　下の絵に描かれた状況を簡単に説明したうえで，それについてあなたが思ったことを述べよ。全体で60〜80語の英語で答えること。

（イラストは出題に基づき，編集部にて作成）

✏️ 構成を考えよう！

　前問より少し制限語数が多いが，前問と同様に，**半分弱（2文程度）でイラストの説明をし（❶），半分強（2〜3文）で「自分の考えを」を述べればよいだろう（❷）**。イラストの説明の書き方はすでに演習した問題で要領は理解できたと思うので，ここでは「自分の考え」として何を書くかのほうに集中しよう。さて，問題は，ここで言う**「自分の考え」**とは何だろうか，ということだ。

　上に述べたように，この問題が出題されたあと，各予備校がサイトに掲載した解答速報を見る限りでは，どの予備校の解答陣もこの不思議な現象の原因を説明するのが「自分の考え」を述べることだと解釈したようだ。曰く，「この少年（少女？）は悪霊に取りつかれている。今すぐ悪魔ばらいをしないと大変なことになる」とか，「実は妹のイタズラで，兄を驚かせるために鏡にアッカンベーした写真をうまく貼り付けたのだ」とか。そのような答案を書いたからといって，いきなり減点されはしないだろ

うし，うまく書けるなら，それはそれでアリだとも思う。

　しかし，ハッキリ言って，そんなこじつけの理由を書くことが求められているとも思えない。この絵に描かれたようなことが本当に起こるとは誰も思わない。そうではなく，この絵は**何か別の象徴的な意味合いを持っているのではないだろうか。**

　人類は昔から鏡には何か不思議な力があると思い，畏怖の念を持って鏡を扱ってきたということを象徴的に表しているのかもしれない。もしかしたら，鏡を見るときは誰もが多少は虚栄心を持っているが，鏡の中の自分がアカンベーをしているのはその虚栄心がいかにくだらないものかを象徴的に表しているのかもしれない。もしかしたら我々人間は，ある種のことが起こることは想像さえしていないが，ときにはそういったきわめて想定外のことも何かのきっかけで起こることがあり，そうするとパニックに陥ってしまう，ということを象徴的に表しているのかもしれない。

　もちろん解釈は自由だし，例によって，**そのあとに続ける具体例とセットで書けそうなものを選ぶわけだが，**いずれにせよ，悪霊に取りつかれているなどと書くのではなく，このような象徴的な意味合いについて書くことを求められている問題だったのではないかと思う。こういった自由英作文の問題に解答を書く受験生に私がいつもアドバイスしているのは，必ず「**与えられたイラストの外に出よ**」ということだ。「外に出る」というのはもちろん，そのイラストの説明の説明に終始するのではなく，**そのイラストが表しているであろう，もっと大きなテーマについて書け，**ということだ。

表現研究

　前述のように本問は絵の描写だけでもけっこう難しいようで，再現答案を見ても受験生の出来は悪かった。ウィンクはもちろん **wink** でよいのだが，「舌を出す」は **stick out one's tongue**。そもそも前問 **LECTURE** 05 の答案に「夕日を見ている」と書かずに「美しい風景を見ている」と書いたり，本問でも「鏡の中の自分が実際とは違う表現をした」のように漠然とした答案が多いのが気にかかる。語彙を思いつかないのなら仕方ないが，極力明確な表現をするように心がけよう。そして，「鏡の中自分」というのが一番難しい。**his reflection (in the mirror)** か **his (mirrored) reflection** というのが一番カッコいい言い方だが（鏡の話をしているのだと文脈上わかるなら his reflection だけでも可），**he in the mirror** などでもよい。

　意外に思いつきにくい，こうした語彙を使わなければ書けないというのは，もちろん東大も承知のうえで出しているのであり，単語集に載っているような抽象的な単語を覚える前に，まず**身の回りの日常的な物事を言い表す語彙を習得しよう**という東大の注文である。それに欠けていると自覚のある人は，一朝一夕にはいかないが，少し

ずつこの程度のイラストに描かれたことを言い表すことができる程度の語彙力はつけていくよう努力しよう。

　問題はこのあとだ。まず前問で，あまり説明できなかったところをまず復習しておきたい。前問の解答例では，目の前に夕日がありながらテレビに夢中になっているカップルを描写したあと，**一般化，抽象化**するのに次のような表現を使った。

(1) Like them, **people these days depend too much on technology.**

　たいしたことでないように見えるかもしれないが，色文字部分の表現を使うことで，イラストの描写で終始せず，このあと**一般化する導入**になっているわけだ。別にこの表現を使わなければいけないわけではない。同様の役割ができそうな表現はほかにいくらでもあるが，ここではその中で使い勝手のよいものをいくつか下に挙げる。要は，**文と文とをうまくつなげようという意識を持つことが重要**なのだ。

(2) They are not the exception. **We all depend too much on technology.**

(3) They are not alone in **depending too much on technology.**

(4) They are just an example of **how people these days depend on technology.**

　それでは翻って，本問ではどのような表現を使って，イラストの説明から一般化，抽象化に向かえばよいだろうか。別に難しいことではない。たとえば次の (5) で十分だ。

(5) This picture may seem to be absurd [unrealistic], but it (actually) implies [suggests] that SV.
「この絵はばかげて（非現実的に）見えるかもしれないが，（実際は）～ということをほのめかしている」

　確かに，このような書き出しでイラストの説明からさらに拡張して，そのイラストが持つ象徴的な意味合いを書くほうが，心霊現象の説明に終始するよりは賢い。butから後ろに関して，ほかにも英作文で使えそうなものをいくつか挙げておく。

(6) This picture symbolizes ～　「この絵は～を象徴している」

(7) This picture may represent symbolically ～
「この絵は象徴的に～を表しているのかもしれない」

答案添削例

「ウインクをして舌を出す」と書けなかったんだろうけど…。

like

A boy is looking into the mirror, but he is surprised because his expression in the mirror is really different from what he really looks. I think he is really scared because he must ~~have felt~~ he is haunted by some ghost. He will scream and call for help.

feel

I will be scared too when I look into the mirror next time.

最後の2文は，いかにも「書くことがなくなりました」という感じ。

たぶん，書くことがなくなってしまって，指定語数に無理やり近づけようと頑張ったのだと思います。だったら「イラストの外に出よう！」つまり，イラストに書かれていることをもっと一般化しよう！

LECTURE
06

解答例

❶In this picture, you can see a boy looking into a mirror. Perhaps he is just grooming, but surprisingly enough, his mirrored reflection suddenly winks at him and sticks out his tongue as if to mock him. ❷This picture may seem to be absurd, but it symbolizes the fear humans have always had of mirrors. Across the world, most religions and cults have always attributed some magical powers to mirrors.

(70 words)

問題パターン2 **イラストや写真を説明する ❸**

▶前問が2015年の東大，本問は2016年の東大の出題であり，似たような傾向の問題が2年連続で出された，その2年目の問題。まったく意表をついた出題で受験生も当惑させられたであろう1年目に比べれば，2年目に本問が出題されたときは受験生の側でもある程度，予想も覚悟も対策もなされた状態だったわけだが，そのわりには，再現答案を見ても特に前年に比べて出来がよい感じはなかった。本質的にこの形式の問題は受験生にとっては難しいし，過去問をやってはみたが結局有効な対策を思いつかないまま，入試の日を迎えてしまったのだろう。

問題7

　下の画像について，あなたが思うところを述べよ。全体で60~80語の英語で答えること。

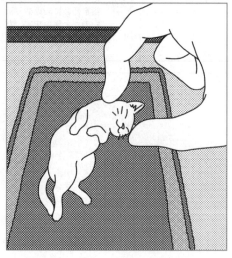

(出題された写真に基づき，編集部にてイラストを作成)

✏️ **構成を考えよう！**

　制限語数は前問と同じだ。この年，1つ話題になったのは，前年の問題（つまり前問）では問題文が「絵に描かれた状況を簡単に説明したうえで，それについてあなたが思ったことを述べよ」となっていたのに対し，翌年に出題された本問は，「絵の描写をしなさい」という前半部分がすっぽり抜けて，単に「**あなたが思うところを述べよ**」という指示だったことだ。そのことは，絵の描写は一切する必要はない・してはいけない，ということをほのめかしているのでは，と議論になったのだ。

　東大の真意はわからない。ただ，写真の描写を一切しないというのもかなり無理があるし，おそらくは描写にばかり語数を費やさず，むしろ描写はできる限り簡単に済

ませて「自分の考え」のほうに十分な語数を費やせ，という程度に受け取っておけばよいのではないかと思う。

　まず**最初の２文（❶）**で，この写真を描写しよう。前問で行ったように，**１文目**で「ネコが床に寝ている」という**概略**を説明したあと，**２文目**で「オチ」すなわち「指でつまめるほど小さく見える」ということを強調できれば，前半は合格である。

　さて後半。この写真を一般化するのは，前問とは違い難しくない。同じように常識的にはありえない図柄かもしれないが，前問の場合，鏡の中の自分がアッカンベーした絵から何を読み取るかはいろいろな解釈が可能だったわけだが，この写真はどうみてもトリック写真だ。そのことを**後半の１文目（❷）**に書けばよい。

「**一般化，抽象化**」ということを繰り返し強調しているが，それは与えられたイラスト，写真から外に出ることだ。再現答案を見る限り受験生の多くはどのようにしてこのトリック写真が撮られたかを説明することに四苦八苦していたようだが，それよりは，「**これはトリック写真の１例であり，世間の人たちはこういうトリック写真が好きだ**」のように書き出して，同じようなトリック写真の例，つまり前問と同様に**類例（❸）を挙げる**とよい展開になりそうだ。

　どんな例を思いつくだろうか。東京タワーをなぎ倒すゴジラみたいに，ＣＧ以前には映画でもトリック写真の手法はよく使われていた，でもよいだろうし，ピサの斜塔に行く観光客はみな傾いている塔を支えているポーズで写真を撮る，でもよいし，お皿を投げて，それをUFOだとユーチューブにアップロードする人もいる，という話でもよい。１つか２つ自分の語彙が許す範囲で書けば，**全体で４〜５文**になり，だいたい指定語数くらいになるはずだ。そろそろ慣れてきたと思うが，このような見込みを立ててから書き始めよう。

✎ 表現研究

　最初の２文（写真の説明）に関してはすでに学んだ語彙を使えばだいたい書けるはずだ。ただ，細かい話になるが「**指でつまめる**」というのは少し難しいが**catch**を使えばよい。電車のドアにカバンを挟まれるのも "have one's bag **caught** between train doors" だ。

「**あたかも〜のように見える**」という部分はちゃんと **as if** と仮定法を組み合わせて**表現**したいところだ。一応確認しておこう。

(1) **It seems that the cat is so small that it can be caught between two fingers.**

(2) **It looks as if the cat were so small that it could be caught between two fingers.**

（1）に示すとおり，**It seems** のあとには **that 節**が続き，「ネコが指でつまめるほど小さいのだと本当に考えられる」という意味である。それに対し，（2）のように **It looks**（it seems 同様，it は意味のない「非人称」の it と呼ばれるものだ）のあとには **as if** が続き（口語では like を接続詞として使う），**明らかに非現実的なことならば仮定法**を続ける。さらに，as if のあとの the cat <u>were</u> so small 〜のように，仮定法で動詞が過去形になっているときには，それに続く従属節も ... that it <u>could</u> be 〜のように過去形にしておくのが標準的（守られないこともあるが）。

「**トリック写真**」はそのまま **a trick picture** または **a trick photo** でよい。前問で学んだように，例えば次の（3）のようにしてこの写真を一般化すればよい。

(3) **This is just an example of a trick photo. Humans have always loved taking such photos.**

類例もすでに挙げたようなものの中から語彙力に応じて1つか2つ書けばよいのだが，君たちはうまく書けるだろうか。いくつか例を挙げてみる。

(4) **Before the advent of computer graphics, movies, from Godzilla to Star Wars, used such tricks.**

単に「映画は…」としてもよいが「『ゴジラ』から『スター・ウォーズ』まで映画は…」のように，簡単にでも**固有名詞を挙げるとより具体性が増す**のがわかるだろう。ぜひ使ってもらいたいテクニックだ。使えるのは次の3つの前置詞（句）だ。

(5) **movies, like Godzilla and Star Wars**

(6) **movies, such as Godzilla and Star Wars**

(7) **movies, from Godzilla to Star Wars**

受験生はよく for example を使うが，〈for example〉は原則，副詞として次の（8）のように使うべきであり，（9）のように前置詞句として使うのは好ましくない。

(8) **I like sports. For example, I often play soccer.**

(9) （×）**I like sports, for example, soccer.**

もう1つ例を挙げよう。

(10) **Tourists at the Leaning Tower of Pisa invariably take selfies, pretending to be pushing it with their hands so that it will not fall down.**

「斜塔」は the Leaning Tower と言うが，わからなかったら単に the Tower of Pisa でもよい。ポイントは 〈**pretend to do**〉や 〈**pretend that SV**〉を使い，「～のふりをする」ということを表すことと，「倒れないように」という「**目的**」を，Chapter 1 で学んだように **so that** を使って表すことだろう（→ p.38）。

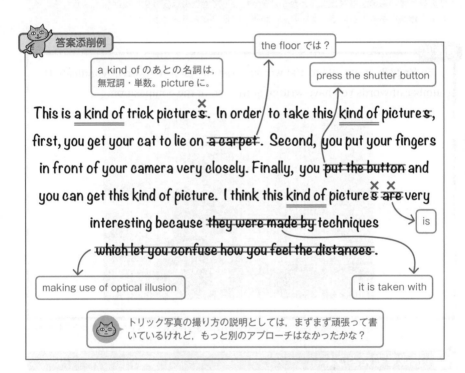

答案添削例

the floor では？

a kind of のあとの名詞は，無冠詞・単数。picture に。

press the shutter button

This is a kind of trick pictures. In order to take this kind of pictures, first, you get your cat to lie on a carpet. Second, you put your fingers in front of your camera very closely. Finally, you put the button and you can get this kind of picture. I think this kind of pictures are very interesting because they were made by techniques which let you confuse how you feel the distances.

is

making use of optical illusion

it is taken with

トリック写真の撮り方の説明としては，まずまず頑張って書いているけれど，もっと別のアプローチはなかったかな？

解答例

❶ In this picture you can see a cat lying on the carpet, but it looks as if the cat were so small that it could be caught between two fingers. ❷ This photo is just an example of so-called trick photography, and humans have always loved taking such photos. ❸ Before the advent of computer graphics, movies, from Godzilla to Star Wars, used such tricks. Even today, some people throw a dish and take movies, pretending it's a UFO, and upload them on YouTube. (82 words)

▶一橋大の問題だ。一橋大も何度かこうした写真や名画を説明させる問題を出題している。東大と違うのは，何か「オチ」があるイラスト・写真ではなく，ドガの「踊り子」など誰もが知っている名画ではあるが何のオチもないようなものが提示されることが多いということ。今までの問題のように，与えられた絵の描写に終始せず一般化するということがなかなかやりにくい。しかも，指定語数がかなり多い。何を書いたらよいのか，書くことがなくなっちゃったという悩みが切実になる。ただ，救いは2019年入試を見る限り，指定語数が若干短くなり，多少なりとも「オチ」らしきものを見つけやすい絵・写真になりつつあるということと，3つの絵・写真から1つを選択して解答を書くという形式なので，3つのうちで話を少し一般化して広げやすいものを選べばなんとかなりそうになってきたのは受験生には朗報だ。もちろんそれでも難問であることに違いはないが，頑張って取り組んでみよう。

問題8

In English, write 100 to 130 words about the picture. Correctly indicate the number of words you have written at the end of the composition.

写真提供：ユニフォトプレス

＊（著者注）実際の入試で与えられた3つの写真のうち，ここでは1つを取り上げる。

✎ 構成を考えよう！

　　受験生の答案を見ていると，指定の語数が多いことにつられて，与えられた絵や写真をどうでもよいような細部に至るまで逐一述べ立てるような答案が多い。もちろん，それによって絵・写真の情景がそれを見ていない人の脳裏にも浮かび上がってくるように書けているのならよいのだが，むしろゴチャゴチャと些末な情報ばかりの答案になりがちである。本問でも「冬の波止場に寂しそうな表情の老人が座っている」というのは重要な情報であろうが「はるか対岸には島影が見える」などと書くことは，あまり重要性を持たないだろうし，そういうことを逐一書くことでなんとか語数を埋めようという態度は慎みたい。

　さて，改めて制限語数から構成を考えてみよう。100 語強で書けというわけだから，換算すれば**6〜7文**ということになろう。それほど複雑な写真ではないので，**写真の描写（❶）はせいぜい3文**。それ以上書くような答案はおそらく不要な些細な情報が相当混在していそうだ。**答案の残りの半分はうまく一般化（❷）して**（どう一般化するかは，もちろん自由だ），**その一般論を類例を挙げるなどして具体化する（❸）**という前問までと同様の展開で書き，むしろそちらのほうに語数をかけたほうが，まとまりのあるパラグフラフにするのは容易だろう。

　どのような構成にするか，一例を挙げる。

●全体の構成案

1文目	この写真には誰もいない冬の波止場に座る1人の老人が写っている。
2文目	印象的なのは，その老人の寂しそうな表情だ。
3文目	おそらくこの老人は寡夫（妻を亡くした男）で，子どもたちも家を出ていて，ひとりぼっちで暮らしていて，毎日近所のこの波止場に来ては，楽しかった若かったころを思い出しているのだろう。
4文目	この老人だけではなく，人はみな，1人で生まれてきて1人で死んでいく。
5文目	若いころにどんなに有名でもお金持ちでも同じこと。
6文目	若いころは有名だった俳優やテレビタレントが晩年忘れ去られ，孤独死しているのを発見されるなど，よくニュースでも見る。

　このように構成案を作ってみると，実は前問までとそれほど変わらないことがわかるはずだ。前半の描写と後半の一般化と具体例をそれぞれ少しずつ詳しく書くだけのことである。おそらく受験生の書く答案と上に示した構成案の一番違うところは，**3文目**に相当する部分だろう。受験生の答案だと，この部分がなく，その代わりに前述のとおりの些末で不要な写真の描写が入り込むのである。しかし，この3文目は重要で，これがあるから**4文目**以降とのつながりがよくなるのがわかるはずだ。この章の冒頭で述べた，自由英作文を書くうえで大事な「まとまり（coherence）」と「つながり（cohesion）」（→ p.108）というのはまさにそういうことであり，指定語数の長さというプレッシャーが先行してしまって，その結果，その「まとまり」や「つながり」がないがしろにされるようでは本末転倒だと肝に銘じておいてもらいたい。

「港」はもちろん **a port** だが，巨大タンカーが停泊するようなものも a port であるから，少なくとも **a small fishing port**「小さな漁港」というくらいには表現したいし，そうした修飾語句を付けることで，この写真をよりよくイメージできるようになる。前述のようにテーマと関係のない描写は慎むべきだが，逆にこういうところは詳しくきちんと描写したい。その港の中で船が停泊する箇所（この老人が腰を掛けている場所）にある「桟橋」（人工的に船が停泊できるように作った橋のようなもの）は **a wharf** や **a pier** と言い，それに対し直接船を横付けできる「岸壁」を **a quay** という。老人が腰を掛けているのはこの a quay である。

　もちろんこのあたりの語彙を受験生が使いこなして写真を完璧に描写するのはかなり無理があるところなのだが，すでに演習した問題における「ネコを指でつまむ」とか「鏡の中の自分がアッカンベーする」などと同様に，単語集で覚える評論文読解に欠かせない抽象的な単語と同様に，身の回りの物事を表す**具象的な単語**もちゃんと身につけているよね，という大学からの要求なのだ。日頃からそうした語彙力の涵養に努めてもらいたい。それに対し，「～の表情をしている」というのは，こうした絵・写真の描写では使う場面が多いだろうから，ぜひここで覚えてもらいたい。

(1) **He looks lonely.** (△ **His face looks lonely.**)

　もちろん (1) のように **look** を使えばよい。ただし日本語につられて his face を主語にするのはあまりよくない。さらには，「～の表情をして…している」などと言うときには**分詞構文**も役立つ。

(2) **He didn't say anything, looking angry.** 「彼は怒った顔をして黙っていた」

　肝心なのはその次の3～4文目である。ここをうまく書くことで前述のようにこの**写真の描写から一般化，さらには類例**という，答案全体の「つながりとまとまり」が生まれるわけだ。**3文目**は次のような書き出しをすれば問題ない。

(3) **I guess [imagine / suppose]** (**that**) **SV.**

　I think ～でも問題はないが，もちろんこの写真から勝手な想像を膨らませようというわけだ。guess など，ここに列挙した動詞のほうが好ましい。

　そして**4文目**は前問（p.132）でも使った次のような書きだしがここでも使えそうだ。

(4) **Like him, everyone is born alone and dies alone.**

beside | a | 「港に座る」ってビミョウだよね？

In this picture, an elderly man with white beard is sitting at a port.
He looks really lonely. He is wearing a black coat, and a hat, and is
folding his arms. Probably it is in winter. There is a white box,
probably made of stone, besides him, but I don't know what it exactly
is. Behind him I can see the sea, and beyond the sea, there is an island.
I think he has lost his family, so he is lonely and has nothing to do,
so he comes here every morning and sit here till it gets dark.

-s

大きな文法ミスなく，よく書けているとは思います。
でも一橋受験生ならば皆，このくらいできるかもね。
不要な描写が多すぎ。それで「まとまり」が失われ
ている。構成を考えよう！　写真の外に出よう！

LECTURE
08

解答例

❶ In this picture, you can see an elderly man sitting alone on a quay
of a deserted fishing port in winter, where there is nobody else. And
what is striking about this picture is how lonely he looks. I imagine
he lives all by himself, being a widower whose children have already
left the home. He probably takes a walk at this port every day and
spends his time doing nothing but watch seagulls flying. ❷ Like
him, everyone is born alone and dies alone, whether they are rich,
famous, or neither. ❸ We often hear on TV that an ex-actor or an
ex-TV personality, who was really popular when young and then was
forgotten, is found dead alone in their luxurious house.　(121 words)

問題パターン3 図表を説明する ❶

▶最近は表やグラフを説明させる問題が急増してきている。しかし，そうした問題がブームになる以前から毎年出題してきた「老舗」が広島大だ。その見識に敬意を払い，まずは広島大の過去問を扱おう。広島大の自由英作文は毎年小問2問から成り立っていて，1問目がいつもグラフや表を説明させる問題（この問題），2問目はそのグラフ・表について意見を述べる問題（この年は「これからさらに外国人観光客を増やすにはどうしたらよいか」という問題だった）から成り立っているが，ここでは最初の小問だけ扱う。こうした図表問題の中では書きやすい素直な問題であり，これを題材に図表問題の基本を学ぼう。

問題9

　次の表は，2012年から2016年までの5年間における訪日外国人の数（観光・商用などを含む）の推移を示したものです。この表からわかることを90語程度の英語で説明しなさい。コンマやピリオドは語数に含めません。

国名	2012年	2013年	2014年	2015年	2016年
中国	1,425,100	1,314,437	2,409,158	4,993,689	6,373,564
韓国	2,042,775	2,456,165	2,755,313	4,002,095	5,090,302
タイ	260,640	453,642	657,570	796,731	901,525
マレーシア	130,183	176,521	249,521	305,447	394,268
シンガポール	142,201	189,280	227,962	308,783	361,807
オーストラリア	206,404	244,569	302,656	376,075	445,332
アメリカ	716,709	799,280	891,668	1,033,258	1,242,719
イギリス	173,994	191,798	220,060	258,488	292,458
フランス	130,412	154,892	178,570	214,228	253,449
ドイツ	108,898	121,776	140,254	162,580	183,288

（日本政府観光局（JNTO）による統計データに基づき作成）

🖉 構成を考えよう！

　当然のことだが，この表に書かれているすべての情報を逐一英語で説明する必要はない。問題文にもあるように「この表からわかること」を1つでも2つでも書くことを求められているのであって，細かい数字は，あくまでもその「わかること」の具体的な証拠（evidence）として使うのだ。例えば次のようにである。

わかること	訪日外国人の圧倒的多数は東アジアからだ。
具体的 evidence	2016年を例にとると，アメリカからは年間120万人程度しか来ていないのに対し，中国・韓国からはそれぞれ，その4～5倍の約500～600万人が来ている。

このように基本的に〈抽象＋具体〉をいつでもセットで書くように心がけるとよい。

　逆に，この〈抽象＋具体〉のうちの〈抽象〉のほうだけを書いて，〈具体〉，つまりせっかく表に記されているデータをいっさい使わない答案もよく目にする。それはそれでダメだ。そして，そのデータを答案に使うときに気をつけてもらいたいのは，**絶対的な数字よりも相対的な数字を使うこと**である。「最近，訪日外国人の数は劇的に増加した」という文のあとに前述のように evidence を付け加えるとして，「例えば中国からの訪日客は，2012 年は 140 万人だったのが 2016 年には 630 万人になった」と書くよりは**「例えば中国からの訪日客はたった 4 年で 4 倍以上になった」**と書くほうがピンときやすい。絶対的な数字より「〜と比べて…倍」のように，本問で言えば4 年前と比べたり，ほかの国と比べたりするような数字を使うほうが数字の持つ意味合いがわかりやすい。少なくとも「140 万人から 630 万人へと 4 倍になった」のように**絶対的な数字と相対的な数字を併記する**ように心がけるべきだ。

　さらにもう 1 つ。こうした問題で資料として与えられる表やグラフには，当然のことながら事実（ファクト）しか表現されていない。その事実を生じさせた理由（例えば本問で言えば，アジア諸国からの訪日客の増加が目覚ましいというファクトは表から明らかだが，なぜ増えたのか）を書いてよいのかどうかというのは受験生がいつも悩むところだ。大学側としてはハッキリ「この表からわかることを，なぜそうなったか自分の考えを交えながら書け」のように指示すべきだと思う。しかし，たとえ問題文にハッキリ書かれていなくても，このような問題を出題する多くの大学の過去問を見る限り，ファクトだけ書いて段落を構成するにはやや多過ぎる制限語数のことが多く（**LECTURE**11 で演習する名古屋大の問題など），**主観的な意見を多少述べるのは許される範囲内**と解釈してよいように思う。

LECTURE
09

　さて，**本問における構成**を改めて考えてみよう。**90 語程度**ということだから **6 文程度**を書くことになる。比較的長めだ。「この表からわかること」1 つではとてもその長さにはならないであろうから，**最低 2 つくらいの「わかること」を書くことになろう**（**❶**，**❷**）。その 2 つは，単純に考えれば，**「訪日客は最近激増」，「特にアジア諸国からの増加が目覚ましい」**，の 2 点ではなかろうか。それぞれに前述のように具体的な数値（できれば相対的なもの）を evidence として付け，それで語数が足りないようなら，アジア諸国の著しい経済発展のおかげ，というような背景（**❸**）を書けばちょうどよいくらいの語数になるだろう。

✎ 表現研究

　このような時系列に沿った図表を説明する問題に取り組むときに，**時制の問題**が必ず生じる。例えば，本問は 2018 年 2 月の入試で出題されたわけだが，表は 2016 年までしか記載されていない。統計が採られたときと入試が行われるときとの間にタイムラグが生じざるを得ないことを考えれば必ずこうしたことは起こる。

ここをどのように処理するかは，英作文を教える側でも意見は分かれるだろう。私見では，次のように書いて問題ないと思う。

(1) **The number of tourists from abroad** has been increasing **drastically**
　　since 2012.

「2012年以来ずっと増え続けている」と書いているわけであり，つまり表は2016年で終わっているがその傾向が当然現在まで続いていると見なすわけだ。それに対して慎重派は次のように書くことだろう。

(2) **The number of tourists from abroad** increased **from 2012 to 2016.**

「2012年から2016年まで増えた」のように書けば，あくまでも表に即して客観的である一方，増加が2016年でストップしたかのようで，少し奇異な感じも受けるし，このあと「アジア諸国が経済発展したため」のようなことを書くとして，そこの時制はどうしたらよいかなど，さらにいろいろな問題を生じさせてしまう気がする。基本的には使う時制と前置詞の組み合わせ（色文字の部分）の間に整合性があれば（1）のように書いても（2）のように書いてもよい（つまり，since と組み合わせて継続の現在完了形を使って（1）のように書いても，過去を表す語句と組み合わせて（2）のように過去形で書いても，どちらでもよい）が，（1）をオススメする。つまり，あたかも今年が2016年であるかのようなつもりで書くわけだ。

　もう1つこうした問題で欠かせないのが，**数の変化**をうまく表すことだ。 Chapter 1 などで学んだように，increase を使わなくても次の（3）のように書けることは重要だ（→ p.12）。

(3) **More and more people are coming to Japan from Asian countries.**
　　「アジアからの訪日客はどんどん増えている」

　ただし，こうした図表・グラフを描写するようなときには increase を使うのも悪くはない。そのメリットは increase にいろいろな副詞（句）を付けることができることだ。例えば，次の（4）の文末に付ける副詞（句）の例を挙げる。

□ ～から…まで増える	from～to...
□ ～ぶんだけ増える	by～
□ 2倍，3倍，～倍	twofold, threefold, 数詞＋-fold
□ 劇的に／着実に／徐々に／わずかに	drastically / constantly / gradually / slightly

さらに受験生はだいたい increase 一本槍だが，**double**「2倍になる」，**triple**「3倍になる」，**multiply**「何倍にもなる」などの動詞も使ってもらいたい。このあとも類題を演習するが，図表・グラフの描写に必要な語彙を少しずつ紹介するので身につけていこう。

答案添削例

過去を表わす語句を使うなら動詞は過去形にする。 → increased

The number of foreign tourists / who come to Japan ~~have been increasing~~ [from 2012 to 2016]. For example, the number of Chinese tourists ~~have increased~~ from 1.4 million [in 2012] to 6.3 million. Also the number of Australian tourists ~~have~~ increased from 206,000 in 2012 to 445,000 in 2016. → has

Japan is now a popular destination for foreign tourists, and especially many foreigners come to Japan to eat Japanese ~~dishes~~. So tourism is ~~developing~~ now in Japan. → food

特にアジアからの訪日客が増えていることにも触れてほしかった。

○ thriving / prospering（繁栄する）
× developing（発展する）

絶対数値だけでなく「〜より…倍」「〜より…％増加」のような，相対的な数字を使えるとベターです。

解答例

❶ The first thing that catches our eye when we see this graph is that the number of inbound tourists to Japan has been multiplying in the past several years. ❷ Also, most of the increase consists of tourists from Asia. In fact, while the number of tourists from the U.S. and the U.K. almost doubled, the number of Chinese tourists increased fourfold between 2012 and 2016, from 1.4 million to 6.3 million. ❸ It suggests the increase in the number of foreign tourists is mainly a result of the economic development of Asian countries.　(92 words)

▶もう1問，広島大の問題を演習してみよう。同じ程度の難易度の問題だが，問題の設定が多少異なる。まず前問では，いきなり図表から「わかること」を説明すればよかったが，本問ではまず「グラフが何を示す」のかを説明するところから始めなければいけない。こうした要求が付いている問題もよくあるので練習しておこう。そして前問で問題になった，グラフから客観的に読み取れること以外に自分の解釈を書いてよいかどうかに関しては，本問ではハッキリと「考えられる理由を述べよ」というふうに，むしろそれを書くことを要求されている。このように，問題によって微妙に答案の書き方に関する指示が異なることがあるので，しっかり問題文を読み，それに従うことが大切だ。しかし，一般論としてはいろいろな要求が明示されているほうが，受験生としては答案の構成がそれによって決まってくるので，ありがたい。

問題10

　まず，次のグラフが何を示すものか説明せよ。そして，グラフ全体が表している2つの大きな特徴を指摘し，考えられるそれぞれの理由を述べよ。全部で90語程度の英語で書け。コンマやピリオドは語数に含めない。解答欄の最初の（　）に使用した語数を記入せよ。

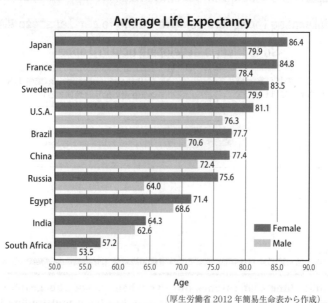

（厚生労働省 2012 年簡易生命表から作成）

✏️　構成を考えよう！

　冒頭で述べたように，本問ではまずこの「**グラフが何を示す**」のかを説明せよというのが1つ目の要求だ。それを**1文目に書き**（**❶**），そのあとで「**2つ特徴を挙げよ**」（**❷**，**❸**）というのが次の要求である。

「２つの特徴」は，誰が見ても「いわゆる先進国は発展途上国より寿命が長い」ということと，「どの国でも女性のほうが男性より平均寿命が長い」ということが目につくだろう。そして，今度は「**それぞれの理由**」を述べることも要求されている。前者の理由は，すぐに思いつく。「豊かな国のほうが医療設備もより充実している」ということだ。後者の理由は，おそらく定説はまだないだろう。自分の想像で書けばよい。「先天的に女性のほうが長寿」なのかもしれないし，「女性のほうがストレスの解消が上手」だということでもよいかもしれない。また，「女性のほうが健康意識が高く，暴飲暴食など健康に悪いことをしない」などと書くのもよいかもしれない。自分の語彙力と相談のうえ，語数から考えて１文程度で書くことになるわけだから，あまり複雑な話は避けて簡単なことを簡単に書けばよい。**以上で５文**になり，あとは前問と同様にグラフの数値を具体例としてうまく活用すれば，ちょうど指定語数程度の長さになりそうだ。

✍ 表現研究

さて，問題はそれぞれの表現の仕方である。まず個別の表現の仕方を考察する前に，前提として確認しておきたいことがある。与えられたグラフの表題には "Average Life Expectancy" と書いてある。本のタイトルもそうだが，**タイトルの各単語の先頭の文字は大文字**で書くものだ。ただし，**答案の中では大文字で書いてはいけない**。当たり前の話だが，こうした問題をやると，受験生の何割かは答案の中でも大文字で書いてくる。笑えない話だ。

それでは，まずグラフの説明の仕方を考えよう。単純に考えれば**書き出し**は次のようになろう。

（1）**This graph shows ...**

しかし発想を変えれば，次のようにも書けそうだ。

（2）**This graph compares ...**

その続きが少し厄介である。①国ごと，②男女ごとの平均寿命が比較されているわけであり，**その２つの座標軸をきちんと明示する**ことが必要になる。ここで１つ覚えておいてもらいたい。「～ごと」は英語では by で表すことができるということと（ただし交通機関の by などと同様に後ろには無冠詞単数の名詞が来る）。"life expectancy by gender" とすれば「性別ごとの平均寿命」，"life expectancy by country" とすれば「国ごとの平均寿命」となる理屈だ。覚えておいて損はない。ということは，（1）や（2）のあとは次のように書けるわけだ。

(1´) **This graph shows life expectancy by gender and country.**

(2´) **This graph compares life expectancies by gender and country.**

　"life expectancy" は基本的には不可算名詞で使うのがふつうであり，したがって（1´）は単数形になっているが，（2´）のように **compare**「比較する」などという動詞の目的語になるときには複数形で使うのがふつうである。ただし，このような専門的な話は受験生にはどうでもよいので，それより by を覚えておいてもらいたい。

　さて，グラフの中身の描写に移ろう。前問は，時系列に沿った観光客数の増加のグラフを説明させる問題だった。それに対して本問は，共時的な（同じ時における）データの比較であり，表現の仕方も異なってくる。具体的には前問では「増える，減る」といった表現が中心だったのに対し，本問のような問題の場合は「**女性の平均寿命は男性より長い**」とか「**先進国の平均寿命は途上国より長い**」のような**比較が中心**となる。例として，前者を英訳してみよう。

(3) **The life expectancy of the female is longer than that of the male.**

(4) **Women live longer than men.**

　直訳すれば（3）のようになる。しかし Chapter 1 （→ p.2）で学んだように，「**主語と述語を少しずらして**」書けば，ほとんどの場合，（4）のようにはるかに簡単に書ける。（3）と（4）の下線部のように比較するものをそろえるのも，（3）より（4）のほうが簡単だ。グラフ問題ではこの方法が使えることが非常に多いので，もう一度，復習しておいてもらいたい。

　もう1つ便利な表現を覚えておこう。「日本の女性の平均寿命は 86.4 歳」とだけ言っても，それが男性に比べて長いのか短いのか判然としない。前問でも述べたように絶対的な数字はわかりにくく，**相対的に何かと比べないとその数字の持つ意味合いはわかりにくい**。この 86.4 歳というのは男性の 79.9 歳に比べて7年も長いのだ，という比較を書きたい。その書き方である。

(5) **The average life expectancy for the Japanese female is 86.4, which is 7 years longer than that for the Japanese male.**

　まずこのように**比較級を非制限用法の which** と一緒に使うのが1つのやり方だ。もう1つやり方がある。

(6) **The average life expectancy of the Japanese female is 86.4, as opposed to 79.9 for the Japanese male.**

　この（6）に使っている〈as opposed to〉は「～に対して」という意味の前置詞句である。まさに，何かと比較・対比することで意味を明確化するときによく使われるものであり，グラフ・図表問題にもうってつけだ。

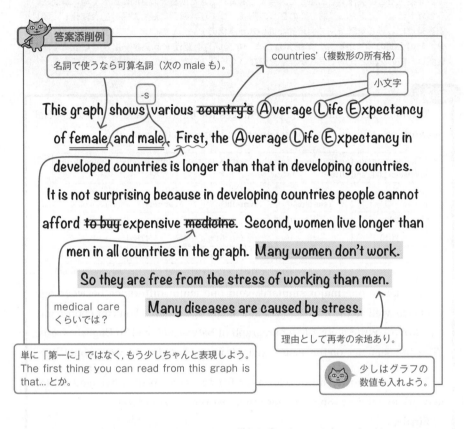

答案添削例

名詞で使うなら可算名詞（次の male も）。

countries'（複数形の所有格）

小文字

-s

This graph shows various ~~country's~~ Ⓐverage Ⓛife Ⓔxpectancy of <u>female</u> and male. First, the Ⓐverage Ⓛife Ⓔxpectancy in developed countries is longer than that in developing countries. It is not surprising because in developing countries people cannot afford ~~to buy~~ expensive ~~medicine~~. Second, women live longer than men in all countries in the graph. Many women don't work. So they are free from the stress of working than men. Many diseases are caused by stress.

medical care
くらいでは？

理由として再考の余地あり。

単に「第一に」ではなく，もう少しちゃんと表現しよう。
The first thing you can read from this graph is that... とか。

少しはグラフの数値も入れよう。

LECTURE
10

解答例

❶This graph shows average life expectancy by gender and by country. ❷And one thing that is apparent from this graph is that women live longer than men in any country. For example, the average life expectancy for the Japanese female is 86.4, as opposed to 79.9 for males. Supposedly, women are more aware of their health and do not do things that are bad for their health, like drinking and eating too much. ❸Also, people in developed countries live longer than those in developing countries, which is a natural consequence of better medical care.

(94 words)

▶名古屋大は長らく和文英訳を出し続けてきた大学だが、この2018年、いきなりこのような図表を使った自由英作文を出題した。今まで演習してきた広島大の2問に比べて特に難問というわけではない。ただし、前2問の2つの側面、つまり時系列に沿った通時的な変化と、同じ調査時点における年齢層別の共時的な違いとが座標のx軸、y軸のように交差していて、その分、前の2問の「表現研究」で紹介したような言い方を駆使する必要が生じてくる。全体の語数は、前の2問と比べて同じか、やや少ないくらいなので、その点では問題ないだろう。

問題11

The table below shows the percentages for Internet users who used social networking services (SNSs) by age group between 2005 and 2015.

The percentage for Internet users who used social networking services by age group between 2005 and 2015				
Year	18-29 Year-olds	30-49 Year-olds	50-64 Year-olds	65+ Year-olds
2005	9%	7%	6%	6%
2010	86%	61%	47%	26%
2015	92%	81%	67%	56%

Adapted from: The Pew Research Center (2017). Social networking use.

Summarize one major similarity and one major difference between age groups as well as the changes within a single age group. (You can choose any one group.) Write a complete paragraph of between 50 and 70 English words. (The first sentence on the answer sheet is not included in the word count.)

The table shows the percentages for Internet users who used social networking services (SNSs) by age group between 2005 and 2015.

Firstly, (＿＿＿＿＿＿＿＿＿＿＿＿＿＿＿)

構成を考えよう！

　本問も、いろいろあれを書け、これを書けと要求がうるさい問題だ（ここまで注文が多いと、もはや自由英作文ではなくなってくる気もする）。まず、すでに与えられた出だし部分に、このグラフが何のグラフなのかの説明があるので、これは前問とは異なり書く必要がない（「年齢層ごとのSNS利用率」というところで、前問で紹介した **by** が使われていることに注目）。

　指示文を読むと、**年齢層に関係なく言える one similarity を書け**（❶）というのが最初の注文だ。言うまでもなく、どの年齢層でも最近10年間（この問題パターンの1問目 **LECTURE** 09 で解説したように、2015年＝現在と考えて差し支えない）で

SNS の利用率が爆発的に上昇したということを書くことになろう。

　次にあるのは異なる**年齢層の one major difference を書け（❷）**という注文である。こちらは少し困るところだが，要するに 65 歳以上の人の間では普及率の伸びが鈍いということを書かせたいのだろう。あとで考えることにするが，このあたりの表現方法は巧拙が分かれそうだ。

　さらにその次は，**どれか 1 つの年齢層の中での時系列に沿った通時的な変化を描写せよ（❸）**というのが問題の要求だ。それ自体は難しいことではないのだが，（そこまで要求されているのかはわからないが）段落全体のまとまりやつながりを重視する立場からすると，うまくどの年齢層を選んでどのように前の文とつながりがあるように書くかが難しいし，いろいろな解答が可能だろう。

　受験生の答案を見ると，「18-29 歳の年齢層で，最初の 5 年間では非常に SNS の利用率が伸びたが，そのあとは停滞した」のように書いたものがいくつかあったが，86% まで伸びてしまえばそのあともう「伸びしろ」が限られるのは当たり前であり，そのあたりで言いたいことのわからない答案にならないように注意することも必要だ。この問題の中で一番書きにくいところだろう。無難なのは前の文と関連付けて，**「若年層とは違い，65+ では最初の 5 年間での伸び率が低く，後半の 5 年になってようやく SNS が浸透してきている」**といったことを書くくらいではなかろうか。

　以上の 3 文のどこかに，例によって**具体的な数値を evidence として付け加えれ**ばピッタリの語数になるだろう。

✐ 表現研究

　まず「ソーシャル・ネットワーキング・サービス」を本問では **SNSs**（複数形）と表現しているが，英語ではそれほど一般的な呼び名ではない。ふつうは **social media** と言う。本問では問題文自体に SNS という語が使われているので困るところだ。ちなみに **media** は **medium** の複数形だ（ただし，動詞は単数扱いされることも多い）。

　さらに，年齢の表し方が難しい。「30 代」のような区切りのよいところなら people in their thirties のように書けると思うが，問題の表はもう少しイジワルな年齢の区切り方をしている。例えば，表の一番左側「**18-29 歳の人**」というのはどのように表したらよいのだろうか。よく問題の表を見るとヒントが隠されていることがある。18-29 year olds のように複数形の -s が付いているところからわかるように，これで「18 ～ 29 歳の人々」を表しているのである。もちろん，ほかにもいろいろな言い方がある。**people between 18 and 29 of age** でもよいし **people aged 18 to 29** でもよい。もう 1 つ，表の中にヒントを探すと，an age group という表現

がある。これを利用して **the 18-25 age group** のように書くのもよい。

　それでは逆に表の右端の 65 歳以上の年齢層はどのように表現したらよいだろう。1 つは，先ほどと同様に the 65+ age group のように簡便に表すことだ。しかし，「〜歳以上」，「〜歳以下」はよく使うから，この機会に覚えておこう。例えば「65 歳以上の人々」は，**people aged 65 <u>and over</u>**。逆に「18 歳以下の人々」は **people aged 18 <u>and under</u>** だ。

　さて 1 文目の「年齢にかかわらず，最近 10 年で SNS は普及した」ということは，きちんと書けるだろうか。「**普及する**」は，なかなか表現方法が難しいが，**become common**「ありふれたものになる」を使うのが無難だ（→ p.11）。

　次の 2 文目「若者に比べて，中高年の間での普及率の伸びが遅い」ということを表現するほうは，はるかに難易度が高い。「普及率」をそのまま直訳して使おうなどとは思わないで主語と述語を少しずらすのが賢明だ。いくつか訳例を挙げてみよう。

(1) **Social media have become common more rapidly among young people than among middle-aged and elderly people.**

　一番簡単に書くなら，この (1) のように SNS は中高年の間より若者の間でより急速に普及した，のように書けばよいわけだ。比べるものをそろえる（among young people と among middle-aged and elderly people）という基本的な比較の書き方が身についてさえいれば，あとは発想力があれば書けるはずだ。別に解答は 1 つではない。もう 1 つ書いてみよう。

(2) **Middle-aged and elderly people seem to have had more difficulty getting used to social media than young people.**

「中高年のほうが，SNS に慣れるのに若者より苦労しているように見える」と書いたわけだ。さらに，比較級を使うことに難しさを感じるようなら次のように書くのが次善の策だ。

(3) **Unlike young people, middle-aged and elderly people seem to have had more difficulty getting used to social media than young people.**

「**対比**」というと，受験生は while や on the other hand を使おうとするが，unlike という前置詞はあまり使ってくれない。しかし，こういうときには便利な道具だ（→ p.128）。また「中年」という名詞は **middle-age** だが，「中年の」という形容詞は **middle-aged** だ（→ p.78）。

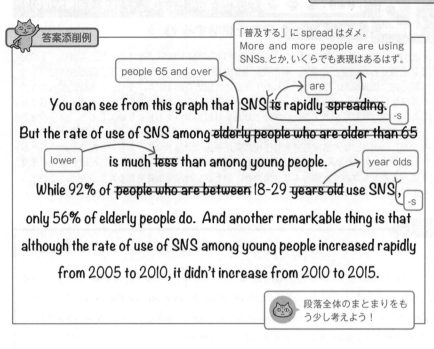

答案添削例

「普及する」に spread はダメ。
More and more people are using SNSs. とか、いくらでも表現はあるはず。

people 65 and over

are

You can see from this graph that SNS ~~is~~ rapidly ~~spreading.~~ -s

But the rate of use of SNS among ~~elderly people who are older than~~ 65

lower is much ~~less~~ than among young people. → year olds

While 92% of ~~people who are between~~ 18-29 ~~years old~~ use SNS~~,~~ -s

only 56% of elderly people do. And another remarkable thing is that

although the rate of use of SNS among young people increased rapidly

from 2005 to 2010, it didn't increase from 2010 to 2015.

段落全体のまとまりをもう少し考えよう！

LECTURE 11

解答例

[The table shows the percentages for Internet users who used social networking services (SNSs) by age group between 2005 and 2015. Firstly,] ❶it is surprising how rapidly social media have become common for people of all ages. ❷However, unlike young people, middle-aged and elderly people seem to have had difficulty getting used to them. ❸In fact, while the percentage of SNS users among 18 to 29 olds increased drastically from 9% to 86% between 2010 and 2010, only 26% of people aged 65 and over used social media in 2010, and only in 2015 did the percentage rise to 56%. (100 words)

153

▶2018年に名古屋大で初めて出された自由英作文問題を前問で取り扱った。今度は，その翌年に出題された問題だ。長年，和文英訳を出し続けた名古屋大が2018年に自由英作文（しかも野心的な図表問題）を出し，それが1回だけの気まぐれなのか，それとも永続的なものなのか受験生は気をもんだに違いない。果たして結果は，2年連続の図表問題だった。とは言うものの，本問は純粋な図表・グラフ問題とはあまり言えないかもしれない。むしろ，自分の意見を述べるほうが主体であり，グラフから得られる情報を英語で説明するという要素は限定的なものだ。しかし，早大法学部でも同様な問題が頻繁に出題されているし（本問よりはずっと取り組みやすい），大学入試というやや特殊な状況では，純粋な図表問題の説明問題よりも意見を述べることも求める本問のような問題が，おそらく好んで出題されるだろうから，ここで取り上げることにする。

問題12

Read the following instructions carefully and write a paragraph in English.

The Ministry of Foreign Affairs aims to increase the impact of international students studying at Japanese universities. If only one of the countries listed on the table below can be chosen for an advertisement campaign to achieve the Ministry's goal, which one would you choose?

State your choice clearly. Give two reasons for your choice. Provide support for each reason. At least one of the reasons should be supported by the data in the table. Write approximately 80 to 100 words in total. (Indicate the number of words you have written at the end of the composition. Do not count punctuation such as commas or periods as words.)

International Students in Japan by country/region

| Country / region | Number of students | | Comparison with last year | |
	2017	2016	Number	Increase rate (%)
China	107,260	98,483	8,777	8.9
Vietnam	61,671	53,807	7,864	14.6
Nepal	21,500	19,471	2,029	10.4
Republic of Korea	15,740	15,457	283	1.8
Taiwan	8,947	8,330	617	7.4
Sri Lanka	6,607	3,976	2,631	66.2
Indonesia	5,495	4,630	865	18.7
Myanmar	4,816	3,851	965	25.1
Thailand	3,985	3,842	143	3.7
Malaysia	2,945	2,734	211	7.7

(Adapted from the following source: "International Students in Japan 2017 ─ JASSO")

構成を考えよう!

　まず問題の趣旨をしっかりと理解できただろうか。与えられた表は，アジア諸国からの日本の大学に留学している学生の国ごとの数と，直近1年（本当は「直近」ではないが，今までどおりそう仮定する）におけるその増加率である。これを見て，**どこか1カ国で日本留学キャンペーンを展開するとしたらどの国がよいと思うか，自分の意見を述べよ**，という設定の問題だ。

　すでに日本に多くの留学生を送り込んでいる中国やベトナムを選ぶのか，日本から近距離にある韓国や台湾を選ぶのか，最近おそらく急速に日本留学熱が高まっているように見えるスリランカを選ぶのか，それとも現状ではまだあまり日本に留学生を送り込んでいないタイやマレーシアを選ぶのか。もちろんどの国を選ぶのも受験生の自由なのだが，問題は**その国を選ぶ理由を2つ挙げ，そのうち1つはこの表から読み取れる情報を使え**という要求である。まさに名古屋大らしい（？）細かい要求である。

　例えば前述のように，まだ日本にそれほど多くの留学生を送り込んでいなくて，開拓の余地，つまり「伸びしろ」がある国は表の下のほうのインドネシア，ミャンマー，タイ，マレーシアあたりであろう。これら4カ国のいずれかを選ぶなら，その理由の1つは「伸びしろ」であり，あともう1つ，選ばれるべき理由があるものを考えようということだ。インドネシアは特に人口が多く，潜在的に中国くらい留学生を送り込む可能性があるなどと書いてもよいだろう。マレーシアは経済発展がめざましいので，これから高等教育の需要が増えてくるなどと書いてもよいだろう。タイは仏教国であり，イスラムとは違い食事などの戒律が厳しくないので日本に留学しやすいだろう，というようなことを書いてもよいだろう。

　逆に，もうすでに多くの留学生を送り込んできている国や最近留学生の数が急に増加している国を選ぶこともできる。例えば，ネパールはなぜか多くの留学生を日本に送り込んできていることが見て取れる。ということは，ネパールの若者にとって日本は魅力的な留学先なのかもしれない。しかも，ほかの経済発展著しい新興国とは異なり，おそらくまだ高等教育機関もあまり充実しておらず，大学に進みたい若者にとって留学は必須かもしれない。**指定語数は80～100語**となっている。例えば，次のような構成になるだろう。

LECTURE 12

❶ 1文目	タイを選ぶべきだ。
❷ 2文目	（表からの理由→） 留学生が少ないので，まだ伸びしろがある。
❸ 3文目	（表から support →） 2016年は4,000人程度，翌年もたいして増加していない。
❹ 4文目	（表以外の理由→） さらにタイの学生にとって，日本はなじむのがラク。
❺ 5文目	（表以外の support →） 日本と同じ仏教国であるし，彼らにはハラール料理のような特殊な食事も必要ない。

表現研究

　まず**1文目**をしっかり書きたい。逆に言えば，そこが 表現研究 で確認すべき唯一の点であり，残りは今まで学んだ表現で乗り切れるだろう。

　まずは**仮定法**を使いたい。外務省がこの表の10カ国から1カ国を選んで留学キャンペーンを行うというのはまったくの虚構だからだ。問題文にも "... which one would you choose?" のように書かれているので，仮定法は使えただろう。では，どのような動詞を使っただろうか。問題文の質問に答える形で，次の（1）のように書いても減点対象とはならないだろう。

（1）**I would choose Thailand.**

　しかし，正直に言えば少し変な感じがするのも事実だ。君たちが外務大臣か外務省の首脳になって選ぶわけではない。だとすると「私なら選ぶだろう」とするのも変だというのはわかるだろう。次のような書き方はどうだろう。

（2）**It would be best to choose Thailand.**

（3）**I think they should choose Thailand for their campaign.**

（4）**I would suggest Thailand be the country for their campaign.**

　どれも**仮定法**を使っているのがわかるだろう（should も仮定法扱い）。それと同時に，自分が決定権を持っているわけではないことも表せている。

　もう1つだけ確認しておこう。「**タイからの留学生はまだ少ないので伸びしろがある**」のようなことを書きたい場合はどうしたらよいだろう。いくつか書き方の例を挙

げてみるので参考にしてほしい。

(5) **Thailand is a** promising **source of students.**

(6) **Thailand** has potential.

(7) **For Thailand** there is room for growth.

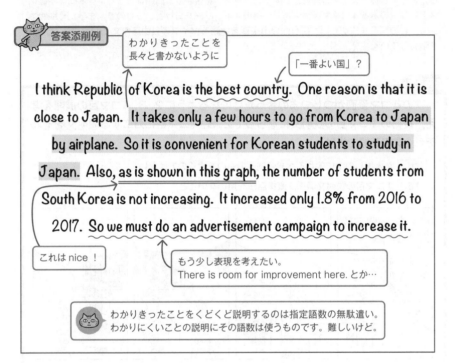

答案添削例

わかりきったことを
長々と書かないように

「一番よい国」？

I think Republic of Korea is the best country. One reason is that it is close to Japan. It takes only a few hours to go from Korea to Japan by airplane. So it is convenient for Korean students to study in Japan. Also, as is shown in this graph, the number of students from South Korea is not increasing. It increased only 1.8% from 2016 to 2017. So we must do an advertisement campaign to increase it.

これは nice！

もう少し表現を考えたい。
There is room for improvement here. とか…

わかりきったことをくどくど説明するのは指定語数の無駄遣い。
わかりにくいことの説明にその語数は使うものです。難しいけど。

LECTURE
12

解答例

❶ I would suggest they choose Thailand for their campaign. ❷ One reason is that it is still rare for young people in Thailand to come to Japan to study, so the country is a promising source of students. ❸ In fact, only about 4,000 students from Thailand studied in Japan in 2017, as opposed to 107,000 from China, and the number remains stagnant. ❹ Also, it's relatively easy for Thai students to get used to life in Japan. ❺ Thailand is a Buddhist country, and Thai students do not need prayer rooms or Halal food. (91 words)

157

▶かなり古い東大の問題だ。本書ではできる限り新しい問題を取り入れるようにしているが，本問は古さにもかかわらず取り上げた。最近はこのタイプの問題を出題していないが，東大は忘れたわけでも，やめたわけでもなく，皆が忘れたころにいきなりまた類題を出してくることがよくあり，昨今の自由英作文の傾向から考えると，このような問題がまた出題される可能性も大いにある（本問とは異なりイラストの中の登場人物の台詞を書く問題は出題されている）と考えられるのがその理由だ。すでにイラストを説明する問題は扱ったが，本問は明確にストーリーのある４コママンガであり，そのストーリーを書けというもので，まったく別物である。この問題を皮切りに，**何らかの出来事を物語るタイプの自由英作文**（narrative essay）を演習していく。

問題13

　次の４コマ漫画がつじつまの合った話になるように２，３，４コマ目の展開を考え，後掲の１コマ目の説明文にならって２，３，４コマ目に対応する説明文をそれぞれ１文の英語で書け。

注意1 吹き出しの中に入れるべき台詞そのものを書くのではない。

注意2 １コマ目の説明文同様，直接話法を用いないこと。

| 1 | 2 | 3 | 4 |

１コマ目の説明文例：

Susan's father was reading a newspaper when he noticed her happily getting ready to go out, so he asked her where she was going.

（イラストは出題に基づき，編集部にて作成）

✏️ 構成を考えよう！

　ふつうの自由英作文とは異なり，２～４コマ目をそれぞれ描写するだけなので，構成を特に考えることもない。**全体がつながりのあるストーリーになるように心がける**だけだ。**１コマ目**の説明文が「父はどこに行くのか尋ねた」で終わっているので，**２コマ目**の説明はまずそれに娘（Susan）が返答するところから始まる。たいていの人がボーイフレンドとデートだとか，そういったことをイメージするだろう。もちろん

それでよい。

　3コマ目。父親がお酒らしきものを1人で飲んでいるところを見ると，すでに夕食も終わった遅い時間に娘が明らかに落胆した表情をして帰宅し，娘に何かを話しかけている。これも誰が考えても「どうしたの？」と心配して問いかけているのだろう。もう一度，1コマ目の文例を見てほしい。単に「父親がどこに行くのか尋ねた」と書いてあるのではなく，「娘が楽しそうに出かける準備をしているのを見て…」のようにセリフを発する理由を説明している。ということはこの3コマ目も同様に「娘の落胆ぶりを心配して…」のようなことは書けと要求されているのだろう。

　4コマ目。それに対し，娘が答えるわけだ。「カレシとけんかしたの」とか「4時間待ったのにすっぽかされた」のように具体的に答えたと想定してもよいだろうし，「男ってみな同じね」のように遠回しの台詞でもよい。

　この4コマ漫画を見ただけで誰のアタマの中にもおおよそ似たようなストーリーが浮かぶだろうし，また東大もそういうストーリー自体にはあまり解釈の幅がないようなものを選んで出題したのであろうから，構成自体にはあまり問題は生じないだろう。問題はその表現方法である。

表現研究

　何よりも問題文の 注意2 に書いてある**直接話法を用いるな**ということに目が行く。たとえこのような注意書きがなくても，英語を教える者にとってはこういうときに直接話法を使うのはタブーだというのは常識なのだが，君たち受験生にはあまりその意図は伝わらないようなので，念のために確認しておく。

（1）**He said, "I'm hungry."** 「彼は言った『ハラ減ったなあ』」

（2）**He said that he was hungry.** 「彼は自分が空腹であると訴えた」

　上の（1）が直接話法で（2）が間接話法だ。（1）では人のセリフを "…" ではさみ，そのまま引用する形式だ。文法知識がなくても簡単に書けるのが取りえであり，したがって受験生は多用してしまう。しかし（1）と（2）の例文の右側に付した日本語訳を見てもらいたい。子どもの作文なら，または小説で臨場感を出すためにあえて（1）のように「　」で人のセリフをそのまま書くことはあるかもしれないが，一般的には幼稚に聞こえるし，例えば小論文や本問のようにストーリーのあらすじを述べよと言われたときに使うべき形ではない，ということは想像できるだろう。（2）の**間接話法を使うべき**である。ただし間接話法を正しく使いこなすためには，多少の文法知識と，ある程度の練習が必要になる。ここで間接話法の書き方を逐一説明する紙面の余裕はないし，自信がない人は文法書，参考書などを確認してもらいたいが，簡

LECTURE **13**

単に述べておく。以下，(3)〜(13) の例文はすべて左辺（上）が直接話法，右辺（下）が間接話法であり，右辺（下）のような書き方をしてもらいたい。

●人称代名詞：

次の (3) の左辺のように，彼の台詞の中で「<u>僕は</u>忙しい」と言うのは要するに<u>彼が</u>忙しいということであり，間接話法ではこうした人称代名詞を客観的に表現する。

(3) He said, "I am busy." = He said that he was busy.

●時制の一致：

主文が現在形・現在完了形の場合は時制の一致は不要。しかし**過去形の場合は時制の一致が原則必要**。(4) のように主文と同時の動詞は**過去形**，主文より古い出来事は**過去完了形**，主文から見て未来のことには **would** を使う。

(4) He said, "I am busy." = He said that he was busy.

(5) He said, "I slept well." = He said that he had slept well.

(6) He said, "I will stay home." = He said that he would stay home.

●いろいろな文型 (1) 肯定文・否定文：

肯定文や否定文は **say that** か〈**tell ＋人＋ that**〉で。

(7) She said, "I am tired." = She said that she was tired.

(8) She said to me, "I love you." = She told me that she loved me.

●いろいろな文型 (2) 疑問文：

yes／no で答えられる疑問文は〈**ask ＋人＋ if [whether]**〉で，疑問詞を使った疑問文はその疑問詞をそのまま名詞節を作る接続詞として転用し，「**間接疑問文**」の形で。

(9) She said to me, "Are you busy?" = She asked me if I was busy.

(10) She said to me, "Where do you live?" = She asked me where I lived.

●いろいろな文型 (3) 命令文：

一番簡単には〈**tell [ask] ＋人＋ to do**〉などの第 5 文型に置き換える（それ以外いろいろなやり方はあるが）。

(11) My father said to me, "Study hard."= My father told me to study hard.

●いろいろな文型（4）Let's 文：

〈suggest（to ＋人）that〉の形に。ただし that 節の中の動詞が原形なのは有名なはず。

（12）She said to me, "Let's go to the beach."

    = She suggested to me that we go to the beach.

●代動詞の利用：

さらには Chapter 1 で学んだ**代動詞**を使いこなすとよい（→ p.14）。下の文例（13）の he was は言うまでもなく he was hungry を略したものであり，これで「お腹へってる？」という質問に対する「うん」という返答を間接話法で表しているわけだ。

（13）I said, "Are you hungry?" and he said, "Yes."

    = I asked him if he was hungry and he said <u>he was</u>.

●ジェスチャーを表す表現：

さらに，こうした間接話法の代わりに使われるジェスチャーを表す表現も基本的なものはいくつか知っておきたい。例えば次の文を見てみよう。

（14）He told his son to stay home and do the homework, and his son nodded.
「彼は息子に家にいて宿題をしなさいと言い，息子はうなずいた」

言うまでもなく，「わかったよと言った」という代わりに **nod**「うなずく」という動詞1つですませているのがわかるだろう。こうした言い方も一種の間接話法であり，使いこなせると上級者だ。受験生としてはとりあえず **nod**「うなずく」，**shake one's head**「首を横に振る（いいえ，のジェスチャー）」，**shrug one's shoulders**「肩をすくめる（そんなの知らんわ，という無関心のジェスチャー）」，**sigh**「ため息をつく（落胆のジェスチャー）」，**grimace**「しかめ面をする（不快のジェスチャー）」，**frown on ～**「～に対して眉をひそめる（認めないことの意思表示）」などが使えるとよい。

> **解答例**

> 2コマ目 : She said that she would go on a date and would not get back until late at night because she would eat out with him that evening.
>
> 3コマ目 : She got back late that evening, looking disappointed, and the father, worried about her, asked her what had happened.
>
> 4コマ目 : She just sighed and said men are all the same.

LECTURE

13

問題パターン4 **物語る ❷**

▶いろいろな英語の資格試験などでの口述試験とは異なり，大学入試の場合はいくら「物語る」タイプの自由英作文とはいえ，本問のようにその体験を抽象化することが求められるのがふつうだ。例えば「部活をやって，またはやらなくてよかったことを述べよ」などという問題が典型的。こうした問題は，漠然とした問いかけになりがちであり，受験生としては取り組みにくいだろう。しかし，まさにそこを練習するのがこの「問題パターン4」の課題であり，食わず嫌いをせずに積極的に取り組んでみてほしい。こうした出題パターンのよいところは，それほど問題のバリエーションが多くないところであり，何度か書けば，似たような問題ばかりなので，おそらく書くのがそれほど苦にもならず，時間もかからなくなるはずだ。

問題14

　人生，誰しも失敗がつきものですが，あなたはこれまでどのような失敗を経験し，そこからいかなることを学びましたか。最も印象的な事例を具体的に1つ挙げ，70語程度の英語で説明しなさい。

✎ **構成を考えよう！**

　70語程度で説明せよという指定だ。つまり4〜5文で書けということであるから，**抽象の部分に1文使うとして（❷）**，**3〜4文で自分の失敗の体験を具体的に物語れ**ばよいことになる（❶）。長さ的にはちょうどよいだろう。しかし，自分のことを知らない人に自分の体験を理解してもらうのは難しいものだ。**具体的な体験を物語る**ときに気をつけるべきことをいくつか挙げる。

❶原則として時系列に沿って，外縁から核心に一歩一歩進む

　ごく当たり前のことだが，いきなりいろいろな情報を一気に書かないこと。「高1から付き合っていたカノジョにフラレて悲しかった」と書くより，「高校時代に，数年付き合っているカノジョがいたんだ。でも受験勉強で忙しくてあまりデートしないうちに，疎遠になってきて，とうとう高校卒業のころにフラレたんだ。僕はほんと，そのとき悲しかったよ」と書いたほうが読み手に伝わるのは，母語でも，外国語でも同じことである。自分のことを何も知らない読者（＝採点官）に対して物語るのだから，情報を少しずつ順序正しく（タマネギの皮を1枚ずつむくように）相手に伝えよう。

❷余計な情報を入れないこと

　日本語で2つ文例を挙げる。比べてもらいたい。

1)「高校時代，カノジョがいた。<u>週末ごとに一緒に遊びに行ったりして仲よくしていたのだけれど</u>，受験勉強で忙しくてあまりデートをしないうち疎遠になって…」

2)「高校時代，カノジョがいた。<u>いつも明るくて優しい子だったんだけれど</u>，受
　　験勉強で忙しくてあまりデートをしないうち疎遠になって…」

　下線を引いた部分が先ほどの例に追加した部分だ。1）の追加は問題ないが，2）
の追加は明らかに余計な情報である。日本語でまずそれを感じ取れないようだと，英
語でも平気で同じ過ちをしてしまうだろうから確認しておこう。1）の追加は「週末
ごとに遊びに行っていたが…疎遠になった」という**対比を際立たせる役割**をしてい
るが，2）の「いつも明るかったけど」は文脈に何も寄与しない。こうしたものが増
えると，だんだん英語の文章にとって必要な「**まとまり（coherence）**」が失われて，
何を語りたいのかわからない文章になっていくのだ。

❸文と文とのつながりをつける

「まとまり」ができたら，今度は「**つながり（cohesion）**」である。また日本語であ
るが，次の例を見てもらいたい。

「スーザンは遅くなるからと言って出ていった。<u>しばらくして</u>，がっかりした表
情で帰宅した」

　下線を引いた部分がなかったら，ものすごくつながりがない文章になること，逆に
言うと，**斜字体の部分が文章を作るうえで大切な役割をしている**ことがわかるだろう。
　文と文とをつなぐ接続詞，または接続詞的な役割をする副詞というと，so や
therefore のような順接，however のような逆接など，評論文でおなじみのものを思
い出すと思う。もちろん，それらも使うことあるだろう。しかし，前述の例でもわか
るように「物語る」タイプの文章では，前の文と次の文との**時間的な関係を示すよう
な語句**が多くの場合，その2文をつなぐ役割をすると言えそうだ。具体的にはどう
いう語句があるのか，のちほど 表現研究 のところで少しまとめる。

❹誰もが共感できるような物語を書こう

　高校生・浪人生は人生経験が少ないのは当たり前で，その中から何かを物語り，何
かの教訓を引き出すというのはなかなか難しいのは当然だが，それでもできる限り**一
般性のある話題**を探してほしい。例えば，本問で次のようなことを書くのは，いかが
なものだろうか。

「僕は○○（アイドル名）の大ファンで追っかけをしてる。けれど，伝説になった大
阪の例のライブだけは，たまたまチケットに高値がついて転売されているのを買おう
か迷っているうち買いそびれた。チケットはやはりファンクラブ経由で買わなければ
ならないと学んだ」

もちろん，これは極端な例ではある。しかし，あまりに一般性がないマニアックな話題は，読者（つまり採点官）がストーリーを理解できるように書くのが難しい。ありきたりな話でよいから，**みなが共感できるような物語と教訓を探す**ようしてほしい。

✏️ **表現研究**

前述のとおり，時系列で文と文をつなぐのは「物語る」タイプの自由英作文で必須である。まず**1文目もきちんといつのことかを明示**しよう。以下は書き出しの一例である。

(1) **When I was in high school, SV**

(2) **I used to ...**

(3) **A long time ago, SV**

(4) **I once ...**
     （(4) の使い方をする once は「1回」ではなく「かつて」という意味の過去を表す語句。過去形と共に使うことに注意）

そして**2文目以降**に，前の文との時間的な関係を示す語句をできる限り付けよう，というのが「つながり」である。どんな語句があるか，一例を挙げる。

(5) **Just then, SV.**　　　　　「ちょうどそのとき」

(6) **Then suddenly, SV.**　　　「そのとき突然」

(7) **At that time, SV.**　　　　「当時は」

(8) **After a while, SV.**　　　　「しばらく経って」

(9) **Soon afterwards, SV.**　　「そのあとすぐに」

(10) **Eventually, SV.**　　　　　「最終的に〜」

(11) **Only then, VS.**　　　　　「そのときになってようやく」
　　　　　　　　　　　　　　　（only は否定語扱いなので SV は倒置）

もちろん，2文の時間的な関係を示すだけが「つながり」ではない。〈**to one's ＋ 感情を表す名詞**〉で「誰々が〜したことには」という意味を表せることも知っているだろう。英作文でも使ってもらいたい。以下にいくつか例を挙げる。

(12) **To my surprise [disappointment / regret / relief] ...**
     「私が驚いた［がっかりした・残念だった・ほっとした］ことには…」

さらにはこの章で学んだ fortunately「幸いなことに」などの**文修飾の副詞**（→ p.128）でもよい。また次のような熟語も文と文をつなげるのによく使われる。

(13) **I was walking on the street. As it happened, I saw a beautiful young lady coming toward me.**

「私は道を歩いていた。たまたま，向こうから美しい若い女性が歩いてくるのが見えた」

まだまだほかにもいろいろあるだろうが，**文と文とのつながりを意識**して物語ろう。

 答案添削例

> 最初に「高校時代にバスケットをやっていた」と伝えないと，何のことかわからない。
> → 情報は順序よく。

them

could have（仮定法）

There are many failures in my high school life, but among ~~those~~,
the most impressive one is that at the last game of my career, I could
not make a shot which led the team to victory. I regret~~ed~~ it and
thought, "I should have practiced harder." From this failure, I learned
when I play basketball, I always shoot carefully in any situation
not to regret again.

t

> ここは許容範囲だが，できるだけ直接話法は使わないように。

> どちらが学んだ教訓？
> 抽象と具体がズレている。

 1つ1つの文を順序よく「つなげる」という点で，まずもう少し丁寧に。そして，「もっと練習しなくちゃ！」という体験から「試合のときは慎重に」という教訓を得たというのは，論点がずれていて「まとまり」を欠いています。「つながり」と「まとまり」が大事！

解答例

❶ When I was in high school, I had a girlfriend. We would often go out together, especially on weekends. But after a while, I began to take her for granted and behave selfishly because I felt subconsciously that she would never stop loving me, no matter how nasty I was. ❷ But eventually she left me, and from that experience I have learned that you must never take anybody for granted.

(70 words)

LECTURE
14

▶前問と似たりよったりのテーマ，難易度だ。こちらのほうが，**体験が教えてくれる教訓が最初から決まっている**だけに書きやすいだろう。ただし，語数が必要以上に長い。名古屋市立大は毎年ほとんど 同じ語数指定を要求していて，つまり最初から語数ありきで出題しているために問題の形式や内容によっては受験生にとってはちょっと持て余してしまうような語数になる。受験生にはかわいそうな話である。そういうわけで，120〜150語という語数が負担になるなら，前問と同じくらいの語数でよいから類題演習として，この問題にも取り組んでみてほしい。

問題15

Famous philosopher Lao Tsu wrote: "*A journey of a thousand miles begins with a single step.*" In other words, beginning a difficult task or new activity takes time and effort.

In 120 to 150 words, explain clearly in English your own personal experience that demonstrates this idea.

🖉 構成を考えよう！

　前問の解答例で示したように，**自分の体験を話したあとでそこから学んだ教訓を書く**という順序で答案を構成してもよいし，逆にこのような問題の場合は，すでに演習を重ねた 問題パターン1 のことわざの説明問題と同様に，Lao Tsu，つまり老子の言葉を説明し，それの具体例として自分の体験を物語るというように「**抽象→具体**」という順番で書いてもよい。それは自分の好みで決めてよいが，こうした問題だと後者のように書いてみたくなる。

　老子の言葉は言うまでもなく「千里の道も一歩から」である。本問ではそのあとに受験生の仕事を奪うかのように「難しい仕事や新しい活動は時間も労力も必要とする」と，やや大雑把な説明が書かれてはいるのだが，あまりピンとこない言い換えである。 問題パターン1 で演習をしたように，改めてもう少し正確に**自分の言葉でこの老子の言葉を言い換えて**，そして割に書きやすそうなので**理由**も書いてから**具体例**，つまり自分の体験を書くのがよいだろう。**120 語は 1 文 = 15 語程度と考えれば8文**である（少し長すぎる指定語数だが，この大学を受験する人以外は少し短く書いても練習としては十分だ）。そうすると，おおよそ次のような構成になるだろう。

● ［構成案1］

❶1文目	老子のこの言葉は，遠大な仕事でも，ともかく身近なところから始めるべきであるということを意味している。
❷2文目	（理由）着実に努力を積み重ねれば，いつかは大きなことも終えられるから。
❸3文目	私の経験からもその言葉が正しいと言える。
❹～❽ 4文目～8文目	（自分の体験を前問同様に物語る）

　そしてどうしても，1つの体験を物語るのに❹～❽のように長く書けないという人は，2つの体験を書くというのも1つの解決策だ。このことはこの章の LECTURE 01 でも述べたが，1つの具体例を長く書こうとすると破綻してしまうような英作文力の人にとって無難なのは，**短い具体例を2つ書く**ことだ（→ p.111）。例えば上記の構成案の4文目以下を，次のようにする感じだ。

● ［構成案2］

❹4文目	高校のときに10 kmマラソンに出たことがある。
❺5文目	つらかったが，一歩一歩進んでいたら最後にはゴールできた。
❻6文目	誕生日にハリー・ポッターの英語版をプレゼントされて読み始めた。
❼7文目	最初は大変だったが，いつの間にか楽しんでいて1カ月で読み終わった。

　どうだろうか，これならなんとか書けそうだ，と思えるのではなかろうか。ただし，どうせ2つ別々の具体例を挙げるなら，p.111でも解説したようにいろいろな意味で**対照的なもの**（本問で言えば，肉体的な限界に挑む話と，知的な限界に挑む話）を選んだほうが，老子の言葉が人生のいろいろな局面に当てはまるということが伝えられて効果的である。

✎ 表現研究

　今回は，老子のことわざと自分の体験をつなぐ，上に示した［構成案1］で言えば❸に相当するところの書き方を考えてみよう。もちろん，このように書かなければいけないというわけではない。あくまでも1つのヒントとして受け取ってもらいたい。
　まず老子の言葉を説明したあと，「私の経験からもそのとおりだ」ということを表現したいとしたらどのように書くだろうか。

(1) **My own experience illustrates this point [illustrates how true this quote is].**
「私の経験もこの点 [この引用がどのくらい正しいか] を例示している」

(2) **This quote reminds me of an experience I had when I was in high school.**
「この引用は，高校時代のある経験を思い出させてくれる」

(3) **This quote reminds me of when I took part in a marathon a few years ago.**
「この引用は，数年前マラソンに参加したときのことを思い出させてくれる」

(4) **I know from my experience that it's true.**
「経験から，これが正しいとわかる」

このように書けば，特殊な書き方があるわけでなく，誰でも思いつける表現なのがわかるはずだ。自分の思いつく範囲の表現で，ともかく**抽象と具体例を「つなぐ」**方策を見出してほしい。

もう1つ，「**物語り始めるときの表現**」（前述の［構成案2］の**4文目や6文目に相当**）も学んでおこう。

(5) **When I was in high school, I took part in a marathon.**

(6) **I remember when I took part in a marathon when I was in high school.**

(7) **I can never forget taking part in a marathon when I was in high school.**

(8) **It happened when I was 17. I took part in a marathon, and ...**

単純に（5）のように書き始めても，もちろん構わない。しかし（6）の「〜したときのことを今でも覚えている」とか，さらには（7）のように「昔〜したことを今でも忘れられない」のように言うと，一層キャッチーな（読み手の気持ちをつかむような）書きだしになるかもしれない。さらには思わせぶりすぎるかもしれないが，（8）のような言い方もある。「それは私が**17歳のときに起こった**」のように言ったあとで「それ」とは何かを語るという，まさに気を持たせる叙述テクニックだ。使うには時と場所を選ぶだろうが，いろいろ書き方はあるのだな，ということは理解して，試しに使ってみてほしい。

答案添削例

名言をうまく言い換えています。

「暗記する」は memorize が適切。

cannot か can't 1語で書く

What Lao Tsu says in this expression is that no matter how difficult a task may seem, you can finish it if you continue to make efforts. I think it is true. When I had to ~~learn~~ a long poem ~~by heart~~ in Japanese class, I said, "Teacher, I ⟨can not⟩ do it!" But he said, "Just try to learn the first sentence by heart. If you think you have learned it perfectly, try to learn the second sentence. It will take time, but one day you find you learn all." I did as he said, and I made it!

情報は少しずつ。「詩を暗記させられたときに…」ではなく，まず「ある詩を暗記させられた。そして…」のように書くこと。

まず，直接話法は多用禁物。そして話が長い！ ストーリーを簡潔にまとめて書くことが大切！ この２つができていないと幼稚に見えてしまう。

解答例

❶This quote by Lao Tsu implies that even when a task you are faced with seems too big for you, you should not get overwhelmed. ❷Instead of overthinking, you should just take the first step, even if it is small; unless you take it, you can never achieve anything.

❸❹This quote reminds me of when I took part in a half marathon a few years ago. At first, I was simply not sure if I could finish, and my legs began to ache after running 5 km. ❺Eventually, I finished the race and was really surprised at myself.

❻I also cannot forget reading a Harry Potter book in the English version last year. My father gave me the book for my birthday and suggested I read it. ❼Of course, it was difficult, but as I read it with difficulty, I found myself enjoying it, and eventually I finished it.

(150 words)

LECTURE
15

▶一橋大らしいオリジナリティにあふれた問題だ。**タイトルだけ与えられているニュースの記事の本文を書け**という問題である。問題文の（著者注）に記したように，実際の出題は3択であり，3つのタイトルの中から1つを選んで書けという問題だったのだが，便宜上，本書ではその3つのうちから一番おもしろそうなものを君たちにやってもらうことにする（残りの2つの選択肢は "Strange new insect species discovered in Amazon rainforest" というタイトルと "Ministry of Health expects major birth rate increase" というタイトルであった）。自分の体験ではなく，事件のあらましを第三者の立場から，まさに新聞の報道のように物語ることが要求されている。問題としてはまさに斬新であり，この年に受験した受験生はさぞかし面食らっただろうとは思うが，制限語数も前問より短いし（例年は，一橋大はもっと長い指定語数を課している），話題としてもイメージが湧きやすいものだし，前問よりむしろ取り組みやすいかもしれない。

問題16

Choose one of the news headlines below*. Create an original news story for the headline that you chose. Your news story should be between 100 to 130 words long. *Correctly* indicate the number of words you have written at the end of your answer.

Man arrested for biting dog

* （著者注）実際の入試問題では3つ headline が与えられていたが，ここではそのうち1つに絞って出題する。

✏️ **構成を考えよう！**

日本でもそうだが，**新聞記事には独特の文体がある**。もちろん，大学受験生にそんな文体までまねしろと大学側が望んでいるとはとうてい考えにくく，今まで演習してきたものと同じようにふつうに物語ればよいのだろうが，参考までに**新聞記事の特徴**をいくつか記しておくことにする。おそらく日本のジャーナリズムは欧米のそれをまねしてきたので，特に紹介しなくても日本のテレビのニュースや新聞記事をイメージすればよいとは思うが。

　まず多くの場合，**1文目で事件の概略を伝えたあと，2文目以下でもう少しそれを詳しく報道し直す**。日本のテレビニュースでも「今日未明，東京都中央区で大規模な火災がありました」のように冒頭で述べたあとに，「今日午前5時ごろ，中央区日本橋の雑居ビル内の飲食店から出火し…」のように重複がたとえあっても，もう一度詳しく繰り返す。あれとまったく同じだ。今まで演習してきた物語るやり方に則って情報を外縁から少しずつ物語るなら，「東京中央区に雑居ビルがあって，今日午前5時頃にそこから出火して…」のようにすべきところだが，ニュース記事としてはまどろっこしいのがわかるだろう。端的にまず，事件の核心を伝えてしまうのがニュース記事の手法だ。

　刑事事件の場合はそのあと，「警察の発表によると…」のように，主に警察の発表を伝聞の形で伝えるだろう。今回は演習問題として採択しなかったが，前述のほかの選択肢「アマゾンで新しい種を発見」といったヘッドラインを選べば，警察の談話の代わりに，発見した生物学者の談話を引用することになるだろう。さらには，刑事事件ならば，目撃者や容疑者や被害者の談話，科学的発見の場合は第一発見者以外の生物学の権威の談話など，ほかの視点からの証言が続くはずである。記事を書く新聞記者は実際に事件や発見を体験したわけでないので，基本的には**誰かの証言を引用する形で事件や発見の全貌を読者に伝えよう**とするわけだ。

　さらにニュースは基本的には聞き手の好奇心を満たすためのものなので，**聞き手が知りたがることを最後に述べる**。本問で言えば，もちろんこんな奇妙な事件なのだから，聞き手が知りたがることと言えば犯行の動機と犬が無事かどうかだ。

　あともう１つだけ述べるなら，この章の **LECTURE** 13で直接話法は原則禁止といったことを書いたが（→ p.159），**ニュースや新聞記事では割に直接話法が使われる**。日本のニュースなどでも「調べに対して犯人の男は『むしゃくしゃしていた。相手は誰でもよかった』などと言っているとのことです」というのを聞いたりするだろう。直接話法は時をわきまえずに多用すると幼稚に聞こえることがある反面，例えば大物政治家の発言のように発言の一言一句ゆるがせにできないものや，偉人の含蓄のある発言，あるいは犯罪に至った心理の鍵が含まれているように思われる犯罪者の発言などは，日本語同様，英語でも直接話法を使い，発言をそのまま引用する。本問ではそういうわけで逆にうまく直接話法を使ってもらいたいし，同じ感覚は，後ほど扱う慶応大学経済学部の問題でも大切になってくる（→ p.208）。

　以上のイメージを少しアタマの中に置きながら，本問をもう一度見直してみよう。**100 ～ 130 語**，つまりいつもの計算だと**７文程度**で新聞記事を書くわけだ。しかし新聞記事っぽくするために適当な固有名詞をふんだんに情報として盛り込むことを考えると，それぞれの文が長くなり，おそらく**６文程度**で制限語数を突破しそうだ。逆に言えば，事件の起こった地名とか，飼い犬という設定ならその飼い主およびその犬の名前など，もちろん適当で構わないから，ちゃんとそれらしく書いてもらいたい。本問に限らず「物語る」問題では，具体的に物語るのが受験生にはなかなか難しいようだが，本問では特にニュース記事という設定から考えても**具体的に書くことが当然要求されている**わけだ。うまく目撃者や被害者（飼い主）の証言などを引用しながら，事件の経緯を「物語る」のが最初の関門だ。

　よく「犬が人にかみついてもニュースにならないが，人が犬にかみついたらニュースになる」などと冗談めかして言われるとおり，尋常ではない出来事だ。**なぜかみついたのか，その動機を説明する**（または動機解明の鍵になる容疑者の供述を引用する

のでもよい）のが２つ目の関門となるだろう。犬をかむのが好きで今までもしばしば近所の犬をかんでいるとところが目撃されていた？　それとも数日前にその犬にかまれていてリベンジのつもりだった？　それとも犬好きでカワイイと思っていたら気がつかないうちにむしゃぶりついていた？　もちろん何でもよい。自分の語彙力と相談して書けそうな理由で書けばよいだろう。

　だいたい構成としては次のような感じをイメージしてから書き始めればよいだろう。

● ［構成案］

❶ 1文目	おおまかに「犬にかみついた男逮捕」というニュースを伝える。
❷～❹ 2文目～4文目	（もう少し詳しい）事件の起こった時間，場所，目撃者の証言の引用など。
❺ 5文目	犯行の動機の説明。
❻ 6文目	犬は無事。

🖉　表現研究

「警察によると～」のような文を書くのに，〈according to ～〉を使ってもよいがThe police say that SV. のようにするほうがふつう。現在形でよい。「天気予報によると～」などという和文英訳問題もよくあるが，予報が変更されていない限りは，たとえ数時間前の予報でも現在形で書く。そして主文が現在形なら時制の一致といった面倒もない。ちなみに the police（一般的には the を付けるが新聞記事などでは省略されることも多い）が複数扱いということはわりと有名だ。警察組織全体を指す。個々の警察官は a police officer。policeman という言葉は性差別だとして使われなくなった。消防士をもはや fireman と言わずに a firefighter と言うのと同じだ。

「目撃する」の witness くらいは知っているものと思う。「目撃者」という可算名詞としても使える。「容疑者」は a suspect。逆に「被害者」は a victim だ。ただし本問では，被害者というのが犬なのか犬の飼い主（the dog's owner）なのか，あいまいなので使うのがよいかどうかは微妙だ。

答案添削例

ちょっと具体性が足りないから，最後に語数不足になったのでは？

a police officer

A housewife was taking a walk with her dog in the evening today. Then a male employee appeared suddenly and caught the dog, and bit it. The dog could not stand the pain and cried. Surprised, the woman called the police. And ~~the policeman~~ came and arrested the man.

The arrested employee says, "I am ~~stressful~~ from working, and felt like biting the dog, when I saw it walking happily."

The housewife says, "Even if you are ~~stressful~~, you don't have the right to harm a dog."

stressed

新聞記事らしくないけれど，なかなかよいです。特に最後はうまく書けています。

総じて受験生の答案としては，そんなに悪くないレベル。前半でもう少し書くべき情報と，そうではない情報を取捨選択できたらもっとよかった。

解答例

❶ A 20-year-old college student was arrested for biting a dog on Wednesday morning. ❷❸❹ It happened in a quiet residential area of Setagaya ward, Tokyo at 5 a.m. on Wednesday. Ms. Tanaka, the dog's owner, was just walking her dog, Hanako-chan, as she does every morning, when she saw a young man walking toward her. "The guy was friendly at first, said hello to my dog. But then suddenly, he tackled Hanako-chan, and bit her," said Ms. Tanaka. She called the police on her cellphone, and the suspect, Suzuki Ichiro, a 20-year-old college student, was arrested on the spot. ❺ "The suspect says that he just liked the dog so much that he wanted to bite it," says the police. ❻ The dog got just slightly injured and was treated by a vet in the neighborhood.

(133 words)

▶ここからは，文脈を考えながら英語の文章の空欄を補い，**全体としてうまく整合性がある文章にせよ**，というようなタイプの問題を扱う。率直に言って，このタイプの問題は，まだあまり出題されているとは言い難い。本書執筆時点で出題されたことがあるのは東大と京大くらいだ。それでも本書で取り上げようと思うのは，まずその2つの大学で出題されているということと，好き勝手に自分の意見を述べさせるタイプの自由英作文の出題が近年急激に減っており，その受け皿としては**何らかの形で読解問題と融合したようなもの**が第一の候補であり，だとすると今後このタイプの出題が増えてくることが予想されること，そして，予備校で受け持ちの東大や京大志望者にやってもらうと，こちらの想定よりはるかにできがよくなく，おそらく多くの受験生にとって難しく感じられるものらしいといった理由からだ。とはいえ，まずは簡単で短い問題から練習をしよう。東大は2000年代初頭，こうした1〜2文で完結するような空所補充形式の問題を何度か出題した。本問はその中の1題で，当時のそれらの問題の中ではおそらく一番書きにくい問題だ。

問題17

　次の英文は，授業でグループ発表をすることになった生徒同士の電子メールでのやり取りである。空所 [1]，[2] をそれぞれ15〜20語の英語で埋めて，全体として意味の通った文章にせよ。

From: Ken O'Hare
To: Yoshiko Abe, John Carter
Date: Thursday, January 31, 2008, 8:23 PM
Subject: Our group presentation

Dear Yoshiko and John,

I'm writing this e-mail in order to ask you two if you have any idea about how we should cooperate in our group presentation for Ms. Talbot's class next week. Can I suggest that one of us should do some basic research into a contemporary issue such as global warming, the aging society, environmental pollution, etc., another write a short paper on it, and the third give a presentation based on the paper, representing the team? What do you think about my plan?

All the best,
Ken

From: Yoshiko Abe
To: Ken O'Hare
Cc: John Carter
Date: Thursday, January 31, 2008, 9:12 PM
Subject: Re: Our group presentation

Dear Ken,

Thank you for your message. Your suggestion sounds very interesting, but

[1] ____. So, I would rather suggest that [2] ____.
Best wishes,
Yoshiko

From: John Carter
To: Ken O'Hare
Cc: Yoshiko Abe
Date: Thursday, January 31, 2008, 10:31 PM
Subject: Re: Our group presentation

Dear Ken,

I am happy with Yoshiko's suggestion about the presentation. Let's talk about it
more tomorrow.
Best wishes,

John

構成を考えよう！

　生徒同士のメールのやりとりである。彼らが受講している Talbot 先生の授業で現代社会の抱える温暖化，環境汚染などの問題について 3 人のチームで共同して発表を行うように指示され，その準備の手順について相談し合っているところである。

　Ken 君がチームのほかの 2 人に対してした提案内容は，3 人が別々の役割を担い，1 人が調査，1 人が原稿制作，1 人が発表するというものだ。

　そのメールを受け取った 1 人である Yoshiko さんが，**その提案に反論する**というわけである。**[1] には Ken 君の提案への反論，[2] には対案をそれぞれ書かせる問題**である。**それぞれ 15 〜 20 語**というのがなかなかニクい設定である。1 文でこの語数を書けるのはある程度英作文に慣れた受験生であろう。多くの受験生は **2 文**で書くことになる。そのちょうど微妙なところを狙った指定語数だ。

　まず **[2]** から考えよう。こちらは書く内容はほとんど決まっていると言ってもよいだろう。Ken 君の提案は 3 人が別々の作業をするというものであり，それに反対するのだから，**調査・原稿制作・発表すべてを 3 人が協力しあって行うことを提案**すればよい。

　書きにくいのは **[1]** のほう。Ken 君の提案に対し，どのように反論したらよいか。いろいろな答案が考えられるだろう。

　1 つは，非効率的であり時間がかかりすぎるという反論だろう。もう 1 つは，不公平かもしれないということだ。調査や原稿制作のような頭脳労働に比べると，発表

はもう出来上がった原稿を読み上げるだけだ。しかし一番大きいのは，**Ken 君の提案のようなやり方はこの課題の趣旨に反する**ということだろう。Talbot 先生は当然，調査・原稿制作・発表のすべてにわたって3人が協力し合うことを期待しているはずだ。

ただし，**[1]** と **[2]** が重なり合わないように注意しなければならないのがアタマを使うところだ。採点の仕方はわからない。**[1]** と **[2]** をまったく別個のものとして採点するならよいのだろうが，両方をセットで採点するのだと考えると，**[1]** に「先生は3人が協力し合うのを望んでいる」と書き，**[2]** に「だから3人で協力し合うことを提案する」のように書くのはまずいだろう。内容としてはそういうふうにならざるを得ない問題だが，**いかにも重複しているようにはならないように書きたい**。

 表現研究

suggest の2つの語法についてはすでにこの章で詳しく学んだが（→ p.123），もう一度確認しよう。

- (1) **I suggest reading this book.**
- (2) **I suggest〈that〉everyone read this book.**
- (3) **Surveys suggest〈that〉smoking harms you.**

まずは (1) の〈**suggest -ing**〉「**～することを提案する**」。一番シンプルな語法だ。ただし特定の人が何かをすることを提案するときにはこの語法は使えず，(2) の〈**suggest that SV**〉という受験生におなじみの語法を使うことになる。もちろん that 節の中の動詞は原形にしなければいけない。(1) と比べてみればわかるように「**～が…することを提案する**」のように主語をハッキリさせられるのがメリットであり，語法が面倒なのがデメリットだ。しかし使用頻度はきわめて高い。

逆に **suggest that ...** のあとには必ず原形が来ると思い込んでいる人がいるが，それは間違い。(3) の suggest は「提案する」という意味ではなく「**ほのめかす，（研究の結果）～ではないかとわかる**」という意味であり，ここでは後ろに原形ではなく**現在形**が使われているのがわかるはずだ。もちろん本問では (1) か (2) を使うことになる。

そうすると空欄 **[2]** は，例えば次のようになりそうだ。

- (4) **I would rather suggest〈that〉every one of us cooperate [work together] in〈all the phases of〉doing research, writing the paper and giving a presentation.**

176

phase は「段階」という単語だが，思いつかなければ processes や work でも
よい。また in 以下を from beginning to end などとすれば，もっと簡単な英語で書
ける。ただし，15 〜 20 語というきわめて幅の狭い指定語数にピッタリになるかど
うか，なかなか難しい。このあたりが前述のとおり本問（に限らず東大）の語数制限
のニクいところだ。ならば次のように書くのはどうだろう。

(5) **I would rather suggest (that) every one of us work together**
from beginning to end so that we can learn better how to give a
presentation.

so that を使って目的を書き足したわけだ。これも 1 つの案だと思うが，うまくや
らないと空欄 [1] と重複する。

　空欄 [1] の解答例をいくつか考えてみよう。まずは「時間がかかりすぎて非効率」
という考えだ。

(6) **… the problem is that it will take too much time if we work**
separately.

これではまだ語数が足りないので，何か付け加えることになろう。「不公平」なら
次のように書くことになるだろう。

(7) **I don't think it's a fair way of sharing the work, because doing**
research is much tougher than just reading a paper someone else
has written.

こちらのほうが具体例を挙げやすいぶん，語数の面では有利かもしれない。いずれ
にせよ語数のことも横目でにらみつつ，答案をまとめる賢さが要求されている。

解答例

[**1**] **what Ms. Talbot expects is for each one of us to experience all**
the necessary work to give a presentation.　　　　　　(20 words)

[**2**] **we work together in all the phases of doing research, writing a**
paper and giving a presentation.　　　　　　(17 words)

▶西暦2000年になる前に早々と和文英訳から自由英作主体に切り替えた東大とは異なり，京大（および阪大など関西圏の有力大学の多く）はずっと長大な和文英訳に固執し続けた。その京大が2016年から2問出題される英作文のうちの1問とはいえ，とうとう自由英作導入に踏み切り業界を騒がせた（2019年はまた自由英作が消えた）。自由英作文導入2年目の問題が本問だ。制限語数が与えられていないのは，前問の，やたらと狭い範囲の制限語数を課してくる東大と対照的で京大らしい。ある意味パズルを解くような情報処理能力が必要な東大に対し，セコセコと語数を数えるよりは自分の好きな長さで好きに書いていいからその代わりよいものを書きなさい，というのが京大流だ。とはいえ，どのくらいの分量で書くのかというのは，受験生が練習として取り組むうえでは重大な問題だ。実際の解答欄はそれぞれの空欄に対して横120mm（B5縦から左右の余白を取り除いたくらい）で7行が与えられていて，ふつうの文字の大きさで考えるとだいたい**最大で50語程度**になる。

問題18

　次の会話を読んで，空欄 [1]，[2] に入る適当な発言を，解答欄＊におさまるように英語で書きなさい。

Anne: Literature has a language barrier, and it's very hard to understand foreign literature. I believe there are definitely borders in literature. But music has no borders. That's a good point of music.

Ken: Wait a minute. What do you mean by "music has no borders"?

Anne: [1] (_____).

　　　 In my opinion, this demonstrates that music has no borders.

Ken: Well, actually, the problem is not so simple.

　　　 [2] (_____).

　　　 That's why I think there are borders in music after all.

＊（著者注）解答欄はそれぞれ 120mm × 7 行が与えられていた。

✎ **構成を考えよう！**

　Anne さんは言葉の壁がある外国文学と比べて音楽は国境がないと言う。それに対し Ken 君が「音楽は国境がないってどういうこと？」というツッコミを入れ，それに対し Anne が説明するのが空所**[1]**である。今書いたように，"**a language barrier**" がある文学と対比になっているのだから，もうほとんど誘導尋問と言っても過言でないくらい書く内容は決まっている。ズバリ，「**音楽には言葉の壁がない**」である。もちろんそれだけでは指定語数に足りないのでそのあとに何を書くかだ。これも，もうできるだろう。「どこの国の作曲家が作曲した音楽，誰が演奏した音楽でも世界中の人が楽しめる」といったように，「言葉の壁がない」というのは**比喩的な表現**なのだから，それを説明すればよいわけだ。それでもまだ書き足りなかったら？

もちろんこれも，もうできるだろう。「抽象」を書いたら次に書くべきは「具体」である。ベートーベンやモーツアルトでもよし，ビートルズでもマイケル・ジャクソンでもよし，世界中で愛されている音楽家や歌手の例を挙げればよいだろう。これで，だいたいちょうどよい語数になるという計算もできるようになったことと想像する。

　もちろん「確かに歌詞は理解できないけれど…」のような譲歩を書いてもよいのだが，次の空所 [2] で Ken 君が反論を述べるので，ここで譲歩を書いてしまうとあとで困ることになりそうだ。空欄 [1] は単に Anne さんが一方的に自分の主張を述べるようにしたほうがラクだろう。

　さて，今度はその [2] だ。こちらはいろいろな解答が可能なので，受験生の手が一瞬止まるところだ。別に東大と示し合わせたわけではないだろうが，2つ空所を作ると1つは簡単でもう1つは少し難しくて考えさせるものにしてしまう，というのはある種の出題者心理なのだろうが，どのような反論が適切だろうか。

　1つは先程少し述べたように，**歌詞の問題**がある。年末になるとベートーベンの第九交響曲を至るところで演奏するが，ドイツ語で歌われる「歓喜の歌」の歌詞の意味がわからなかったら本当の意味では曲を理解できていない，などの例も挙げられそうだ。

　もう1つは**文化の問題**がある。言葉の壁がないからといって国境がないわけではなく，文化の壁があるかもしれない。私は正直，インドのポップスのどこがよいのか，あまりわからない。逆に，多くの日本人が琴線に触れると思っている演歌や民謡は，外国の人にはただの耳障りな音楽かもしれない。アメリカのストリート文化の中にいないと，ヒップホップを日本人がまねしてみても，ただの借り物にしかならない。これもアイデアが思い浮かべば具体例はいくらでも思いつけそうだ。

　自由英作文の初年度からなかなかアタマを使う問題を出題してきた京大だが，君たち受験生も負けずにうまくアイデアをひねり出して解答してもらいたい。

✎ 表現研究

　[1] の空所のほうは，アイデアが思いつけばおそらく書くのに語彙や表現の点でつまずくところはないだろう。「たとえ**作曲家**がどこの国の人でも，よい音楽は世界中で楽しまれる」くらいは no matter where the composer comes from, ... から書き始めて書けると思う。作曲家は a composer。演奏者はあえて言えば a player とか a performer とか a musician だが，あまりしっくりこない。ふつうはピアノ演奏者なら a pianist だし，歌手なら a singer であり，それらを総称してはあまり表現しないからだ。**音楽**はもちろん music だが，1つ1つの曲は **a piece of music** と

言うか a tune と言うのがふつう。「世界中」は across the world か all over the world か throughout the world。どれでもよい。例えば，次のように書けるだろう。

(1) No matter where the composer comes from, a good piece of music is appreciated throughout the world.

appreciate はもちろん enjoy でもよい。appreciate はなぜか「感謝する」と覚えていて（もちろんそういう意味もあるが），その意味しか知らない人も多いが，「真価を認める」とか「味わう」という意味でも多く使われる。

さらにそのあとに具体例を挙げよう。

(2) Just think about Beethoven. Beethoven is from Germany, but you don't need to be able to speak German to enjoy his symphonies.

冒頭の just think about ... という言い方をぜひ覚えて今後も使ってもらいたい。Take Beethoven for example. でもよい。これからこういう例を挙げますよ，と読者（採点官）に宣言することで，スムーズに具体例に読み進めることができるようにするものだ。

[2] の空所のほうは，内容もそうだが表現面でも少し難しい。まず「歌詞」は lyrics と言う（通例，このように複数形で使う）。だいたい次のようになりそうだが，このくらいなんとか書けそうだろうか。

(3) Most pieces of music, whether they are Italian operas or American pops, have lyrics, which are as difficult for people from other countries to understand as literary works.

もちろん，このあとに何か１つ例を挙げることになる。

[2] の別解として挙げたのが，音楽はその出自の文化と深い関係があり，ほかの文化に属する人には必ずしも理解できるものではない，という話だった。うまく書けそうだろうか。まず「深い関係がある」は have a lot to do with ～か be closely related to ～。または「切り離せない」と考えて not be separable from ～などとしてもよいだろう。「音楽を生み出した文化」は the culture the music comes from と書くのが一番簡単。the culture the music originates from や the culture in which the music is created など，考えてみればいろいろ書き方がありそうだ。

答案添削例

throughout か across

a ── マーカー部分のような2文は1文につなぐ。

LECTURE 18

[1] What I mean is that music doesn't have ~~the~~ language barrier and ~~a~~ good music is enjoyed ~~through~~ the world. For example, Michael Jackson was an American and he sang in English ~~. But~~

although

people all over the world, even those who don't understand English enjoy it. Even years after his death.

テーマと無関係。

何を指す？

[2] Different cultures have different traditions of music and outsiders cannot always understand ~~it~~. I don't think foreigners ~~like~~ Japanese "enka" (traditional pop music). Likewise, we cannot understand hip-hop fully.

could appreciate などにする。

ちゃんと説明したのはよいこと。

[1] がよくないです。「例えばマイケル・ジャクソンは英語で歌った」じゃ何の話かわからないでしょ？　「例えばマイケル・ジャクソンは英語で歌ったが，英語を話さない人も楽しめる」まで接続詞でつないで一気に言わないとダメだよね。受験生の答案でこういうものをよく見かけます。

解答例

[1] Music doesn't have a language barrier, in that a good piece of music is appreciated across the globe, no matter where the composer comes from. Just think about Beethoven. Beethoven is from Germany, but you don't need to be able to speak German to enjoy his symphonies. (47 words)

[2] Music is closely related to the culture it originates from, so it is not always easy for a person who doesn't share the same culture to understand it. Few of us can enjoy the pop music of Indian people, and our *enka*(Japanese traditional pop music) must be just noise to most people from abroad. (49 words)

▶前問を出題した翌年に，京大は今度はこの問題を出題してきた。文脈が英語から日本語に変わり，空所が2カ所から1カ所に変わり，さらに空欄を埋めるだけではなく前後も英訳しろという和文英訳も併せた出題になった。このようにいろいろ変更点があった一方で，話題は前問の「音楽に国境はあるか」と本問の「味覚に国境はあるか」のように，妙に似ていて不思議な感じだ。ともあれ，難易度は前問と似たり寄ったりだ。制限語数はこの問題でも与えられていないし，和文英訳部分も全部一緒の解答欄なので，過去問を演習する受験生としては，どのくらいの長さで空欄の自由英作部分を埋めたらよいかとまどうと思うが，おおよそ2〜3文を目安に書けばよい。

問題19

次の文章を英訳しなさい。途中の下線部には，ふさわしい内容を自分で考えて補い，全体としてまとまりのある英文に仕上げなさい。下線部の前後の文章もすべて英訳し，解答欄におさまる長さにすること。

海外からの観光客に和食が人気だという話になったときに，文化が違うのだから味がわかるのか疑問だと言った人がいたが，はたしてそうだろうか。
(　　　　　　　　　　　　　　　　　　　　　　　　　　　　　　　　　　　

　　　　　　　　　　　　　　　　　　　　　　　　　　　　　　　　　　　)。
さらに言うならば，日本人であっても育った環境はさまざまなので，日本人ならわかるということでもない。

＊（著者注）入試問題では解答欄は 120mm × 12 行が与えられていた。

　構成を考えよう！

空欄にどんなことを書いたらよいかは大体見当はつくところだ。「味覚は普遍的」とか「外国人でも日本食のおいしさはわかる」とか，そういったことを書けばよい。ただ2〜3文で空欄を埋めることになるので，例によって**「抽象＋具体」**で書くとすると，1文目にあまり具体的なことを書いてしまうとそのあとに書くことがなくなってしまうだろう。

　1文目は，まず「文化が違っても味はわかる」のように，少し抽象的になってもよいから大きく論を展開したほうがそのあとを書きやすいだろう。さてその**2文目**なのだが，ここで1つ**「傍証」**という大切なテクニックを紹介したい。傍証というのは，似たようなものと比べて証明の代わりとすることだ。例えば，数学の先生が生徒に基礎力の大切さを教えるときに「スポーツ選手だってまず走り込んで足腰鍛えるよね。同じように数学をやるときにも基礎ができなきゃだめだよ」などと言う。数学の話をしているのに，スポーツ選手の例を持ち出しているわけだ。これが典型的な傍証である。

異なったもの同士を比べることを「**対比**」というが，それに対して似た面を比べるのが「**傍証**」というわけだ。もちろん，ものすごく論理的な証明ではないが，「なぜ文化が違っても味はわかるのか」のように当たり前ではあるが，抽象的で説明・証明しにくい命題には便利である。

ここでもこの傍証を使うことをおススメしたい。「**我々日本人だって，おいしいフランス料理食べたらおいしいと思うよね。同じように外国の人だって，日本食のおいしさはわかるんじゃない？**」のように書くと何となく納得できる。

 表現研究

まずはその「傍証」を具体的にどう表したらよいかを確認しよう。

(1) **Even top athletes spend a lot of time training their core. Likewise, you students must do a lot of math exercises to learn the basics of math.**
　「トップアスリートだって体幹を鍛えるのに時間をかける。同様に，あなた方学生も数学の基礎を身につけるためにたくさん数学の練習問題をやらなければいけません」

「同様に」という意味の **likewise**（similarly でもよい）という副詞がキーワード。この likewise を挟んで，2つの文で傍証を書くというのがまず基本になる。

もちろん，ほかにも書き方はある。例えば「〜ように，のとおりに」などと訳す**様態の as** と呼ばれる接続詞を使ってもよいだろう。

(2) **As athletes train their core intently, students must do a lot of math exercises if they want to get better at math.**
　「アスリートたちが熱心に体幹を鍛える<u>ように</u>，学生も数学ができるようになりたかったらたくさん数学の練習問題をしなければいけない」

さて，和文英訳部分も確認しておこう。

まず冒頭の「海外からの観光客に和食が人気だという話になったときに」という部分の訳が意外に難しい。「〜を話題にする」は **talk about** か **speak about** を使いたい（say that SV などは「話題にする」ではなくほんとうに「〜と発言する」という意味になってしまう）。問題は about という前置詞のあとにどのように「観光客に日本食が人気だ」という文をつなげるかだ。以下にそのやり方を示す。

(3) **talk about the popularity of Japanese food among inbound tourists**
(4) **talk about how Japanese food is popular among inbound tourists**
(5) **talk about Japanese food being popular among inbound tourists**

順番に確認しよう。まず (3) は名詞形 **popularity** を使った。「人気について話す」のようにすれば問題はないわけだ。(4) はオススメの解決策。 Chapter 1 で (→ p.21) で学んだように，ふつう**前置詞のあとに** that 節を持ってくることはできないが（talk about that ... はダメ），**that 以外の名詞節は持ってくることができる**。したがって，that の代わりに **how** という接続詞を使ったわけだ（こうした場合の how は「どのように」というほどの意味はなく，ほとんど that と同じ意味）。さらに (5) は Chapter 1 （→ p.17）で学んだ手法，つまり being という**動名詞に意味上の主語** Japanese food を付け足した形である。おそらくこの 4 つの解決策がすべてであり，このどれかで表現してもらいたい。

「味がわかるか」とあるが，ここでいう「味」は「和食の味」もしくは「和食」のことだ。すでに「和食」は書いてあるから **it** で十分。「わかる」は understand でもよいが「真価を理解し味わう」という意味の **appreciate** がこういうときにはベストだ。

「はたしてそうだろうか」とあるが，こうした修辞疑問（反語）は **I wonder ...** で始めるのが好ましい。

　後半の和文英訳部分について。「日本人であっても育った環境はさまざま」という部分は Chapter 1 で学んだ「さまざまである」という定番の構文の説明が役立つはずだ（→ p.48）。具体的には次のどちらかだ。

(6) **Different people** grow up in **different environments** even among Japanese people.

(7) Environments in which Japanese people grow up differ from person to person.

　さらに最後の「日本人ならわかるものではない」というのは部分否定を使って次の (8) のように表すか（→ p.30），または 〈**just because S + V**〉「〜だからといって…ではない」という定番の構文（→ p.113）で (9) のように書くかどちらかだ（ちなみに (9) の **someone** のように性別不明の単数名詞は **they** で受けるのが現代の用法）。

(8) Not every Japanese person can appreciate it.

(9) Just because **someone is Japanese**, it doesn't mean **they can appreciate it.**

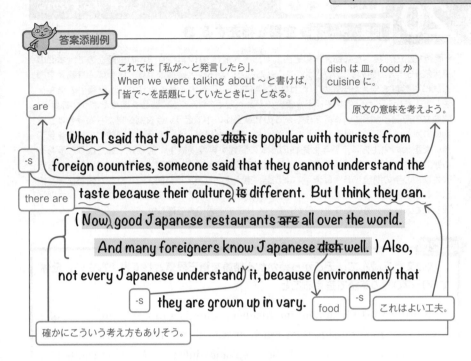

答案添削例

are

これでは「私が〜と発言したら」。
When we were talking about 〜と書けば,
「皆で〜を話題にしていたときに」となる。

dish は 皿。food か cuisine に。

原文の意味を考えよう。

When I said that Japanese ~~dish~~ is popular with tourists from

-s

foreign countries, someone said that they cannot understand the

there are

taste because their culture is different. But I think they can.

(Now good Japanese restaurants ~~are~~ all over the world.

And many foreigners know Japanese ~~dish~~ well.) Also,

not every Japanese understand it, because environment that

-s they are grown up in vary.

food **-s**

これはよい工夫。

確かにこういう考え方もありそう。

解答例

　　When we were talking about how Japanese food is popular among inbound tourists, someone said that they cannot really appreciate it because they are from different cultures. However, I wonder if he is right. (Appreciating good food has nothing to do with what culture you are from. Many Japanese people travel to Paris and try great French food there and get satisfied. Likewise, you don't have to be Japanese to appreciate Japanese food.) Moreover, even among Japanese people, environments in which they grow up differ from person to person, so just because you are Japanese it does not mean you can appreciate Japanese food. (104 words)

185

▶問題18, 19で扱った京都大学の過去問が，それぞれ2017年, 2018年の出題なので，本問の東大2016年の出題の影響を受けてのことだったのだろうと想像できる。いわば，京都大学の入試にも影響を与えた出題だったわけだ。当時の再現答案を見る限りでは，受験生の出来は決してよくなかった。何を書いたらよいのかわからず，やみくもに語数を埋めたような答案や，問題文の空欄となっている第3段落がこの文章全体の中でどういう役割を果たさなければならないのかということを微塵も考えた形跡がない答案が続出した。おそらく受験生の答案を見て驚いた東大の先生方は，翌年も同様の形式の問題を再度受験生に課してくるだろうと予想したが，残念ながら予想は外れた。しかし類似の問題を教え子に演習させてみても，どうやら受験生はこの手の問題が非常に苦手のようだ。東大をはじめ，最難関大でこうした問題がまた出題される可能性はきわめて高いし，教育的な観点から，また出してほしいとさえ思う。本問に取り組む人は何を書いたらよいのか，じっくりまず考えてみてほしい。

問題20

次の文章を読んで，そこから導かれる結論を第三段落として書きなさい。全体で50〜70語の英語で答えること。

In order to study animal intelligence, scientists offered animals a long stick to get food outside their reach. It was discovered that primates such as chimpanzees used the stick, but elephants didn't. An elephant can hold a stick with its trunk, but doesn't use it to get food. Thus it was concluded that elephants are not as smart as chimpanzees.

However, Kandula, a young elephant in the National Zoo in Washington, has recently challenged that belief. The elephant was given not just sticks but a big square box and some other objects, while some fruit was placed just out of reach above him. He ignored the sticks but, after a while, began kicking the box with his foot, until it was right underneath the fruit. He then stood on the box with his front legs, which enabled him to reach the food with his trunk.

[_____]

注　trunk　ゾウの鼻

構成を考えよう！

LECTURE 19で取り扱った京大の問題に比べると，どういう文章なのか一覧性が低い。そのせいか，文脈をとらえきれていないと思われる答案が多かった。まず，最初に第1〜2段落をちゃんと読んで論旨をまとめよう。

第1段落	動物の知性を測るため，いろいろな動物の前に棒を置いてみた。チンパンジーは棒を使って餌をとったがゾウはそれを使わなかったので，ゾウはチンパンジーより知性で劣ると結論した。
第2段落	ところがゾウの Kandula を使った実験は，この妥当性を疑わせた。棒以外にいろいろな物体を与えられた Kandula は，その中で箱に目をつけ，それを餌のところまで蹴っていき，その上に立って餌をとった。

　このあとに続く**第3段落を書きなさい**という注文だ。再現答案を見て割に多かったのは「このように1つの実験からは真実はわからないものだ」のようなことを書いたものだった。しかしそれでは，あまりにも論理に飛躍がありすぎる。第1段落をもう一度見てもらいたい。下線を引いたように，あくまでもこれは動物の知性を測るための実験であり，科学的実験の有効性を考えるための実験ではない。しかも第1段落では実験をしたあと，この実験では「ゾウのほうが愚かだと結論づけられた」と結論まで書かれているのに対し，第2段落では実験の様子までは書いてあるが最後の結論に相当する部分が欠落しているのがわかるはずだ。つまり**第3段落にまず書くべきことは，第2段落の実験の結論**だ。「科学実験など当てにならぬもの」のようなことを書いていけないとは言わないが，少なくともそれは第10段落あたりに書くことであって，第3段落に書くことではない。

　それでは，その第3段落の1文目に書くべき第2段落の実験の結論，つまりゾウの Kandula が示したこととは何だろうか。それは，「ゾウは思った以上に（もしかしたらチンパンジーのような霊長類以上に）賢い（かもしれない）」ということである。第1段落の冒頭に書いてある「動物の知性を測る」実験の最終的な結論を書くのが第3段落の役割だ。もちろん第2段落まで読んだだけで，そういうことを言いたいんだなというのは十分推察できるのだが，それを**以心伝心ではなく，しっかり言葉で言い表す**のが英語の論理的な文章というものだ。

　それでは，その次には何を書いたらよいだろう？　この実験結果は明らかに我々がふつうに信じているところと矛盾しているし，実際，1つ目の実験結果とも矛盾している。そこにどう整合性が見出されうるのかを説明する（別の言い方をするなら，1文目に書いた結論の理由も説明する）必要があるわけであり，それを書くのが2文目以降の役割になる。そのことに関してはちゃんと第2段落にヒントがある。2番目の

実験ではゾウに棒の代わりに箱を与えたのではない。箱を含むいろいろなものを与えたのだ。そしてその中からゾウは自分で箱を選んで使ったのだ。

そうしたことを考えると，**50 ～ 70 語**，つまり **3 ～ 4 文で書く第 3 段落**は，おおよそ次のような構成になるのが妥当と言える。

● **[構成案]**

第3段落	❶1文目	結論	この2つ目の実験が示唆しているのは，ゾウは思ったより賢いかもしれないということだ。
	❷2文目	理由	ゾウは道具を使えるだけではなく，自分が使える道具と使えない道具の区別が頭の中でできる。
	❸3文目	具体化	1つ目の実験で棒を使わなかったのは，道具を使うという能力の欠如ではなく，自分には棒は不向きな道具と判断できたため。

 表現研究

上記のような構成にするとして，それをうまく英語で答案にできそうだろうか。構成さえ作れれば，それを英語にすること自体はそれほど難しくはないだろう。1 文目はおそらくまったく問題ないだろうから **2 文目**から確認していこう。

ポイントは 2 つあるように思える。1 つは自分が使える道具とそうでない道具を区別する能力があるということ，もう 1 つは実際にやってみてそれを判別するのではなく，ひと目見ただけでアタマの中で思考実験をして判別できるのが，このゾウのすばらしいところであり，そこをうまく表現したいところだ。例えば，次のように 1 文目のあとに続けるのはどうだろうか。

(1) **... Elephants can not only use a tool but they can also judge whether a tool is useful for them or not** without actually trying to use it.
「ゾウは実際に使わなくても，道具が自分に役立つかどうか判定できる」

この 2 つの点を盛り込もうと方針が決まれば，手持ちの語彙と文法でもけっこうしっかり書けるはずだ。

さて，**3 文目**について考えてみよう。Chapter 1 で学んだ**否定の射程**（→ p.32）を使いたいところだが，本問では「ゾウが棒を<u>使わなかった</u>のは使えなかった<u>からではない</u>」のように否定が重なるのでちょっと面倒なことになるだろう。もし使うなら次のようになる。

188

(2) Kandula didn't not use the stick because he couldn't use it.

「Kandula が棒を使わなかったのは，使えなかったせいではない」

しかし理由を強調したいのだから，〔Chapter 1〕（→ p.33）で学んだように，できれば次のように書きたい。

(3) The reason Kandula didn't use the stick was not that he couldn't use it.

さらに not ...but の but 以降を続けて書くことになる。

(4) ... but that he knew it would not help.

ここで使われている would は，もちろん〔Chapter 1〕で学んだ**時制の一致**（→ p.38。I thought it would rain. のように，主文が過去形のとき，それより未来のことは would を使って表すということ）だ。なお，**help** は「助けになる」の意味で**自動詞**としても使える。

答案添削例

> ここまでは大変よいです。
> ここから後ろはダメ。第３段落に書くべきことを考えよう。

We often think high intelligence is limited to humans and apes, but from this experiment, we now know elephants also have high intelligence. So we can guess that other animals can also be more intelligent than we think. We must doubt our common sense and do scientific experiments more carefully.

> 多くの予備校の解答例や過去問集で，最後の１文のようなことが書かれていたのは知っていますが，この段落に書くべきことではありません。

解答例

❶The second experiment seems to suggest that elephants are wiser than we might think. ❷They can not only use tools but they can also judge whether a tool is useful or not, without even actually trying to use it. ❸The reason the elephants didn't use the stick in the first experiment was not that they couldn't use it, but that they knew it would not help.

(64 words)

189

▶ここからは，英語の文章を読んでそれについて英語で解答させる問題を見ていこう。入試の現場では，こうした問題も長らく出題されていたのだが，参考書・問題集，または塾予備校の教材の中に取り入れられる機会は少なかった。純粋な英作文に比べると英文読解の要素が加わるので，まずテキスト類に取り上げるのでもスペースを使ってしまうし，授業で取り扱うとなると，問題に取り組む受験生に教える側の講師にもなかなか負担が大きいからだ。しかし，本書では積極的にこうした問題を扱っていこうと思う。それは何よりも「〜について賛成か反対か意見を英語で述べよ」のような「丸投げ」の問題ではなく，例えば本問のような英語の文章を読ませた上で，その内容について答えたり筆者の意見に賛成論・反対論を書かせたりするような問題が今後の入試の argumentative essay「主張する英作文」の主流になると確信するからだ。抵抗感をなくしてもらうために読む文章が短い問題（本問）から徐々に進んでいくので，本書全体の卒業問題だと思って果敢に取り組んでみてもらいたい。

問題21

Read the following newspaper article and follow the instructions below.

According to the Kanagawa Prefectural Police Station, a 20-year old female university student caused a traffic death. The student was riding on a power-assisted bicycle when the accident happened. She moved off from an intersection and started riding on the sidewalk. At that moment, a 77-year-old lady was walking on the sidewalk and moved toward the bicycle. The student hit the lady. The collision caused the lady to fall and strike her head. She was transported to hospital, but died of her injuries two days later.

At the time of the incident, the student was apparently holding a smartphone in her left hand and a drink in her right while steering the power-assisted bike. Moreover, she had an earphone in her left ear. Therefore, police arrested the student for breaking the new law and riding recklessly. Police are investigating whether the student noticed that the old lady was walking toward her. They suspect that she was not paying sufficient attention because she was operating her smartphone right up until the collision. Her court appearance date has not been decided yet.

Instructions: Write two well-developed paragraphs **in English**. In the first paragraph, summarize the main points of the newspaper article above in approximately 100 words. Use different vocabulary and sentence structure from the original passage as much as possible. In the second paragraph, write your opinion about what should be done to reduce accidents like this in approximately 50 words.

The Mainichi, December 16th, 2017

構成を考えよう！

　このような問題に取り組む前に確認したいのは，なぜ大学がこのような問題を出すのかということだ。自分の意見を表現することを生徒に学ばせる前に，**まず人の意見をまとめることを学ばせるべきだ**という考えがその裏にあるのだ。

　そのことがわかれば，こうした問題に取り組む姿勢も決まってくるだろう。つまり，本問の「Instructions」では明確に「**まず解答の１つ目の段落でこの文章を要約せよ**」と書いてあるが，たとえこうした要求が問題文の中になくても，このタイプの問題で問われていることの半分くらいは与えられた英語の文章の要約なのだという意識を持つべきだということだ（本問では，200 語程度の文章を 100 語に要約することを求められているが，これではあまり要約だとは言いがたい。もっと短く書く練習をすべきと思うが）。

　受験生が悩むのは，どの程度，与えられた英文の中の語彙や表現を使ってよいかということだ。本問のように「**できる限り自分の言葉遣い，自分の構文を使って書くように**」という注文を多くの大学はしてくる。かといって，前述のようにせっかく英語の文章が与えられてそれを参考に書くのだから，使えるところは使いたい。その線引きになるようなガイドラインを決めておきたい。

●要約のガイドライン

❶ 抽象的な表現，比喩的な表現，筆者独自の表現は必ず自分の言葉で言い換える。
　例えば「彼はネコのような男で，自分の気の向くことしか絶対にやらない」といった文章があり，それを自分の答案の中で書かなければならないとき，「彼はネコのようだ」と書いても意味は通じない。「彼はわがままだ」のように，**自分でその比喩の意味するところを解釈して自分の言葉で表現することが必要**になる。

❷ 情報はまとめる。
　例えば「彼は朝起きてトーストとサラダと卵を食べ，コーヒーを飲んだ」という文章を，「彼は朝起きて朝食を食べた」とすれば，自然と本文中とは違う自分の言葉遣いをすることになる。

❸ ❶❷以外は基本的に与えられた英語の文章中の語彙，表現はそのまま使ってもよい。
　もちろん自分の言葉遣いで言い換えられるものがあったら，言い換えたほうがより好ましいが，それほど神経質になる必要はない。

これら❶～❸を考えながらうまくバランスをとろう。

　本問で少し考えてみよう。女子大生が電動アシスト付きの自転車で歩道を走行中に77歳の婦人にぶつかり転倒させてしまい，後日その婦人が亡くなってしまったというニュースである。「**歩道を走行中**」というのは，過失として重大なファクターなので要約に入れるべきだと思うが，その際に本文中の ride on the sidewalk は自分の表現で言い換えなければいけないと考える必要はない。先のガイドラインの❸に相当するからだ。

　逆に，自分の言葉で言い換えるべきところもある。まず，この事故の様子をこの英文では「77歳の女性がこちらに向かって歩いてきていて，そこに自転車がぶつかり，女性は転んで頭を打って病院に搬送されたが2日後に亡くなった」と非常に詳しく述べ立てているが，こういう部分は**自分の言葉で情報を集約**したい。一言で言えば「**自転車が老婦人にぶつかり，その老婦人は亡くなった**」ということだ。

　そして女子大生の責任について言及した部分も，少し自分の言葉遣いにしなければならなそうだ。彼女は「左手にスマホを持ち，右手には飲み物，耳にはイヤホンをして，おそらくはスマホの操作に熱中していて前も見ていなかった」と，先ほどと同様に詳しく状況が説明されている。そして，今度はそれを1語で recklessly な自転車の乗り方をしていたと書いてある。**recklessly** は「無謀に」という副詞だ。「無謀な乗り方」とは，スピードの出しすぎなのかちょっと抽象的で漠然としている。つまり，この単語に飛びついて答案に使うのはガイドラインの❶に抵触していて，あまりよくはないということだ。だからといって，その前の「左手にスマホ…」という詳しい状況説明をそのまま使うのもよくない。❷に示したように，情報を集約する必要がある。抽象的な表現と詳しすぎる状況説明のバランスを取って，うまくその中間を自分の言葉で表現するのが腕の見せどころだ。要するに，日本語で言えば「**前方不注意で彼女の過失だった**」ということだ。

　以上，**答案の第1段落に相当する新聞記事の要約**は，次のようになりそうだ（繰り返すが，本問はこの要約部分の指定語数が長すぎである）。そのうち下線部は多少本文中の表現を要約するか，自分の言葉遣いで書くことになる部分であり，逆にそれ以外は記事の表現をそのまま使えば十分だ。

● [構成案]

第1段落	新聞記事の要約	「女子大生が歩道を自転車走行中，老婦人に衝突，死なせてしまった。警察は女子大生を逮捕したが，それは明らかに前方不注意であり<u>彼女の過失だった</u>からだ」

　さて次は**第2段落**。大切なのは，本書で繰り返し述べているように「**つながり**」のある文章にすることだ。そのためには第1段落で要約した過失致死事件の中で，この悲劇を引き起こす最大の**原因**と考えられることについて，それを防ぐための**具体的な方策**と組み合わせて論じなければいけない。例えば次のようにだ。

● [構成案]

第2段落（例1）	事件の原因と解決策	このような事故を防ぐために何より大切なのは，そもそも自転車が歩道を通行することを全面的に禁止すべきだ。この女子大生のようにスマホに熱中していようがいまいが，自転車と歩行者がいっしょに狭い歩道にいれば必ず重大事故は起こる。
第2段落（例2）	事件の原因と解決策	このような事故を防ぐために，自転車に乗っているときにスマホを見ることは危険であり犯罪であるという意識を高めることだ。この女子大生のように，スマホを見ながら自転車に乗ることで人の命を奪ってしまうかもしれないということを想像さえしない人が多すぎるからだ。

LECTURE 21

　例1は歩道走行，例2はスマホ走行を問題として挙げているが，どちらもこんなふうな書き方をすると，**第1段落と第2段落の「つながり」**が生まれるのがわかるだろう。そのあたりが第2段落のポイントだ。こちらは**50語程度**ということなので，たいしたことを書くことは期待されていない。そこだけ気をつければ十分だ。

 表現研究

「自転車に乗る」は **ride a bike [bicycle]** のように ride を他動詞として使う。ride on the train「電車の乗車中」という意味では〈ride on〉がふつうだが，「自転車にまたがって乗る」という意味では ride を他動詞で使うのがふつう。(→ p.223)，記事の中では ride on a power-assisted bicycle となっている。解答を示すのに困るが，ride はやはりここでは他動詞で使うべきだと思う。

「（車などで人を）ひく」ことを表す動詞としてよく受験参考書などに〈**run over**〉が載っているが，本文中にあるように単に hit と言うのがふつう。「ひかれる」は受け身にして〈**get hit**〉。

「女子大生の過失」というのがきちんと書けるだろうか。fault「落ち度」という名詞を使い，**It's her fault.**「それは彼女の落ち度」か，**She is at fault.** のように **be at fault**「〜が悪い」のように言うのがはるかにふつう。前述のように，この問題ではそれほど自分の言葉遣いで言い表すべき箇所がないので，この1カ所だけでもちゃんと自分の言葉遣いで正しく言い表そう。

「このような事故（悲劇）を防ぐために一番すべきことは…」のような表現は Chapter 1 **LECTURE** 22 （→ p.43）をはじめ，何度も本書で取り上げたので，もう書けることだろう。<u>What [The first thing] they should do to prevent such an accident is (to) do.</u> のように，**疑似分裂文**を使って書くことが望ましい。

「禁止する」prohibit は〈prohibit ＋人＋ from -ing〉「人が〜するのを禁止する」という形で有名だが，単に〈prohibit ＋物〉または〈prohibit -ing〉で「〜を禁止する」という形で使うこともできる。

「スマホを<u>見ながら</u>自転車に乗る」は，いわゆる「付帯状況の with」を使ってはいけない。

（×）**ride a bicycle (while) <u>with looking at</u> one's smartphone**
（○）**ride a bicycle (while) <u>looking at</u> one's smartphone**

いわゆる**「付帯状況の with」は主文と主語が違うとき**に使うものであり（例：He was eating breakfast with his cat sleeping on his lap. 「<u>彼</u>は朝食を食べていてその間，<u>彼の猫</u>は膝の上で寝ていた」），主語が一致する文で使ってはいけない（**例**：（×）He was eating breakfast, with watching TV. 「彼はテレビを見ながら朝食を食べていた」は間違い）。または，**分詞構文**に while を付けて使うのでもよい。

「（スマホを）凝視する」という意味の「見る」は〈look at〉がよい。または「いじる」という意味の〈fiddle with〉でもよい（→ p.240）。

「厳罰に処する」というのはもちろん punish 〜 severely と言えばよい。「人を罰する」でも「ものを罰する」でも，どちらも可。

おそらく**安全教育の重要性**のようなことを書こうとする人が多いと思うが，それなら次のようになるだろう。

（1）**They should <u>teach more about</u> how to ride a bike safely.**
（2）**They should try more to raise awareness that riding a bike can be dangerous.**

"raise awareness" は「意識を高めさせる」だ。

答案添削例

in which — これより歩道走行のほうが重要な情報では？

According to this article, there was an accident in Kanagawa Prefecture ~~that~~ a 20-year-old female student who was riding (on) a power-assisted bicycle hit an elderly woman. And the woman injured badly and was transported to hospital but died two days later.

was / got

The student was arrested, because she was holding a smartphone in one hand and a drink in another. Moreover, she was wearing earphone. So she did not pay sufficient attention to the woman.

逆の順序がよい。

具体

抽象

an

I think we should teach people how important it is to ride on a bike safely. Many people don't follow the traffic rule when riding a bike. So they can ~~happen~~ an accident or they can be involved in one.

-s

「教える」のは誰？→ we should learn [be aware] …とすべきでは？

happen は自動詞 → cause にする。

解答例

[第1段落]
This article reports a recent traffic accident, in which a female college student, while riding a bike on the sidewalk, hit an elderly woman, who was carried to the hospital but then died from the injury she got in the accident. The student was arrested because the police thought it was totally her fault: she was riding a bike while fiddling with her smartphone and the police suspected that she didn't even notice the elderly woman walking toward her. (78 words)

[第2段落]
What the authorities should do to prevent such a tragic accident is, above all, punish those who ride their bike while looking at their smartphone more severely and raise people's awareness. Like the college student, many people, especially young people, don't even imagine how dangerous it is. (48 words)

22

問題パターン6　英語の文章を読んで英語で答える ❷

▶北大も，英語の文章を読んで英語で答えるタイプの問題を出題し続けている大学の1つだ。北大の場合は何か1つの論点に対し，賛成論と反対論がいろいろと文章中に出てくるので，それらをうまくまとめ，整理することで自然と解答が出来上がる仕組みになっていることが多い。例えば，本問でもSNSを使うことのメリットとデメリットが本文中に列挙されていて，問題（Question C）も，それらを踏まえてSNSは我々の益になるものか害になるものか論じよ，という問題だ。もちろん受験生には，この文章に書かれていないSNSのメリットやデメリットを書く自由は当然あるが，問題の趣旨としては受験生が自分の意見を言うことを求めるというよりは，与えられた情報をきちんと整理し，自分の言葉でそれをパラフレーズ（ほかの言葉で言い換えたり，言葉を加えて説明したりすること）する能力が求められているのだ。それとQuestion A，Bとして，与えられた英文の内容に関して英語で答える1問1答形式の問題があるのが北大の特徴だ。例年はこれに関してはほとんど点を与えるための問題といった感じだった（本問でもQuestion Aはそうだ）が，Question Bは例年になく難しい問題で，実験的に少しレベルを上げてきたように感じられる。

問題22

Read the following passage.

There is no denying that social media is an important tool for communication today. Through our social media accounts, we can easily connect and stay in touch with our family and friends. Some people, however, believe that with Twitter, Instagram, or Facebook, among others, we increasingly lose our ability to communicate face-to-face. Whichever side we are on, what is certain is that social media has changed, positively or negatively, our communication in the 21st century.

Making friends and connecting with them online is one positive consequence of social media. It is now easy to find people we can relate to, people we can learn from, and people we have common interests with. Accordingly, we are able to develop and improve our social skills. Some people, on the other hand, think that the use of social media reduces our physical communication with people. Spending a lot of time online will prevent us from acquiring and expanding important social skills like examining body language, facial expressions, or vocal tones. In other words, our capacity to connect with people face-to-face has declined because of social media.

Some people, meanwhile, consider social media helpful to those who are experiencing depression or hopelessness. Take for example Josh, a teenager, who was suffering from depression because of family problems. On the advice of his best friend, he opened an account on Instagram and shared his story with his "followers." After a day or two, there was an overflow of encouraging words and support not just from his friends and relatives but also from strangers on Instagram. Through Instagram, he was able to recover from his illness. He was also able to convey a message of hope to other people, like him, who were experiencing depression. Unfortunately, this was not the case for Mark, whose posts on Facebook became targets of cyberbullying attacks. These instances of online harassment have led him to feel miserable and depressed. He also attempted to end his life once. This incident prompted his parents to bring him to a mental institution for therapy and medication.

With the positive and negative effects of social media, we now wonder how social media affects us personally. Is it affecting us in a favorable or damaging way?

Answer questions A to C **in English**. You may use words and ideas from the text, but you **must not** copy complete sentences.

Question A

Complete the following sentence summarizing paragraph 2.

While social media can develop our online social skills, it can also lead to a _____ .

Question B

Describe how social media helped Josh and hurt Mark.

_____

_____

_____ .

Question C

The text describes two contrasting views of social media. In your opinion, is social media beneficial and/or harmful for you? Write an 80-100 word paragraph, providing specific reasons to support your opinion.

LECTURE
22

✎ **構成を考えよう！**

Question A と B に関しては，後ほど 表現研究 で検討することにして，ここでは **Question C** について考えよう。こうした問題では与えられた英文を読みながらどんどん **SNS の長所，短所**をまとめていくのがよい。(p.151 でも述べたように，英語では **SNS** は **social media** と呼ぶのがふつう。また，本来 media は medium の複数形であるが，本問のように単数扱いされることも多い) その際に，ここまで何度も述べたように，【抽象】と【具体】をセットでまとめていこう。以下はその例だ。

まず**長所**から。本文の**第 1 段落**に「友人や家族と SNS を通じて連絡が取りやすくなる」という SNS の長所が書いてある。ところがあまりに当たり前で説明の必要はないと思ったのか，それを具体化していない。それを自分で補って，例えば次のような【抽象】と【具体】のセットにするのである。

● [第1段落：長所 その1]

抽象：stay in touch with one's friends and family easily

「簡単に家族や友達と連絡が取れる」

具体：Even while you are traveling far away from your home, you can exchange messages with your friends and family and they can know where you are and what you are doing.

「たとえ自宅から離れたところを旅していても，友達や家族とメッセージを交換して彼らはあなたがどこにいて何をしているか知ることができる」

　さらには**第2段落**に，同じ趣味を共有できる人や何かを学べる人とつながれるという記述がある。また，さらに後ろのほうに，何か問題を抱えているときも SNS でいろいろな人からアドバイスや励ましをもらえる，とある。これも，もちろん SNS のよい点であるが，これも本文中にはあまり具体例がないので自分で補って，次のような【抽象】と【具体】のセットにするのである。

● [第2段落：長所 その2]

抽象：you can get acquainted with people who have the same interests with you or from whom you can learn. And some people can encourage you and give you advice when you have a problem.

「同じ趣味を持っている人や勉強になる人と知り合いになれる」

具体：Suppose you are learning to make sweets and cakes. You can exchange recipes with other people, and you can get satisfied if you post pictures of a cake you make and others click "like." And when you are nervous before an important exam, people more experienced than you will encourage you.

「例えば，スイーツやケーキの作り方を勉強しているとしよう。ほかの人とレシピも交換できるし，作ったケーキの写真を投稿してみんなが「いいね」をクリックしてくれたら満足感も得られる。さらに大事な試験の前に緊張をしていても，経験豊かな人が励ましてくれる」

　おそらく北大入試の場合は，ここまで丁寧に【具体】を書かなくても制限語数は十分クリアーすると思われるが，【抽象】で「趣味の共有」と「困っているときのサポート」と2点書いたなら，その責任を自分でとって「ケーキの作り方を通じての人間関係」と「入試の前で緊張していても励ましが得られる」のように【具体】のほうも2点きちんと書くと【抽象】と【具体】がかみ合っている感じが与えられる。そのあたりを学んでほしい。

　逆に今度は SNS の**デメリット**について考えてみよう。まず**第2段落**に SNS に頼りすぎることによって，現実のコミュニケーションが下手になるとある（our capacity to connect with people face-to-face has declined）。そして，その理由として「実際のコミュニケーションが減るから」ということも書いてあるので，ここは何も自分で加えなくても**【抽象】**と**【具体】**ができるようでもあるのだが，問題はその部分の表現だ。本文には The use of social media reduces our physical communication. のような**抽象的な言い方**が使われている。こうした抽象的な表現は自分の言葉に置き換えるか，または本文の中のもっとわかりやすい表現を見つけよう。例えば次のようにだ。

● [第1・2段落： 短所 その1]

> 抽象 ：get poorer at communicating face to face
>
> 具体 ：If we depend too much on communication through social media, we communicate less face-to-face, and that way we forget social skills such as using and interpreting gestures, facial expressions and tones of voice.

　もう1つ本問で述べられている短所は，**cyberbullying**「ネットいじめ」だ。これに関しては本文中**第3段落**に Mark という少年の具体例が出ているので，彼の事例をそのまま要約して利用するのも1つの手だ。例えば次のようになるだろう。

● [第3段落： 短所 その2]

> 抽象 ：Another problem of social media is cyberbullying.
>
> 具体 ：Like Mark in this passage, your post on social media can cause rage you haven't intended and you may get attacked, and more and more young people become mentally ill by such attacks.

　もちろんこれ以外に，個人のプライバシーをさらしてしまうとか，いろいろなデメリットを本書巻末の語彙を参照しながら書くことも可能だろうが，このようにまとめてみれば，すでに本文中にメリットもデメリットも豊富に述べられており，これらをうまく〈抽象＋具体〉に整形すれば答案は出来上がってしまうことがわかるだろう。ただし，その際に**抽象的で本文の助けがないとわかりにくい表現は自分の言葉で言い換え，具体例が欠けているところは自分で補う**ことは必要であり，それをうまくできるかどうかが問われているのだ。一般的に，受験生は自分の意見をあまりに性急に書こうとする傾向があるように見える。もちろん，自分の意見を述べるのも結構だが，それ以前に与えられた文章の中の情報をまとめる，いわば「**整形力**」が要求されてい

LECTURE

22

ると肝に銘じよう。

表現研究

ここでは **Question A** と **Question B** について考えてみよう。こうした一問一答形式の問題パターンは**本文中の表現をうまく変形すること**と，**情報を要約すること**である。Question A は前者，Question B は後者に相当する。

まず **Question A** から見ていこう。**本文第2段落の最後の文と問題文の出だしを比べてみよう**。簡単に言えば，**この2文が同じ意味になるように書き換えよ**，という問題だということがわかるはずだ。もっと言えば下線部を名詞にすればよい。

> 本文から：<u>Our capacity to connect with people face-to-face has declined</u> because of social media.
>
> Question A の出だし：It (social media) can also lead to a ....

したがって，答えは **a decline in our capacity to connect with people face-to-face** でよいということになる。 Chapter 2 で学んだように，**decline** は「劣化する」という動詞としても使えるがそのまま「劣化」という名詞にもなる。ただし，続く前置詞は **in** だ。忘れていた人はもう一度見直そう（→ p.57）。

これに比べて **Question B** は，それほど単純ではない。情報を要約するタイプの問題である。SNS によって助かった Josh とネットいじめにあった Mark のストーリーをそれぞれ1～2文でまとめ，**on the other hand** や **by contrast** のような対比を表す副詞句でつなげばよいだろう。こうした問題では情報を要約することに焦点があるわけだから，あまり本文中の語彙を言い換えて自分の言葉遣いにしなければいけないと神経質になる必要はない。

なお，**Question C** の書き方で注意すべき点については，次ページの答案添削の例を参考にしてほしい。

答案添削例

I think social media does more harm than good to us.

Of course, some people say social media enables people to get acquainted with people with whom you can share the same interest. If you like traveling by train, you can share information

| For example | ~~about it~~ with them. | and enthusiasm とか… | get poorer |

However, if you ~~addict~~ to it, you will ~~be poor~~ at face to face communication. Many people these days cannot talk ~~with~~ well.

get addicted：受け身で使うこと！

facial expressions とか gestures とか,
本文中にある語句を使ってもう少し具体的に。

全体の構成が大変よいです！

 1行目でちゃんと「よい点より悪い点が多い」と書いて,その後「よい点もあるが…」「でも悪い点が上回る」のような流れが明確にわかり,構成は nice です！

解答例

Question A

[While social media can develop our online social skills, it can also lead to a] decline in our capacity to connect with people face-to-face.

Question B

Josh, who suffered from depression, got encouragement from his followers on Instagram and got better. On the other hand, Mark was bullied on Facebook and became mentally ill.

Question C

I think social media is not a good thing for young people. One reason is that if you are too addicted to it, you are likely to get poorer at communicating face to face. You will get out of the habit of using social skills such as facial expressions, gestures and voice tones. Also, there is a problem of cyberbullying. Like Mark in this passage, many young people nowadays get hurt and in some cases even clinically depressed by being bullied by their classmates and even by those they have never met.

(91 words)

▶2019年の東北大の問題だ。東北大は，和文英訳を出題したり，自由英作文を出題したり，はたまた英作文を一切出題しない年があったりと，出題形式が年によってまったく違う（2019年は本問とそれ以外に和文英訳の問題と両方出された）ので，受験生にとっては対策が立てにくい厄介な大学だ。そして出題が和文英訳でも，自由英作文でも，いずれも難易度は高い。実際本問も，[問題22]で扱った北大の問題と似たようなテーマであるが，こちらの東北大の問題のほうがずっと難易度は高い。

　問題はアメリカの大学のディベートの授業を模している。「IT（ケータイ，SNSなど全般）によって人はつながり合うというより孤立を深めるか」というテーマに関して，紅組が長々と賛成論を述べ立てる。それに対し青組のキャプテンになったつもりで反論せよ，という設定だ。北大の問題より難しいのは，まず与えられた英文の中に「賛成論」しか書かれておらず，もちろんそれがヒントにはなるものの，受験生が書かなければいけない反対論は英文中には一切書かれていないため，受験生が一からそれを自分で考えなければいけないため。それと，もう1つはITを使ったコミュニケーションに関する問題のうち，特に「人の孤立」に焦点を当てたディベートであるため，「ネットいじめ」とか割に書きやすそうな論点が使えず，少し書きにくい抽象的な話題の中から，しかも問題文中にあるように2つ以上の理由を考え出さなければならないということだ。受験生にこうした許容される論点の幅が狭い問題をやらせると，だいたいその許容される範囲からはみ出した，つまり本題とは異なる論点の答案を書いてしまう。そうならないように気をつけたい。また，制限語数はとくに記載されていないが，解答用紙から判断する限り，おそらく**100語程度**で書くことを期待されているようだ。

問題23

次の英文を読み，下の問いに答えなさい。

　Prof. Jones runs a seminar class for the debating team at his university in America. The main class objective is to prepare students for the national debate competition that takes place annually in the state of California. His students are practicing their debating skills and have been split into two teams.

Prof. Jones: The theme of today's debate is technology and how it has shaped the way we communicate. There are numerous online SNS platforms such as Facebook and Twitter, and apps such as What's App and Line. These all allow us to communicate with each other on our smartphone predominantly through texting. However, some would say that instead of uniting us, this technology has actually isolated us from society and that devices such as the smartphone are actually hindering real face-to-face socializing. Therefore, the proposition that has been put to our two debating teams today is:

"Communication technology has left us more isolated."

　Team Red will support this proposition and Team Blue will argue against it. Team Red will initially make a brief opening argument for the proposition and this will be followed by Team Blue's argument. So let's get started. Team Red has won the toss and has elected to go first.

Team Red captain: We argue that yes, communication technology has made us more isolated. This has been an issue for a number of years now and popular online videos such as "Look up" and "Disruptions" have specifically addressed this problem. They have received more than 51 and 61 million views respectively. This alone shows us that this problem has attracted huge attention and is a cause for concern. Some people have a better relationship with their smartphone than with real people. I am sure you have seen situations of couples or friends outside who don't actually talk to each other, but are instead too absorbed in what is going on within their smartphone.

Platforms such as Instagram give the illusion that people have numerous friends and followers. However, they will most likely never meet any of these people. This communication platform gives a distinct fantasy-like lifestyle of the people who create them. We believe that what you see on the screen and the real lives of these people are completely different. The technology has in fact made them more alone.

Would you rather share a special moment with close friends, to talk and laugh with them in real time? Or, would you rather upload a picture onto Instagram by yourself and then constantly check to see if people have posted a reply? I read recently that a CNN report mentioned that teenagers check their social media over 100 times a day and spend 9 hours on their smartphone every day.

Is that living? Or, is that being a slave to your smartphone? We suggest that people are too obsessed with their smartphone and that this culture is ruining communication between people. People simply don't talk to each other anymore. Isn't it better to live life for real rather than view it through a small 4.7 inch screen? Surely, it is the former. The focus here is on the fact that people prefer to have relationships with superficial things such as how many "likes" you receive on Facebook and it does not reflect the user's real life. I know people who have thousands of followers on Twitter but have very few people around them who they could call true friends.

This technology has created a fantasy world that leaves us more alone and isolated. Technology cannot replace real life dialogue and interaction. This concludes our opening argument.

Prof. Jones: A big thank you to the Team Red captain. You have certainly given us an interesting perspective on the issue. Now the Team Blue captain will present their ideas that counter the proposition that communication technology has left us more isolated.

Team Blue captain: _____

_____

_____

_____

_____

次の指示に<u>英語で</u>答えなさい。

　　Imagine you are the Team Blue captain. State your opinion giving at least two reasons.

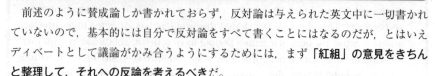

　前述のように賛成論しか書かれておらず，反対論は与えられた英文中に一切書かれていないので，基本的には自分で反対論をすべて書くことにはなるのだが，とはいえディベートとして議論がかみ合うようにするためには，まず「紅組」の意見をきちんと整理して，それへの反論を考えるべきだ。

　「紅組」の論点は（少し「紅組」のキャプテンの主張も明確さを欠いているが，まとめるとすれば）次のとおりだ。

●［「紅組」の主張の論点］

❶ スマホに夢中になりすぎて現実の人間関係が希薄に。
- ▶デート中のカップルもお互いのスマホに夢中。
- ▶友達とは話さないのに SNS は 1 日何度もチェック。

❷ SNS の人間関係は現実の人間関係の代わりにはならない。
- ▶現実と画面の中とは別もの。
- ▶SNS の交友関係は「いいね」をもらえるかどうかが重要な，浅い世界。

　これは英文中にも書いてあるように，ディベートのオープニングの場面であり，そこではまず双方が自チームの主張の骨子をまず言い合い，そのあとでいよいよ本格的な論争になるのだろうから，ここでいきなり相手キャプテンの主張に食ってかかる必要はないのかもしれないが，入試問題としては**紅組のキャプテンの主張の論点の反論になるようにしていく**と書きやすいだろう。

　まず 1 つ目は，**人間関係は必ずしも希薄にならない**というのが反論としてよいだろう。また**【抽象】**と**【具体】**をセットでまとめていこう。

●［反論　その 1］

 IT によって人間関係は希薄にならない。

- ▶かつては日中ほとんど連絡を取らなかった親子や夫婦も，LINE のようなメディアを使ってずっとつながっている。
- ▶一見お互いに自分のスマホに夢中になっているデート中のカップルも，スマホでおもしろいものを見つければそれを共通の話題にする。

　IT によって人間関係が希薄にならないという主張の具体例として 1 つ目のような話を書いてもよいだろうし，紅組のキャプテンがしていた「カップルがデートしていてもお互いスマホを見つめてばかり」という批判に対して，［具体］例の 2 つ目のように，その話の妥当性を疑うようなことを書いても，おもしろいかもしれない。

● [反論　その2]

 SNS は，むしろ現実の人間関係を補完してくれる。

 ▶有名なスポーツ選手や映画スターは SNS を通じて，「いいね」をもらおうするのではなく，ありのままの自分をファンに伝えようとして発信している。

▶難病にかかった人も SNS で同じ病気の人と知り合い，励ましやアドバイスをもらえる。

　冒頭で指摘したように，この模擬ディベートはあくまでも SNS の人間関係に与える影響ということであるから，「ネットでいろいろな情報が得られる」「スマホには便利なアプリがたくさんある」といった本題と関係のないことを述べるのはもちろんダメだ。かといって，この抽象的で範囲の狭い話題の中で2つ論点を見つけるのはなかなか大変だ。だからこそ紅組のキャプテンの主張も少し混乱したものではあったが，彼の主張を2つに分けるとすれば，❶は例えば LINE などを使ってもともと面識のある友人や家族とつながっていることの是非であり，それに対して❷は Twitter などを使い，もっと幅広い人間関係を構築することの是非である。その❷に対する反論を書けばよいだろう。だとすれば，**SNS が現実の人間関係を補完してくれる**，ということだ。具体例を考えるのは大変難しいと思うが，**抽象的な説明の繰り返しにならぬよう**，しっかり具体例を考えてもらいたい。

LECTURE
23

📝 表現研究

　まず［反論 その1］で挙げた論点をどのように表現するかを考えてみよう。「人間関係は希薄にならない」と便宜上書いたが，本文中の表現を使えば，「**IT は人間を孤立させない**」ということであり，次の（1）のように書ける。

（1）**Information technology does not always** make people isolated.

　または isolated という本文中の表現を **shallow**「浅い」とか **superficial**「表面的な」という形容詞に変えて（2）のように表現すれば，本文中の表現を丸写しにしたように見えずに，さらによいかもしれない。

（2）**Information technology does not always make relationships shallow.**

　ただし，そのあとに［反論　その1］に挙げたように「かつては朝家を出てから夕方帰宅するまでバラバラだった家族も SNS のおかげで一日中つながっている」といった具体例を書くなら，やはり isolated という形容詞をそのまま使わないと「抽象」と

「具体」がずれてしまうだろう。この2つがずれないように，うまく書きたい。

〈stay [keep] in touch（with ＋人）〉「人と（望むときには）連絡を取れる状態を保っておく」は，こういう話題に便利な語彙（〈contact ＋人〉とか〈get in touch with ＋人〉が「（実際に）人と連絡をとる」を表すのと比べて，その違いがわかるだろう）。反対語は〈be out of touch（with ＋人）〉「人との連絡が途絶える」。これらを使えば，例えば次のように表現できそうだ。

(3) **People used to be out of touch with their family in the daytime, from the moment they left home till they got home, but now they can stay in touch.**

今度は［反論その2］に挙げた，もう1つの論点である，「SNSはむしろ現実の人間関係を補完してくれる」というほうをどのように表現するかを考えよう。まず何より complement「補完する」という動詞，complementary「補完的な」という形容詞はぜひ覚えておきたい。compliment「お世辞を言う」という単語を知っていると思うが，これはもともと「相手の足りない欠点を補い完全なものにする（complete）」が語源。同じ語源で綴りが非常に似た complement は「補完する」。形容詞型は complementary「補完的な」。

今，AIによって人間の活動領域がどんどん脅かされてきている。AIと人間の頭脳は「競合的（competitive）」なのか「補完的（complementary）」なのか，インターネットと本は競合的なのか補完的なのか，SNSと現実の人間関係は競合的なのか補完的なのかなど，読解問題でも扱われることが多いので，ぜひ覚えておくことをオススメする。

こちらは具体例を書くのはさほど難しくないだろう。本章の LECTURE 16 で扱った新聞記事を模して答案を書く一橋大学の問題同様，ディベートというのは特殊な技術であり特殊な語り方をするのであろうが，受験生はそのようなことをあまり気にする必要はない。右ページの 解答例 では一応ディベートらしく最後に結論めいたものをつけ加えたが気にしなくてよい。

 答案添削例

We are not concern[ed] that information technology will have a

[on] negative effect ~~to~~ our (life). [lives]

First, it will not make us isolated. Rather, it connects us and makes

our life more comfortable. You can play a video game app with your

「安楽な」? friends who live far from you ~~home~~. [improve our lives とか…]

And you can share the same interest with even people (who)

[about]   you have never met.   [m]

Second, you can get any information you want to know anytime

anywhere. For example, if there is a natural disaster in a foreign

country, you can know it and empathize with people there.

これがあるから，かろうじて IT が人間関係に与える影響につ
いて論じるという本題から逸脱してはいないけれど，それなら
Second 以下の書き方をもう少し変えるべき。

解答例

  We don't think human relationships are declining owing to
information technology. It does not make people isolated; rather it
connects us. People used to be out of touch with their family once
they left home early in the morning. Now the husband and the wife,
the parents and the children keep in touch via, say, LINE.

  Also, social media is not a fantasy world, separated from the real
world, as the Team Red's captain argues; social media and the
real world are complementary, and the former enriches the latter.
Popular movie stars and famous pro athletes use social media like
Twitter to express their true selves to their fans. And people with a
rare disease get advice and encouragement online from people with
the same disease.

  In conclusion, we should try to benefit from this technology to
enrich our lives rather than criticizing and refusing it.   (138 words)

▶慶應大の経済学部は，記号選択式中心のイメージがある私立大の中では珍しく昔から自由英作文を出題し続けている。そして，その歴史の中でいろいろと出題形式も変化させてきた。例えば，本書でも取り扱ったグラフの読み取りをいち早く出題したのも慶應大（経済）だったし，架空の無謀なプロジェクト（学生街でハンバーガー屋の出店を計画しているがその事業計画書をみるとハンバーガーが1つ1000円近い）の欠点を指摘するような問題が出題されたこともあった。なかなか野心的だ。そして近年は本問のような問題形式が出題されている。少し特殊なので，具体的に紹介しよう。

　まず自由英作文の問題に先立って，長文読解問題が3問出題される。そのうち1つ目と2つ目は1つの同じ話題に関しての賛成論と反対論（例えば2019年入試では海外からの旅行客増加のよい面と悪い面をそれぞれ述べた文章だった），3つ目はまったく関係のない話題に関する文章（2019年入試では本問のカジノ合法化の是非，つまり1つの文章の中に賛成論と反対論が書かれている）である。まずそれら3つの長文読解問題を読み，設問に解答したあと，今度はそれらについての自由英作文を書かせるという形式になっているわけだ。読解と英作文の両方がうまく入試問題全体の中で有機的に組み合わさっており，その意味で相当に手の込んだ周到な出題である。そして自由英作文の問題として見たとき，受験生には2つの選択肢が与えられている。1つは最初の2つの長文（繰り返すが2019年入試なら旅行客増加を歓迎する文章と，危惧する文章）を読んで，「日本政府は海外からの旅行客増加を更に促す政策を取るべきかどうか」というテーマで自由英作文を書くという選択肢。こちらを選択すると，2つの長文を素材に自由英作文を書くことになる。それに対してもう1つの選択肢は，3つ目の長文（2019年ならカジノ合法化の是非）を1つだけ読んで，それに対し「日本政府はカジノを規制すべきか」というテーマで自由英作文を書くという選択肢である。こちらを選ぶと，長文1つだけを素材に自由英作文を書くことになる。

　書きやすい話題かどうか，長文1つを素材にしたほうがラクか，2つを素材にしたほうがラクかなどを天秤にかけて受験生はどちらかを選択するわけだ。本書では紙面の都合もあるので，長文を1つだけ読めばよいほうを演習することにする。

問題24

Read the following article and answer the questions as indicated.

"Casinos: High Stakes All Round?" by Anne T. Uppe (2017)

① Most people gamble, even if that merely implies calculations about crossing the road or eating an extra slice of cake. As the worldwide popularity of card games and horse-racing illustrates, gambling is entertaining. At the same time, it is rightly regarded as a serious social problem. Societies where illegal or unregulated gambling is common are often characterized by debt-related violence, prostitution, and family collapse. In one sense, building casinos seems a safe solution. Casinos are gaming palaces on a grand scale, easy to supervise and regulate. Yet questions remain: are casinos actually a good thing? Some countries, such as the Netherlands, have tried both the total liberalization and subsequent re-restriction of casinos. Their experience shows that regulating casinos is unavoidable. Banning casinos totally may not reduce gambling, but allowing them total freedom will surely bring negative consequences. So how should we proceed?

② Although casinos seem to bring ever-increasing economic advantages, their track record has been mixed. To find an obvious example, we simply need to look at Macau. Since the liberalization of casino licensing in 2002, revenues in Macau reached over $45 billion in 2013 before crashing over political worries. Today, even after a 10% recovery, they remain around $33 billion. Similarly, the annual revenues of casino gambling in Singapore peaked at $4 billion in 2013; a considerable sum, but less than 1.3% of GDP.

③ Taxes from the casino industry have become a significant source of government revenues. In the US, commercial casinos have generated annual tax revenues of over $5 billion since the mid-2000s. Casinos have also provided useful tax income in Macau and the Philippines. However, these gains may be an illusion. A much-cited 1996 University of Illinois study by John Kindt found that for every dollar of gambling revenue earned in the US, the state had to spend three dollars in criminal justice and social costs. Casinos, he argued, were only economically viable if they could attract money from external sources, which usually means tourists.

④ Employment is another area where casinos bring both advantages and disadvantages. Casinos can create thousands of full-time entry-level jobs in areas suffering from chronic unemployment and underemployment. However, the construction of casinos sometimes has negative influences on the revenues and job opportunities of other local industries, and may even destroy their development. One study found that riverboat casinos in Illinois, for instance, did not generate the anticipated tourism and economic growth, because gamblers did not stay in the riverboats long enough or eat at the local restaurants. Another study on New Jersey found that during the four years after casinos began to operate in Atlantic City, the number of retail businesses declined by one-third, and the number of restaurants fell from 243 to 146.

⑤ On the other hand, many of the negative effects of casinos themselves have been exaggerated. Much gambling nowadays is done online at home, or in bars or betting shops where gaming machines are easy to install. This will not go away if casinos are abolished, and to close them may in fact worsen the problem. Communities with casinos are said to experience higher rates of crime, prostitution, bankruptcy, excessive debt burden, higher suicide rates and domestic violence including child abuse. However, such problems exist whether casinos are built or not, and accurately measuring casinos' responsibility is not easy. Indeed, casinos sometimes gain local support. One 1999 US study found that 59% of the respondents favored casino establishments in their communities, and 77% agreed that casinos led to positive effects on their communities' economy.

LECTURE
24

⑥ Given that casinos, then, are mixed blessings, how should governments regulate them? Measures that can initially be taken include strict checks on licenses and limiting casinos in number and location. Casinos, by separating locals and tourists, for example, and charging the former significant entry fees, as in Singapore, can also grant priority to foreign visitors by allowing them in without charge. Moreover, limits can be placed on betting, and clients can be restricted in how frequently they can enter. All these help to control addiction levels in Singapore, but are not without problems of their own.

⑦ As for licenses, those specifying location have proved more effective than those relating to personnel. Most US states have laws about who can establish a casino, or work there. Nevertheless, due to location, the rumored connections between casino employees and organized crime seem to be as strong as ever. Setting limits on casino numbers and position seems more effective. With the exception of Nevada, every US state that has authorized casino gambling has placed limitations. In New Jersey, for example, casinos are limited to a single location—Atlantic City. In Colorado, casinos are limited to three small former mining towns. Midwest states often limit casinos to locations along waterways. Still, this seems to have restricted revenues: none of these states generates even one quarter of Nevada's casino income.

⑧ In practice, regulating customer behavior might well be the most effective strategy towards maximizing revenues whilst minimizing social costs. Singapore charges about $80 for each visit by citizens and monitors those who visit more than six times in a month. Yet, this seems to have been far from completely effective: according to the National Addiction Management Service, the number of people requiring addiction treatment in Singapore has doubled since 2010, when the casinos opened. Amongst a 37% increase in the total number of addicts, the sharpest increase was among those with a gambling addiction. Though Singapore has failed to stop the problem, at least it has administrative measures in place. Many countries, such as the UK and Australia, are struggling to catch up.

⑨ Ultimately, it may not be the job of governments to encourage or prevent people from gambling. It is their difficult responsibility, however, to minimize the social damage it can cause. How many casinos to allow and where, whom to admit, how often, at what cost and for what stakes are important questions.

以下の設問 (A), (B) の中から一つ選んで, 自分の意見を英語で書きなさい。注意点をよく読んでから書くこと。

(A) Should the Japanese government encourage many more tourists to visit Japan? Why, or why not?

(B) Should the Japanese government regulate the casino industry? How and why?

注意点：

(1) 箇条書きは不可。

(2) **自分の意見と異なる見解に言及し，それに反論すること。**

(3) 問題文で言及されている見解やことがらを<u>最低一つ</u>引用して，自分の意見をまとめること。引用の仕方に関しては，下の例を参考にすること。

引用例：

- In her 2010 article "Against Zoos", Faerrer claims, "Nature is not ours to control." She argues that .... However, I strongly disagree with that statement, because ....

- I agree only to a certain extent with Eve N. Suzuki who argues, "Schools do not protect the rights of students enough" in the essay by Foane (2010). Her claim that X is Y may be true, but ....

- According to O'Werke (2012, paragraph 7), one option is indirect taxation. Although this argument ...,

* （著者注）実際の入試問題では最初に英文中の空所を補充したあとに英作文問題に進む。ここでは英文の空所は補充した上で，**英作文問題（B）のみ**を取り上げる。

構成を考えよう！

　素材になっている長文を読むと，**すべての段落にカジノのよい点と悪い点が併記**されているのがわかる。以下にそれを簡単にまとめよう（便宜上，第5段落はよい点，悪い点を逆の順番で記す）。

●［第2～5段落：カジノのよい点・悪い点］

第2段落	経済への貢献	よい点	カジノの自由化以来，マカオは40億ドル、シンガポールは450億ドルの売上。
		悪い点	しかしその金額も，GDP 全体から見るとごくわずか。
第3段落	税収	よい点	確かに巨額な税収。
		悪い点	しかし米国ではカジノから得られる税収の3倍の額をカジノが関係する犯罪治安対策に支出。
第4段落	雇用創出	よい点	確かにカジノでの雇用は生まれる。
		悪い点	しかしそれ以外の産業はかえって衰退。
第5段落	危険性	悪い点	カジノがあると犯罪率，自殺率，暴力などが増えるとされている。
		よい点	カジノとそれらの指標との間の因果関係は不明確。

　以上，ここまでいろいろな論点から考察した結論として，**第6段落**で筆者はカジノを **a mixed blessing** と結論づけている。「よいとも悪いとも言い切れないもの」と

いうくらいの意味だ。そして規制するとすれば，どういう手段を取りうるかを具体的に列挙している。

第6段落	カジノを規制する手段	❶ カジノの営業許可を厳しくする。
		❷ 場所あたりのカジノの数の上限を定める。
		❸ 外国人の入場料は無料にするが自国民の入場料は高くして，カジノ中毒になる人を出さないようにする。

第7段落からは，ここに挙げた❶〜❸の規制の有効性を論じ，最終的に❸が一番現実的な解決策として提示されている。

慶応大学経済学部の問題はほかとは違い，相当に論理的な評論文である。論点はもうすでにこの文章の中で相当に提示されているので，今までも述べたとおり「自分の意見を書かなくては！」と意気込むより，まずきちんと「**筆者の主張を自分の言葉で整理し整形しよう！**」というように考える姿勢が大切だ。

もう1つ気をつけたいのは「**自分とは異なる意見**」に必ず言及して反論せよという設問の要求である。例えば英文の筆者と同様，❸「**外国人の入場料は安くするが自国民の入場料は高くして，カジノ中毒になる人を出さないようにすべき**」だと主張したとしよう。その場合の「自分とは異なる意見」とは何だろうか？　次の（1）や（2）のように対照的な反論が可能だ。もちろん，どちらを選んでもよい。そしてこのどちらかを「**譲歩**」として使い，「確かにカジノをそもそも禁止すべきと言う人もいるが，しかし…」のように自分の意見を書けばよさそうだ。

● **[❸に対する反論]**

（1）それでは手ぬるい。そもそもカジノ禁止。
（2）やりすぎ。政府は介入するな。

最後にもう1つ受験生を悩ませるのは，**引用の仕方**である。本問では入試の自由英作文（essay writing）ではなく，あたかも**学術論文**（academic writing）のようにキッチリ引用をすることが求められている。もちろん入試の英作文には本来なじまないのであるが，ちょっと背伸びをさせてみようという試みなのだろう。したがって，引用の仕方は例として与えられているものにきちんと従ってほしい。問題はどの部分を引用するかだ。受験生の答案を添削していて多いのは，自分の主張をすべきところで引用にその代用をさせている答案だ。日本語で言えば次のような感じのものである（下線部が引用）。

● [ダメな引用例]

「Anne T. Uppeが言うように『自国民の入場料は高くすべきだ』。なぜならそれによって外国人客からはカジノで収益を上げられる一方，自国民が依存症になるのを抑制できるからだ」

これはおかしい。自分の主張は自分の言葉で述べるべきであり，引用は自分の主張の裏付けとして，つまり【抽象】と【具体】で答案を構成していくとしたら，【具体】のほうに使うべきである。例えば，次のように使ったほうがよい。

● [よい引用例]

「私は自国民の入場料を高くすべきだと思う。なぜなら，それによって外国人客からはカジノで収益を挙げられる一方，自国民が依存症になるのを抑制できるからだ。Ann T. Uppeが言うように『カジノはmixed blessing』であり，利点を生かしつつ，欠点を抑えるのが大事だ」

本問では 表現研究 を割愛するが，本書最後の問題であり，しっかり頑張って書いてみよう！

解答例

　The Japanese government should legalize the casino industry but somehow should regulate it and among the measures it can take, the most rational must be to restrict Japanese citizens' entry to casinos.
　Some people claim casinos should not be legalized in the first place. They say casinos can create gambling addicts, which can lead to crime, family break-up, suicide, or social insecurity.
　However, we should not ignore the huge economic profit the casino industry would make. As Ann T. Uppe points out in her article in 2017 "Casinos: High Stakes All Round?" Singapore's casino industry's annual revenue reached $4 billion in 2013, and the U.S. casino industry pays taxes equivalent to $5 billion. As she says, the casino industry is a "mixed blessing," so we must try to benefit from it as much as possible, and at the same time prevent its ill side effects.
　One way to realize this version is to charge Japanese citizens a lot for every entry and monitor those who visit casinos too frequently, as Singapore does and many other countries are trying to do. In this way we can profit from inbound tourists and prevent gambling addiction of Japanese citizens. (195 words)

01 Health 健康

1 健康の3要素

❶適度な運動をする	get **moderate** exercise （定期的な運動：**regular** exercise）
❷バランスのよい食生活をする	have a well-balanced **diet**
❸夜の十分な睡眠	have a good night's sleep

それを守ると… **影 響** 守らないと…

❹健康を維持する	stay well [healthy]
❺体力がつく	get **fit**
❻元気いっぱい	be energetic
❼病気に抵抗力がつく	become **immune** to diseases

❽病気になる	get ill（⇔ get well 治る）
❾生活習慣病にかかる	get a chronic disease
❿太る	put on weight（⇔ lose weight やせる）
⓫肥満になる	become overweight become obese

2 病気のいろいろ

⓬風邪にかかる	catch a cold
⓭インフルエンザにかかる	get the flu （= get infected with the flu） インフルエンザに感染する * The flu is going around. インフルエンザが流行している。
⓮がんにかかる［発症する］	get [develop] cancer
⓯糖尿病を発症する	develop diabetes
⓰高血圧を発症する	develop hypertension
⓱不眠症を患う	suffer from insomnia

1 健康の3要素

▶ 健康の3要素はしっかり書けるように。特に色文字のところは重要。❶ moderate 「適度な」や regular「定期的な」は，英作文で超頻出。

▶ ❷ diet は「食習慣」。food「食べ物」，meal「1回の食事」ではなく，ここでは必ずこの diet という語を使う。

▶ ❸「夜の十分な睡眠」は，左ページに掲げたものが定番の表現だが，これは have enough sleep でもよい。

影響

▶ 日本語では名詞を使うが英語では形容詞を使い，第2文型で表現するものとその逆がたくさんあることに注意が必要。❹「健康を維持する」のように日本語では名詞を使うところで英語では well「健康な」という形容詞を stay「～のままいる」と組み合わせて stay well のように第2文型で表現するところが日本語と違う。

▶ ❺「体力がつく」の「体力」という名詞は fitness。fit は「体力のある」という形容詞で，これを get「～になる」と組み合わせて get fit と第2文型で使う。

▶ ❼ be immune to ～「～に抵抗力がある」とその反対語 be vulnerable to ～「～に弱い」はセットで暗記！

▶ ❽「病気になる」も同様に get と形容詞を使って get ill となる。

▶ ❾「生活習慣病」は日本人の医者の命名なので，英語にはそれに似た表現はなく，chronic「慢性的な」病気（disease）と言う。反対語は an acute disease「急性疾患」か an infectious disease「感染症」。

▶ ❿「太る」は，英語では日本語とは異なり名詞 weight を使って put on weight「体重を身につける」とする。「5kg 太る」なら put on 5 kilos。反対語は lose weight「体重が減る」

▶ ⓫ overweight と obese は絶対に暗記。どちらも「肥満の」という形容詞。obese のほうがより肥満度が高い。名詞形は obesity「肥満」。

2 病気のいろいろ

▶ 病名は難しいものが多いが身近な感染症（インフルエンザなど）と生活習慣病をいくつか覚えておきたい。**基本的に病名はみな無冠詞だが，⓬ a cold と⓭ the flu だけは例外**。風邪は〈catch a cold〉だが，一般的に感染症に「かかる」は get。次第に進行して発病するタイプの病気は develop を使う。病気が「流行している」は go around。世の中をぐるぐる回るということ。

3 病状を表す言葉

⑱ 顔色がよい／悪い	look well / look ill
⑲ 寒気がする	have the chills
⑳ 咳が出る	have a cough
㉑ 熱がある	have a fever
㉒ 鼻水が出る	My nose is runny. / I have a runny nose.

4 「痛い」は特に要注意！

㉓ 頭が痛い	I have a headache.
㉔ のどが痛い	My throat is sore.
㉕ 歯が痛い	I have a toothache.
㉖ 脚の筋肉が痛い	My leg muscles are sore.
㉗ 胃が痛い	I have a stomachache.
㉘ 頭が痛い	My head aches.
㉙ のどが痛い	My throat aches.

5 治療に関する語彙

㉚ 病院に行く，医者に見てもらう	go to the doctor
㉛ 医者が患者を診る	The doctor sees patients.
㉜ 薬を飲む	take medicine
㉝ 熱を測る	take one's temperature
㉞ 患者をインフルエンザと診断する	diagnose a patient with the flu
㉟ 患者 [病気] を治療する	treat a patient / a disease

6 「治す」と「治る」

㊱ この薬があなたから風邪を治す。	This medicine will cure you of the cold.
㊲ このけがは少ししたら治る。	This injury will heal soon.
㊳ 音楽は人を癒やしてくれる。	Music heals you.

3 病状を表す言葉

▶ ⑱ look well「健康に見える＝顔色がよい」(⇔ look ill「病気に見える＝顔色が悪い」) では，どのような形容詞を使うかが重要。look nice「イケメン？」，look bad「悪人面？」のようにしないこと。また **He looks well.** のようにすればよく，日本語に引きずられて (×) His face looks well. とするにはおよばない。

▶ ㉒ runny は run「流れる」の形容詞形。

4 「痛い」は特に要注意！

▶ 動かさなくても痛いところには ㉓ a headache「頭痛」，㉕ a toothache「歯痛」，㉗ a stomachache「胃痛」といった表現を使う。他方，しゃべると喉が痛いとか，立ち上がろうとすると足が筋肉痛で痛いというような動きに応じて痛む部位には㉔㉖のように be sore を使う。**痛みの部位によって使う表現が2種類あるのが面倒だが**，㉘㉙のように ache を使うという解決策がある。ache は「痛み」という名詞以外に「痛む」という自動詞として使えて，**基本的にどの部位にも使える**。上記の区別が面倒ならこれがラクでよい。

5 治療に関する語彙

▶ 日本語では「病院に行く」とか「医者に診てもらう」などいろいろに表現するが，英語では㉚ go to the doctor と言うのが一番よい。医者の立場からすると **see a patient**「患者を診る」。㉞ diagnose は少し難しい単語で，使い方も難しいが，〈diagnose ＋人＋ with ＋ 病名〉の形で使う。

6 「治す」と「治る」

▶ cure と heal はあらゆる意味で対照的な単語だ。まず㊱ cure は「(病気を) 治す」。**他動詞であり**，〈主語は「薬 (が治す)」〉のように使う。cure <u>you</u>「あなたを治す」，cure the <u>cold</u>「風邪を治す」のように目的語は人でも病気でもよいが，重要なのは〈**cure ＋人＋ of ＋病気**〉という語法。他方，㊲ heal は「(けがが) 治る」という**自動詞**。ただし，㊳「癒やす」という意味の他動詞の用法もある。

1 天気を表す

❶天気がよい	The weather [It] is nice. （× fine はあまり使わない）
❷今日は快晴になります。	It will be clear today.
❸天気は晴天になります。	It will be fair today.
❹曇っている。	It is cloudy.
❺雨が降っている。	It is raining. （なぜか× It is rain. と書く人が多い。これはダメ）
❻雪が降っている。	It is snowing.
❼小ぶりになった。	The rain has let up a little.

2 日本の気候に関して

❽日本には四季がある。	There are distinct seasons in Japan.
❾日本には夏に梅雨がある。	There is a rainy season in summer in Japan.
❿気候が温暖（厳しい）。	The climate is mild（⇔ severe）.
⓫日本では夏は高温多湿だ。	It is hot and humid in summer in Japan.
⓬異常気象が頻繁になってきている。	Abnormal weather events are becoming common.
⓭にわか雨に遭い，びしょ濡れになる	be caught in a shower and get soaked

3 「予報」と「予言」

⓮天気を予報する	forecast the weather （天気予報：a weather forecast）
⓯地震 [自然災害] を予言する	predict an earthquake [natural disasters]
⓰天気が変わりやすい。	The weather is unpredictable.

1 天気を表す

▶ 左ページにあるように，❶「天気がよい」ということを fine という形容詞で表すのは相当古い英語。今どきは nice か lovely。また ❺ rain や ❻ snow は，当たり前だが動詞として使おう。

2 日本の気候に関して

▶ 英語では，「四季がある」と言わずに ❽「**それぞれにハッキリした（distinct）季節たちがある**」のように表現する。

▶ ⓫「高温多湿」を表す hot and humid は語呂もよいので慣用的にセットで使われるが，意外に書けない受験生が多い。

▶ ⓬「異常気象」は abnormal [extreme] weather。または abnormal [extreme] weather events。

▶ ⓭「にわか雨に遭う」は be caught <u>in</u> a shower。前置詞に要注意。また soak は「浸す」。受け身で使い，「（雨水に）浸される＝びしょ濡れになる」。面倒なら get totally wet などでもよい。

3 「予報」と「予言」

▶ 科学的に高確率で的中する ⓮「予報する」は forecast，非科学的または確率の低い「予言する」は predict。したがって，⓮のように天気は forecast「予報する」ものであり，逆に⓯のように地震やそのほかの災害は predict「予言する」もの。forecast は時制が変わっても無変化だということも注意。predict からできた unpredictable「予言もできないような＝（天気が）変わりやすい」も知らないと思いつけない単語であり，ここで一緒に覚えておこう。

4 いろいろな災害とその影響

⑰熱波のせいで多くの人が熱中症にかかった。	Due to the heat wave, many people got heat stroke.
⑱干ばつのせいで凶作が予想されている。	Due to the drought, a poor harvest is forecast.
⑲川があふれ, 街の多くが浸水した。	The river flooded, and most of the city was submerged.
⑳噴火の気配がする。	There are signs of an eruption.
㉑地震は東京を直撃した。	An earthquake hit [shook] Tokyo.

5 避難と救助

㉒災害を防ぐ	prevent a disaster
㉓被害を最小限に食い止める	minimize damage
㉔被災地	a disaster site [a devastated area]
㉕～から避難する	evacuate from ～
㉖被災者	a victim
㉗ボランティア（をする人）	a volunteer
㉘ボランティア活動	volunteer work (volunteer activities)
㉙レスキュー隊	a rescue team
㉚緊急物資	emergency supplies
㉛避難所	a shelter
㉜復興事業	reconstruction work

4 いろいろな災害とその影響

▶ 日本は災害大国で，とりわけ和文英訳では災害がよく話題になるので左ページの災害を表す表現はよく覚えておこう。とりわけ日本を頻繁に襲う地震や，水害とその逆の日照り，酷暑などに関する語彙は知っておこう。**⓱ stroke** は脳卒中など，脳の発作を表す語。**heat stroke** で「暑さによる脳の発作＝熱中症」。そもそも **hot** の名詞形が **heat** であることに気づかない受験生が多い。**work in the heat**「暑さの中で働く」など。

▶ **⓳ flood** は「洪水」という名詞としても使うが，「あふれる」という動詞としても使う。

▶ **⓴ sign** は「兆し」。英作文で便利な語だ。例えば **signs of fall**「秋の兆し」や **signs of life**「人の気配」のように。単語集で **symptom** という単語を見たことがあると思うが，その類語。

▶ **㉑** 災害が「～を襲う，直撃する」は **hit** か **strike**。

5 避難と救助

▶ 救助や避難を表す語も頻出。**㉔**「被災地」を表す語はいろいろあるが，どれか1つ書けるようにしよう。でも **㉔ devastate**「壊滅させる」という動詞は，ぜひ覚えたい。被害の程度に応じて **damage the area**「その地域に損害を与える」＜ **destroy the area**「その地域を破壊する」＜ **devastate the area**「その地域を壊滅させる」と3つの動詞を使い分ける。形容詞の形は **a devastated area**「壊滅させられた地域＝被災地」のように使う。

▶ **㉕ evacuate** は vacuum「真空」から来ている。「空っぽにする＝避難する」。もともとは「避難させる」という他動詞であり受け身で使っていたが，最近は自動詞として使うので，それで十分。

▶ **㉖ victim** は単語集などで「犠牲者」と覚えていることと思うが，亡くならなくても，けがをしたり家財を失ったりした人も victim。

▶ **㉗ volunteer** は人しか表さない。「ボランティア活動」は **volunteer work** か **volunteer activities**（ただし work は不可算名詞）。

1 乗り降り

① 山手線に乗り込む	get on the Yamanote Line
② 電車に乗車中です。	I'm riding on the train.
③ 電車から降りる	get off the train
④ 山手線を利用する	take the Yamanote Line
⑤ 電車を捕まえる	catch the train
⑥ 電車を逃す	miss the train
⑦ 駅を乗り過ごす	miss my stop [station]
⑧ 乗る電車を間違える	take the wrong train
⑨ 新宿で乗り換える	change (trains) at Shinjuku

2 交通機関

⑩ 車で行く	go to Osaka by car = drive to Osaka
⑪ 飛行機で行く	go to Osaka by airplane = fly to Osaka
⑫ 電車で行く	go to Osaka by train = take a train to Osaka
⑬ バスで行く	go to Osaka by bus = take a bus to Osaka
⑭ 歩いていく	go to Osaka on foot = walk to Osaka
⑮ 電車が遅れる／止まる／運休になる	the train was delayed / was suspended / was canceled.

3 出発・到着・出迎え

⑯ 東京を出発する／大阪に向けて出発する／大阪に向けて東京を出発する	leave Tokyo / leave for Osaka / leave Tokyo for Osaka
⑰ 名古屋に立ち寄る	stop by in Nagoya
⑱ 大阪に到着する	get to Osaka / arrive in Osaka
⑲ 駅まで車で連れて行く	drive him to the station / give him a ride to the station
⑳ 駅で彼を出迎える	pick him up at the station
㉑ 駅で彼を見送る	see him off at the station

1 乗り降り

▶ ❶ **get on** は電車の中に乗り込むこと。それに対し ❹ **take** は電車を利用すること。次の２つの用例を一緒に使う前置詞の違いも含めて比べれば違いがわかるだろう。

get on the Yamanote Line **at** Shinjuku「新宿で山手線に乗る」

⇔ **take** the Yamanote Line **from** Shinjuku **to** Shibuya
　「新宿から渋谷まで山手線に乗る」

▶ ❷ **ride on** ～は「乗車中」ということを表す。**ride a bike, ride a horse** のように**他動詞**として「（またがって）乗る」の意味で使われるのと対照的。

▶ 日本語では「電車を間違える」と言うが，英語では ❽「間違った（**wrong**）**電車に乗る**」のように形容詞を使う。これが受験生にとっては盲点のようだ。

▶ ❾「乗り換える」は，**change** で十分だが，他動詞として **train**「列車」を目的語にするなら **change trains** と必ず複数形にする。

2 交通機関

▶ 交通機関を ❿ **by car**「車で」のように by を使って書いてもよいが，すべて右辺に記したように**動詞を変えて表現する**ほうがはるかに普通。そちらをおススメする。どうしても by を使うのなら，後ろには**無冠詞の単数名詞が来る**ことは絶対忘れないように。by his car のように所有格やそのほかの修飾語を付けるのもダメ。

▶ ⓯ **delay, suspend, cancel** はセットで覚えておこう。**すべて受け身で使う**。特に suspend と cancel は便利。**suspend a game**「試合を中断する」と **cancel a game**「試合を中止する」や，**suspend one's driver's license**「免許停止にする」と **cancel one's [revoke] driver's license**「免許取り消しにする」など，いろいろな場面で使える。

3 出発・到着・出迎え

▶ ⓰ **leave** の３種類の使い方はしっかり身につけること。単に「出発する」の場合も，自動詞として **leave** を使い，**I must leave now.**「もう行かなければなりません」のように言う。

▶「到着する」はなぜか受験生は reach を使いたがるが，これは「たどり着く」のように苦労して到達するときに使う語。普通は **arrive in ／ at** か **get to** を使う。

▶ ⓳ **drive** は車を運転するという意味のほかに「人を車で送る」という**他動詞**として使えることをぜひ覚えておこう。

4 混んでいる

㉒ 通り[道路／レストラン／電車]・が人(または車)が多い[賑やか]。	The street [road / restaurant / train] is **busy**.
㉓ 交通量が多い。	The traffic is **heavy** [**terrible**].
㉔ 道路が渋滞している。	The road is **congested**.
㉕ 渋滞箇所がある。	There are **traffic jams**.
㉖ 電車が満員だった。	The train was **packed** [**jam-packed**].
㉗ ホテルが満室だった。	The hotel was **fully booked**.

5 旅行

㉘ ～に旅行する	take **a trip to** ～ (= travel to ～)
㉙ ～に修学旅行[出張旅行／日帰り旅行]に出かける	take **a school trip** [**a business trip / one-day trip**] **to** ～
㉚ 京都に観光旅行に行く	**go sightseeing** in Kyoto
㉛ ここからは眺めがよい。	You can enjoy **a nice view** from here.
㉜ 九州の風景を楽しんだ。	I enjoyed beautiful **scenery** in Kyushu.
㉝ 観光地，名所	**a tourist spot**
㉞ 史跡	**a historical place**
㉟ 旅行シーズン	the **high season** [the **tourist season**]

6 それ以外の慣用的な表現

㊱ 駅にはどう行ったらよいか教えてください。	Could you tell me **how to get to** the station?
㊲ このあたりには詳しいです。	I **know my way around** here.
㊳ 東京を案内してあげます。	I will **show you around** Tokyo.
㊴ 私の家は新宿駅から歩いて[車で・バスで]5分以内です	My house is **within a five-minute walk** [**drive / bus ride**] of Shinjuku Station.
㊵ 私の家は駅から簡単に歩いていけます。	My house is **within easy walking distance** of Shinjuku Station.
㊶ 私の家は交通の便がよい。	My house is **near public transportation**.

4 込んでいる

- ▶ ❷ **be busy** は，いろいろなことに使えて便利。また「混んでいる」というネガティブな意味でも使うし，文脈によっては「賑やか」のようにポジティブな意味でも使われる。

- ▶ traffic が混んでいるのを ❸ **heavy** で修飾するのは普通だが，ほかにも **terrible** など，いろいろな形容詞が使える。

- ▶ ❻「満員」は意外に書けない受験生が多い。電車などは **packed**「詰め込まれた」，ホテルは **fully booked**「予約でいっぱい」。

5 旅行

- ▶ ❽ **travel** は名詞でも動詞でも使うが，**trip** は名詞のみ（ほかの意味でなら動詞でも使う）。trip を使って「旅行する」ということを表したいなら，〈**take a trip to ～**〉という熟語を使うしかない。ただこの熟語は便利で，trip の前にいろいろな修飾語が使える（❾）。

- ▶ ⓿ **go sightseeing** は，次に来る前置詞が to ではなく **in** であることに注意。

- ▶ ❿ **a view** は**可算名詞**で一地点からの「見晴らし」，❷ **scenery** は**不可算名詞**で周辺地域全体の「美しい景色」。例文を見れば違いは実感できると思うが，しっかり区別しよう。受験生が使いたがる **a scene** は「情景」。「港の情景」のように，風景というより，そこで働く人たちなどのありさま。**landscape** は主に土地の起伏などを表す語。どちらも英作文で使うことはあまりなさそう。

6 それ以外の慣用的な表現

- ▶ 道を尋ねるときに ❻ **how to get to ～** という表現を使うというのは常識（× how to go to ～）。

- ▶ ❼「～の地理に詳しい」は **know one's way around ～**「～の周辺の自分の行くべき道を知っている」という表現を使う。受験参考書によくある I am a stranger here. は 19 世紀的表現。

- ▶ ❾ **within** は慣用的に of を伴い〈**within ～ of ...**〉で「…から～以内」。within a five-<u>minute</u> walk などの minute は**単数形で書く**ことに注意。

- ▶ ❹ **public transportation** は「公共交通機関」。それに近いことが ❹「交通の便がよい」ということ。

04 Life 生活・人生

1 人生全般

❶ 生きがい	a purpose of life
❷ 充実した[生産的な／安定した]人生	a fulfilling [productive / stable] life
❸ 人生について考える	reflect about [on] life
❹ ストレスがたまる人生	a stressful life
❺ 現代生活ではストレスが溜まる。	You get stressed easily by life today.
❻ ストレスを解消する	relieve stress

2 成長して大人へ

❼ 私は東京で育った。	I grew up in Tokyo. = I was brought up in Tokyo.
❽ 困難を克服して人は成熟する。	You can grow [mature] by overcoming hardships.
❾ 18歳の人たちは投票できるくらい成熟している。	18-year-olds are mature enough to vote.
❿ (学校を卒業して)社会に出る	get out into the (real) world
⓫ 社会の(貢献する)一員になる	become a contributing member of society
⓬ 自立する	stand on one's own two feet

3 社会人として

⓭ 求職する	apply for a job
⓮ アルバイトをする・パートで働く	work part-time
⓯ フルタイムで働く	work full-time
⓰ 残業する	work overtime
⓱ 定職につく	get a permanent job [career job / job for life]
⓲ サラリーマン・被雇用者	an office worker ≒ an employee
⓳ 会社(＝雇用者)のために働く	work for the employer
⓴ 会社に行く	go to work
㉑ 定収入を得る	get a regular income

1 人生全般

- ➊「生きがい」は「人生の目的」と言えばよいのだ，ということは一度知れば覚えられると思う。それ以外に「人生」life を修飾する形容詞は，➋に挙げたものくらいは覚えておこう。

- ➍ stressful と ➎ stressed の使い分けは間違いが多い。「人にストレスを与える（主に）もの」は stressful，「ストレスを与えられた人」には stressed。ちょうど exciting と excited の関係のように使い分ける。

2 成長して大人へ

- ➐ grow up は「育つ」という自動詞，〈bring ～ up〉は「～を育てる」という他動詞なので，前者を能動で使っても後者を受け身で使っても「育つ」を表せる。さらに grow は「（精神的に）成熟する」という意味でも使われる。➑ mature も同類語だが，mature は➒の例文のように「成熟した」という形容詞としても使える。

- ➓～⓬はだいたい同じ意味だが，できればすべて正確に覚えたい。society は子どもや老人を含んだ社会全体を意味し，我々は生まれてから死ぬまでずっと society の中で生活し，その一員である。したがって，大学を出て初めて society の一員になるというわけではない。一般的な society に対し，大人の社会は ➓ the (real) world「実社会」と言い，大学を出て「社会に出る」のは society に出るのではなく the (real) world に出ると言わなければならない。society の語を使うなら，社会の中の ⓫「貢献するような一員」と言う必要がある（逆に老人のような存在は a dependent member of society と言う）。

3 社会人として

- ⓮ part-time と ⓯ full-time と ⓰ overtime は，どれも副詞として使える。

- 「サラリーマン」が和製英語というのは常識。それでは英語では何と言うか？正式には ⓲ an employee である。

- よく我々は「会社のために働く」と言うが，英語では ⓳ the employer「雇用者」のために働くと言うのが普通。

- ⓴ work「職場」は school と同じように無冠詞単数で用いる。

4 さらに社会人として

㉒ 昇進する	get promoted
㉓ 昇給する	get a pay raise
㉔ 転職する	change jobs
㉕ クビになる	get fired
㉖ 仕事を辞める（中途で）	quit one's job
㉗ 定年退職する	retire（a retiree 退職者）
㉘ 年金で暮らす	live on a pension

5 家庭生活

㉙ 彼女と結婚したい。	I want to marry her.
㉚ 結婚したい。	I want to get married.
㉛ （家庭の）外で働く	work outside the home
㉜ 家事をする	do the housework
㉝ 掃除[洗濯／買い物／皿洗い]をする	do the cleaning [the washing / the shopping / the dishes]

6 人間関係

㉞ 人と知り合う	get acquainted with ＋人
㉟ 人と友だちになる	make friends with ＋人
㊱ 人と仲良くやる	get along with ＋人
㊲ 人と社交する（あそぶ）	socialize with ＋人
㊳ 人と遊ぶ(とくに異性と付き合う)	go out with ＋人
㊴ 彼は最近よく彼女と会っている。	He is seeing her these days.
㊵ （親しかった人と）別れる	break up with ＋人
㊶ 若いうちに人脈作りをするのは大切だ。	It is important to network while young.

4 さらに社会人として

▶ 販売促進活動のことを日本語でもプローモーションキャンペーンなどというが，**㉒ promote** は「（販売などを）促進，推進する」という意味。さらには「昇進させる」も promote であり，これを**受け身で使い**，「昇進する」

▶ **㉘**「年金」は **a pension**。live on ～は depend on ～や be based on ～などと同様に，「依存の on」を伴った熟語で，「～に頼って暮らす」。

5 家庭生活

▶ **㉙ marry** は**他動詞**である。したがって marry her「彼女と結婚する」のように後ろに目的語を続けなければいけない。逆に漠然と「結婚したいなあ」を I want to marry. のように目的語を付けずに使うのはダメ（最近は使う人もいるが）。その場合は **married**「既婚の」という形容詞を使い，**㉚** のように **get married**「既婚の状態になる＝結婚する」（I want to get married.）とする。

▶ **㉜**や**㉝**のとおり，家事にはだいたい同じような表現を使う。まとめて覚えよう。ちなみに **go shopping** は休日に衣服などを買うことを表すのに対し，**do the shopping** は家事の一部としてスーパーなどで買い物をすること。

6 人間関係

▶ 「知り合う」は come to know と書く受験生が多いが，**㉞ get acquainted with**（→ p.25）を使えればはるかによい。

▶ **㉟ make friends with** は，たとえたった1人の相手と友達になる場合でも，必ず friends と**複数形にする**のが大切。「お互い」という意味の複数形だ。

▶ 「友人と遊ぶ」と言うのに play を使うのは幼い子どもまで。大人が休日に友人と「遊ぶ」ことを表すのは意外に難しいが，多少堅苦しい表現だが **㊲ socialize with** がある。口語的に言うなら大人が遊ぶのは結局友人と出かけることなのだから，**㊳ go out with**。特にこれは異性と付き合うと言う意味でも使う。付き合いはしないけれど，異性と会うのは **㊴ see**。

▶ SNS でもおなじみ **㊶ network** は，「人脈作りをする」という動詞で使える。

04

生活・人生

1 学び

何年も英語を学んだが，身につかなかった。	I studied English for many years, but I couldn't learn it.
❷ 自然について直接学ぶ	learn about nature firsthand
❸ 外国の文化に触れる	be exposed to [experience] foreign cultures

2 学校と授業

❹ 数学の授業に出席したが，授業は難しかった。	I attended math class, but the lesson [class] was difficult.
❺ 学校に行く／大学に行く	go to school / go to college
❻ 塾に行く	go to a cram school
❼ 大学に進学する	go on to college
❽ 大学に入学する	get into college
❾ ～を専攻する	major in ～（a chemistry major：化学科の学生）（my major：私の専門）
❿ 部活をする	do club activities
⓫ 課外活動	extracurricular activities

3 試験と成績

⓬ 期末試験	a term exam
⓭ テストでよい[悪い／満]点をとる	get a good [bad / perfect] score on a test
⓮ よい成績をとる	get a good grade
⓯ 試験に受かる／失敗する	pass [fail in] an exam
⓰ 学力	academic [scholastic] abilities
⓱ 読解力／国語力	verbal abilities
⓲ 学歴	one's educational background
⓳ 視野を広げる	broaden one's mind [perspective / horizon]

1 学び

▶ まず ❶ study と learn と learn about の区別をしよう。study は「勉強する」過程，learn はその結果「習得する，身につける（日本語なら「マスターする」）」だ。さらに learn about ～は机に向かった勉強ではなく，実体験で「～について学ぶ」。例えば，旅行して実際に異文化について学ぶ，子どもが自然の中を走り回って自然について学ぶというようなときに使い，しばしば❷のように firsthand「直接に」という副詞を伴う。

▶ 「（自然に，外国文化に）触れる」のように使われる日本語の「触れる」は英訳しづらいが，❸ be exposed to「さらされる」や experience「経験する」あたりが無難な訳し方。

2 学校と授業

▶ ❹「授業」は lesson ではなく class（しばしば無冠詞）で表すものと思ったほうがよい。あえて言えば，lesson は「教訓」の意味があるとおり「授業内容」だが，これも class にしても差し支えない。

▶ ❺ go to school の school は「勉学の場」の意味で抽象名詞的に無冠詞で使うのは知っていると思うが，college も「高等教育の場」のような意味合いの場合は無冠詞で使う。たとえ Tokyo University に行くのでも go to college と言って差し支えない。

▶ ❻「塾，予備校」は cram school。cram は「詰め込む」の意味であるから，もちろん蔑称。こちらは可算名詞として使うのが普通。

3 試験と成績

▶ ⑬「テストの点」は a score。⑬「満点を取る」は get a perfect score。イギリス英語では get full marks などと言うが，使いづらいので前者のほうがよいだろう。テストの点に基づいて付けられる通信簿の成績は ⑭ a grade。grade にはさらに「学年」の意味もある。

▶ ⑯ academic「学術の」，scholastic「学校の」という形容詞は便利だ。例えば，an academic year「（4月に始まる）学校の1年」のように。

▶ ⑰「読解力」は reading ability でもよいが，作文力なども含めて verbal abilities「言葉に関する諸能力」とするのが普通。

231

4 学校の諸問題

⑳いじめる	bully（bullying：いじめ行為）
㉑学生に知識を詰め込む	cram students with facts
㉒授業料	tuition（educational expenses：教育費）
㉓苦学して大学を出る	work one's way through college
㉔必修の	compulsory
㉕校則	school regulations
㉖ゆとり教育政策	the relaxed educational policy
㉗週休二日制を採用する	adopt a five-day week

5 語学学習

㉘英会話を学ぶ	learn to speak English
㉙英語を習得する	learn [acquire] English
㉚英語力を磨く	improve one's English
㉛英語ができる	speak English
㉜文法など抜きで（子どもが母語を［学習者が英語を]）見よう見まねで学ぶ	pick up a foreign language [one's native language]
㉝普通のスピードの英語を聞き取る	listen to [catch] the natural speed English
㉞カタコトの英語で話す	speak in broken English
㉟（外国・方言の）なまりで話す	speak with an accent
㊱身振り手振りで意思を伝える	communicate by gesture
㊲辞書で単語を調べる	look up a word in a dictionary
㊳辞書を引く	use a dictionary
㊴単語を綴る	spell a word （the spelling of a word：単語の綴り）

6 言語学

㊵漢字	a Chinese character
㊶外来語	a loanword
㊷世界の共通語	a common language of the world
㊸～の母語	one's native language = one's mother tongue

4 学校の諸問題

▶ ⑳ bully は自動詞でも他動詞でも「(〜を) いじめる」という動詞，さらには a bully「いじめっ子」という名詞として使える。bullying は同じ名詞でも「いじめ行為」を指す。

▶ ㉑ cram はすでに a cram school「塾」で紹介したが (→ p.230)，動詞では「詰め込む」。〈cram ＋人＋ with ＋物〉「人に物を詰め込む」という語法は重要で，「知識」は knowledge としたいところであるが，knowledge はよい意味での (役立つ) 知識。試験のために仕方なく覚えるような無用で細かい知識は facts という。

▶ 現在，ボランティア活動を必修化しようなどという動きがあり，自由英作文でよく出題されるので，㉔「必修の」compulsory も覚えておきたい。

5 語学学習

▶「彼は英語ができる」という日本語を He can speak English. と書くと，受験生にけげんな顔をされることがあるが，**読んだり書いたり話したり聞き取ったりする能力**を ㉛ speak で代表させるのはふつうのこと。

▶ 厳密に言えば，a dialect は「寒い」をある地方で「しばれる」と言うように，語彙自体も異なる「方言」のこと。それに対し，㉟ an accent は，あくまで「なまり」だが，それほど神経質に区別しなくてもよい。

▶ 日本語では「辞書を引く」とも言うし「単語を引く」とも言う。後者は ㊲ look up。前者は，昔は consult a dictionary などとも言ったのだが古くさい言い方であり，今どきは ㊳ use a dictionary がよい。

▶「身振り手振り」は㊱の gesture。ときどき body language と書く人がいるので念のため。「ジェスチャーで」は交通・伝達手段を表す by を使うのがよいだろう。

▶ 日本語では「スペルが思い出せない」などと言うが ㊴ spell は動詞，spelling が名詞。

6 言語学

▶ 一般的に，アルファベットのような表音文字は a letter，"?" や "&" のような記号や表意文字は a character なので，「漢字」は a Chinese character。

▶ ㊷ 共通語を an official language とする間違いが多いが，これは「公用語」であり法律などで公式に定められているもの。英語が共通語であるというのは公式に定められているわけではない。

Environmental Problems 環境問題

1 環境保護・破壊

❶ 環境を守る	protect [preserve] the environment
❷ 環境を破壊する	destroy the environment
❸ 環境破壊	environmental destruction
❹ 環境を汚染する	pollute [contaminate] the environment
❺ ここでは自然が手付かずだ。	Nature is intact [unspoiled] here.
❻ 車は環境に優しくは［持続可能で］ない。	Cars are not environmentally friendly (= eco-friendly) [sustainable].
❼ 有害化学物質を排出する	emit harmful chemicals

2 ゴミを捨てる

❽ 紙くず	trash
❾ 生ゴミ，家庭ごみ	garbage
❿ ゴミを分別する	separate the garbage (= help recycle the garbage)
⓫ 散らかっているゴミ，ポイ捨てする	litter
⓬ ～を捨てる（ただしきちんと処分することでありポイ捨てではない）	throw ～ away
⓭ まだ使えるものを捨てる	throw away still usable things
⓮ 産業廃棄物を大量破棄する	dump industrial waste
⓯ 使い捨て社会	a throw-away society
⓰ ゴミ箱	a garbage can
⓱ ゴミ処分場	a dumping site

1 環境保護・破壊

▶ ❶「環境」には必ず the を付けて **the environment** という形で使ってもらいたい。「環境を守る」は書けても ❷「破壊する」が書けない受験生は意外に多い。break ではダメ。**destroy** が正解。

▶ 名詞形も意外に書けない人が多いが，destroy の名詞型は ❸ **destruction** だ。

▶ 有害物質を垂れ流す「汚染」だけでなく，広く地球温暖化なども含めて「環境破壊」と言うようになったわけだが，その狭い意味の「汚染する」も書けるようにしておこう。❹ **pollute** または **contaminate** だ。contaminate は touch や contact と同語源。「ベタベタ触った→汚染する」。その反対語が ❺ **intact**「触れられていない」ということを表す形容詞。

▶ 日本ではまだそれほど一般化していない ❻ **sustainable**「持続可能な」という形容詞だが，英語では「環境に優しい」と完全に同義語として使える。

2 ゴミを捨てる

▶ まず「ゴミ」は基本的に ❾ **garbage** がよい。❽ **trash** と書く受験生が多いが，trash は主に「紙くず」のみ。さらに散らかっているゴミは ⓫ **litter** という。したがって「道路にたくさんのゴミがある」というときには，There is a lot of litter（×garbage）on the street. と言うことに注意。

▶ 日本語ではゴミを ❿「分別する」と言うし，**separate the garbage** と言えば入試英作文としては十分だが，実際はあまりこうした言い方はせず，❿ **help recycle the garbage**「ゴミをリサイクルする手助けをする」のように表現する。

▶「捨てる」も要注意。⓬ **throw 〜 away** は away「あっちのほうに」+ throw「放り投げる」という成り立ちとは裏腹に，ちゃんとゴミ箱に入れて処分することを指す。「ポイ捨てする，散らかす」は ⓫ **litter**。**Don't litter.**「散らかすな＝ポイ捨てするな」のようにして使う。

▶ ⓭ **still usable things**「まだ使えるもの」のような表現も，すぐに思いつきにくいだろうから覚えておこう。

3 温暖化

⑱ 温室効果ガスを排出する	emit greenhouse (effect) gases
⑲ 世界の気温が上昇しつつある。	Global temperatures are rising.
⑳ 地球温暖化	global warming
㉑ 北極の氷帽（陸地を覆う氷）が溶ける。	The Arctic ice caps will melt.
㉒ 海水面が上昇する。	The sea level will rise.
㉓ 高温に関連した病気が増える。	More heat-related illnesses will occur.

4 資源問題

㉔ 日本は天然資源が豊富［に乏しい］。	Japan is rich in [⇔ be poor in] natural resources.
㉕ エネルギー源	a source of energy
㉖ 我々は石油を無駄遣いしている。	We waste petroleum.
㉗ 我々はもうすぐ化石燃料を使い果たす。	We will use up fossil fuels soon.
㉘ 我々は代替｛再生可能｝エネルギー源を開発しなければいけない。	We must develop alternative [renewable] sources of energy.

5 絶滅

㉙ 生物	living things (= species / organisms)
㉚ 火星に生命がいると思う人もいる。	Some people believe there is life on Mars.
㉛ 絶滅危惧種	an endangered species
㉜ 地球上の多くの生物は絶滅しつつある。	Many species on the earth are becoming extinct.

3 温暖化

▶ ⓲「温室効果ガス」は英語でもそのまま greenhouse effect gases（CO_2 以外にもメタンガスなどいろいろあるので**通例複数形**）であるが，長くて面倒なので最近は effect を略し，**greenhouse gases**「温室ガス」のようにするのが普通。

▶ ⓳ global temperatures「世界の気温」とか the global population「世界人口」のように global という形容詞は便利だが，受験生はあまり使ってくれない。

▶ 温暖化の帰結（**consequences**）は ⓴ のように単に海水面が上昇するだけでなく，異常気象が増えたり，㉓ のように疾病が増えたりいろいろある。多少は書けるようにしておきたい。

4 資源問題

▶ ㉔ be rich ／ poor in ～「～の点で豊か／貧しい」は超基本の表現なのに，書けない人が多い。

▶ 日本語でも「天然資源」に対して「エネルギー源」と使い分けるように，英語でも ㉔ resource「資源」と ㉕ source「源」をごっちゃにしないこと。

▶ ㉖「石油」を英語で書ける受験生はおそらく１％未満。oil と書く人が圧倒的多数だが，oil は「油」。オリーブオイルだって oil だ。やはり石油にはちゃんと petroleum「石油」という語を使いたい。

5 絶滅

▶ ㉙「生物」をよく creatures と書く人がいるが，これは「神様が創造した（create）もの」という意味の天地創造説的な言い方であり，文学的表現。普通は **living things** か **species**（単数形でも複数形でも -s で終わる。単数形の場合は a を忘れないように），あるいは専門用語的だが **organisms** と言う。organisms はもともと「有機体」だが，生物はみな有機物なので転じて「生物」となった。**life**「生命」も ㉚ の例文のような意味では単数で「生命＝生物」を表すが，使う文脈が難しいだろうからあまり気にしなくてよい。

▶ ㉜「絶滅する」は **become extinct**。日本語からの連想で extinct を動詞だと思っている人が多いが，「消えた」という**形容詞**。become と組み合わせ，「消えた状態になる＝絶滅する」となることに要注意。本当に間違いが多いところだ。

07 Technology テクノロジー

1 進歩と発展

❶ 中国は急速に発展している。	China **is developing** rapidly.
❷ IT は急速に進歩してきている。	Information technology **is progressing** [**advancing**] rapidly.
❸ 医学の進歩のおかげで，平均寿命が伸びた。	Thanks to the **progress** of medicine, the average lifespan has grown.
❹ 引力の法則の発見は物理の歴史の偉大な一歩だった。	The discovery of the law of gravity was **a great advance** in the history of physics.
❺ インターネットは本や新聞に取って代わるだろう。	The Internet will **be a substitute for** [**replace**] books and newspapers.
❻ インターネットが新聞を時代遅れにした。	The Internet has **made** newspapers **obsolete**.
❼ インターネットが高齢者の間にさえ普及した。	The Internet has **become common** even among elderly people.
❽ 今どきの学生は従来の辞書より電子辞書を好む。	Students these days prefer **e-dictionaries** to **conventional** ones.

2 インターネットのよい点

❾ ネットの情報は常に更新される。	Information on the Internet is constantly **updated**.
❿ どこからでもネットにアクセスできる	**access** the Internet from anywhere
⓫ 多様な情報を得る	get **a variety of** information
⓬ 最新のニュースを知る	get **the latest** news
⓭ ほかの人と SNS で同じ趣味を共有できる	**share** the same interests **with** other people **on social media**
⓮ どんな情報もググれる。	You can **Google** any information.
⓯ 便利なアプリ	useful **apps**

1 進歩と発展

▶ 日本語でも国や経済は ❶「発展する」, 科学やテクノロジーは ❷「進歩する」というように話題によって2つの動詞を使い分けるが, これは英語でも同じ。**develop** は「発展する」に相当し, **主に国や経済に使う**。他方, **advance** と **progress** は「進歩する」に相当し, 主に**科学やテクノロジーに使う**。

▶ 名詞でも同じで **development** は国や経済の「発展」, **progress** と **advancement** は科学やテクノロジーの「進歩」を指す。さらに **an advance** は ❹ の例文に見るように, 1つの発明など「進歩」というより「一歩」を指す。**progress** は逆に「進歩の流れ」全体を表す**不可算名詞**。

▶ ❺「取って代わる」は **replace** か **be a substitute for ~**「~の代用品になる」。

▶ ❼「普及する」は非常に訳しにくい。受験生の多くは spread を使うが, これは「(うわさ, 感染症などが) 拡散する」。日本語のように「普及する」を1語で表せる動詞は英語の中に見当たらない。次善の策として **become common**「ありふれたものになる」が妥当な訳 (→ p.11)。

▶ ❽「電子辞書」,「電子書籍」など「電子の」は **electronic** だが, 長くて面倒なので e-mail のように, 普通は **e-** と省略して書く。その反対語は **conventional**「従来の」。

2 インターネットのよい点

▶ ❿ **access** は他動詞。

▶ ⓫ **get information** はたいていの受験生は書けるが, ⓬ **get the news** はあまり書けない。

▶ SNS などの長所として趣味を共有できると言うが, こういうときの ⓭「趣味」は **interests**「関心事」がよい。

▶ ネットなどで「検索する」のは **search** でもよいが, 我々が「ググる」などと言うように ⓮ **Google** を動詞として使える。固有名詞なので普通は大文字で始める。

▶ 我々は「アプリ」と略すが, 英語では ⓯ **an app** だ。

3 インターネットの悪い点

⑯ インターネットにハマる	get addicted to the Internet
⑰ いつもスマホをいじっている	always fiddle with the smartphone
⑱ 夢中でスマホを見る	look at the smartphone too intently
⑲ 歩きスマホは危ない。	Smartphone use while walking is a dangerous thing.
⑳ 歪曲された［偏見に満ちた］情報	biased [prejudiced] information
㉑ 情報を取捨選択する	filter information
㉒ 友達の投稿をチェックすることで気が散る	be distracted by checking your friends' updates
㉓ メールでのやり取りは正確に感情を伝えられない［誤解を生みがち］。	Text messaging can't convey your emotions accurately [lead to misunderstanding].
㉔ 投稿が炎上することもある。	Your post can cause Internet rage.
㉕ ネットでは偽の情報も拡散する。	Even fake news goes viral on the Internet.
㉖ プライバシーをさらしすぎてしまう可能性がある。	You can reveal too much about your personal life.
㉗ ネットいじめ，ネット上のストーカー行為も問題だ。	Cyber-bullying and cyber-stalking are also problems.

4 メール

㉘ 彼にメールする（書く）	text him
㉙ メール（メッセージ）のやりとりをする	text each other
㉚ メッセージ（メール）を受け取る	get a message
㉛ 相手（メール，会話などの）	the other person

5 電子書籍・辞書

㉜ 興味があるページに付箋を貼る	bookmark a page you are interested in
㉝ 余白に書き込みをする	write something in the margin
㉞ 暗記したい語句にマーカーを塗る	highlight a phrase you want to memorize

3 ネットの悪い点

- ▶ ❻ be [get] addicted to ～「～にはまっている［はまる］」は絶対に覚えておこう。もともとは be addicted to alcohol「アルコール中毒である」のような依存症を表す語。

- ▶ 日本語では「ゲームに夢中になる」などと言うが，英語では「夢中でゲームをする」と言い換えて訳そう。そして❽「夢中で」は intently という副詞が最も一般的。

- ▶ ㉑ filter は「ろ過する＝(情報などを) 取捨選択する」を 1 語で表せる便利な単語。

- ▶ ㉒ distract「散らす，そらす」は attract の反対語と思えばすぐ覚えられるはず。

- ▶ ㉔「ネットでの炎上」は Internet rage。rage は「怒り」。

- ▶ SNS（英語では social media と言うのが普通）などへの投稿がどんどん広まることを「バズる」と言うが，英語でも buzz「さわぎ」と言ってもよいが㉕ go viral のほうがもっとよく使われる表現。viral は virus の形容詞形。「伝染するような」ということ。

4 メール

- ▶ 最近の若者はメールを使わず，ラインなどの手段で連絡を取り合っている。そうした事情は海外でも同じで e-mail はあっという間に廃れつつある。「メール（およびそれ以外の連絡手段を総称して）」は ㉚ a message と言うのが普通。㉘「メールする」は text を他動詞で使う（とりわけ，パソコンではなくスマホなどの端末から「メールを書く」は text がよい）。"Text me." と言えば「僕にメールして」。㉙ text each other で「お互いにメールし合う」。

- ▶ 会話やメールなどの相手は単に ㉛ the other person と言えばよい。知らないと思いつかない表現だ。

5 電子書籍・辞書

- ▶ 電子書籍，辞書は便利に決まっている。そのメリットはいくらでも簡単に書けると思うが，逆に紙の本でなくてはできないことを表す語句を ㉜〜㉞ の例でいくつか覚えておこう。

- ▶ 我々はピンクや黄色の「マーカー」を暗記したいところなどに塗るが，英語では highlighter と呼ぶ。㉞ highlight「マーカーで印をつける」が動詞。

07

テクノロジー

08 Social Issues 社会問題

1 少子高齢化

❶ 出生率が減少している。	The **birthrate** is decreasing.
❷ 平均寿命が伸びている。	The **average lifespan** is increasing.
❸ 日本は急速に高齢化している。	Japan **is aging** rapidly.

⬇ その結果

❹ 日本経済が縮みつつある。	The Japanese economy **is shrinking**.
❺ 労働力不足	**a lack of** labor force [**human resources**]
❻ 年金制度が崩壊しつつある	The pension system **is collapsing**.
❼ 2025 年までには3人の労働者が2人の老人を支える。	By 2025 **there will be** two elderly people **for every** three workers.

⬇ その対策と問題

❽ 定年を引き上げる	raise the **retirement age**
❾ 移民を受け入れる	accept **immigrants**
❿ 異なった文化的出自を持つ人を差別する	**discriminate against** people with a different cultural background
⓫ 外国人労働者を搾取する	**exploit** foreign workers
⓬ 女性が社会に進出する	Women **advance** in society.
⓭ （家庭の）外で働く	work **outside the home**
⓮ 育児休暇を取りにくい	have difficulty **taking a maternity leave**
⓯ 女性がリーダーの地位に就くのを拒む「ガラスの天井」がある	There is **a glass ceiling**, which prevents women from getting to leadership positions.
⓰ 保育園の不足	a lack of **nurseries** [**day-care centers**]

2 国際化

⓱ 日本は急速に国際化している。	Japan **is globalizing** rapidly.
⓲ 日本に来る旅行客が急増している。	The number of **inbound tourists** is multiplying.
⓳ オーバーツーリズムへの懸念がある。	There is concern about **overtourism**.

1 少子高齢化

▶ 子どもの数が減り，人が長生きするようになり，その結果社会が老齢化するという3つの現象を説明できる語彙は基本。

▶ 受験生の答案でよく見かけるのは **an aging society**「高齢化社会」という表現は知っているのだが，そのまま Japan is becoming an aging society.「日本は高齢化社会になりつつある」のように書いたもの。❸ のように **age を動詞で使って書**けば簡単だ（→ p.79）。

⬇ その結果

▶ ❻ **collapse**「崩壊する」は，ほかの単語で置き換えられないことは想像がつくと思うが，英作文でこの語を思いつけるのは相当な上級者。

▶ よく「3人の若者が2人の老人を支える」などと日本語では言うが，実際に見も知らぬ老人を support するわけではない。❼ の文は，こんなふうに表現するのだという文例として見ておいてほしい。

⬇ その対策と問題

▶ 日本語では「〜を差別する」と言うが，❿ **discriminate** は**自動詞**。discriminate <u>against</u> 〜という形にする。受け身の場合でも **be discriminated against** とすること。

▶ ⓮ **take leave** は「休暇を取る」という基本熟語。⓮「育児休暇」はそれに **a maternity** が付くだけ。

▶ ⓯「**ガラスの天井**」は日本語でも使うが，女性がある地位までは昇進するが，トップへの最後の一歩で阻まれることを「目に見えない天井」と比喩的に表現したもの。

▶ ⓰ **a nursery** が**単数形**。nurse と同じ語源。

2 国際化

▶ ⓱ **globalize** はもともと**他動詞**で「国際化させる」という意味であり，受け身で使っていたが，**最近は自動詞として能動で使うほうがふつう**。**modernize**「近代化する」，**Americanize**「アメリカ化する」なども同様。⓲ **inbound tourist** は「外国からの旅行者」。⓳ **overtourism** は新語だが，「観光客が増えすぎたことから生じる弊害」を指すもの。

3 豊かさ

⑳生活水準は向上した＝物質的には豊かになった。	The standard of living has risen.
㉑生活の質は劣化した。＝精神的には貧しくなった。	The quality of life has declined.
㉒日本は慢性的な不況だ。	Japan is in chronic recession.
㉓国の予算は赤字だ。	The national budget is in debt.
㉔貧富の格差が広がりつつある。	The gap between rich and poor people is getting wider.
㉕生活保護を受けるお年寄りが増えている。	More and more elderly people are living on welfare.
㉖社会的流動性が失われつつある。	Social mobility is being lost.
㉗過労死	death from overwork （die from overwork：過労死する）
㉘ブラック企業	a company which exploits its employees

4 LGBT（Lesbian, Gay, Bisexual, Transgender）

㉙同性婚は合法化されるべきである。	Same-sex marriage should be legalized.
㉚LGBT の権利も異性愛者同等に守られるべきだ。	LGBT rights should be protected as well as those of heterosexuals.
㉛嫌がらせから自由であるべき	should be free from harassment
㉜パートナーの名義の財産を相続する	inherit assets held in the partner's name
㉝LGBT の人たちは，相変わらず日常生活の中で差別に直面している。	LGBT people continue to face discrimination in society.

3 豊かさ

▶ 物質的な豊かさ，精神的な豊かさはそれぞれ❷ the standard of living「生活水準」，❷ the quality of life「生活の質」という語で表現するとよい。

▶ 「不況」をよく depression と書く受験生がいるが，これは「恐慌」。それより少し程度がマイルドなのが❷ recession「不況」だ。

▶ ❷の gap「格差」も意外に書けない受験生がいる。

▶ ❷「過労死」や❷「ブラック企業」は，もちろん日本特有の社会問題なので，ピッタリした英語の表現があるわけでなく，少し説明的な言い方をせざるを得ない。❷，❷に無難と思われる表現を示したので参考にしてほしい。

4 LGBT（性的少数者）

▶ legal は「合法的な」。動詞が❷ legalize「合法化する」

▶ sexual minority のことを LGBT と呼ぶのは日本語でも定着しつつあるが，形容詞として使って LGBT people「LGBT の人たち」のようにしてもよいし，名詞として（例えば複数形ならば）LGBTs「LGBT たち」のようにしてもよい。その反対語が困るところだが，❸の a heterosexual「異性愛者」が無難。

▶ 特に難しい語彙はないと思うが，LGBT の人たちの権利を守らなければならない理由を自由英作文で書くことを求められたときに，ある程度書けるように文例を確認しておいてもらいたい。

▶ ❸の例として，マンションのオーナーが LGBT のカップルには部屋を貸さない（Some apartment owners refuse to rent their apartment to a LGBT couple.）とか，LGBT の人が入院したときに，そのパートナーが手術の承諾をすることができない（They cannot give consent to medical treatment for their partner.）とか，いくつか具体的に挙げられるようにしておきたい。

08
社会問題

245

大矢　復（おおや ただし）

代々木ゼミナール講師。東大文学部卒業後，イタリア，フランス留学を経て，東大大学院修士修了。専門はイタリア詩の技法。自身の高校生時代は英語が苦手で徹底的に英語から逃げ，その挙げ句，大学もドイツ語を独学して受験。そんなに語学が嫌いだったはずが，ドイツ語を学ぶうちに大好きになり，専門もイタリア文学。しかし，結局，英語教育を日本の学校で受けたことはなく，ガラパゴス的な進化を遂げた日本の英語教育にはいつも違和感をもち，それを発信し続けるのが天職と自認。趣味は多彩で，語学（最近学生時代以来の仏語とラテン語を再開），料理（単に食べ歩くのではなく，自分で作る。イタリア料理に関する著書あり），囲碁（初段），自転車（長距離中心），水泳（マスターズスイマーの底辺），日本酒・ワイン（好みはややマニアック）など。

●**英文校閲**　Karl Matsumoto

大学入試
最難関大への英作文
ハイパートレーニング　新装版

2019 年 11 月 15 日　初　版第 1 刷発行	2024 年　3 月 30 日　初版新装版第 1 刷発行
2021 年　2 月 10 日　初　版第 2 刷発行	2024 年　8 月 10 日　初版新装版第 2 刷発行

著　者	大矢　復
発行人	門間正哉
発行所	**株式会社 桐原書店**
	〒 114-0001
	東京都北区東十条3-10-36
	TEL：03-5302-7010（販売）
	www.kirihara.co.jp
装丁	川野有佐
本文イラスト	小松聖二，川野有佐
本文レイアウト・DTP	川野有佐
印刷・製本	図書印刷株式会社

例題・問題暗唱文例集

Advanced Structures
For Writing in English

音声オンライン提供

大学入試
最難関大への
英作文
ハイパートレーニング
新装版

Advanced Structures
For Writing in English
音声オンライン提供

例題・問題暗唱文例集

この冊子では，本書 Chapter 1 の例題と Chapter 2 の問題（＝日本語）と
その解答例（英訳）を見開きで掲載しています。Chapter 2のほうの日本語
は，下線部訳など，問題になっている部分を太文字で示し，それ以外の部分
はグレーの文字にしています。

本冊子を使って
日本語を見て，下のスペースなどを活用して英訳にチャレンジしてみましょう。

音声を使って
音声は以下の2つのバージョンで提供しています。暗唱や音読などに活用し
てください。音声はQRコードからアクセスできます。

▶ Japanese-English Version
   読み方：日本語 → ポーズ → 英文 → 英文
   Track：Chapter 1（Track :1〜25）　　Chapter 2（Track :26〜50）

▶ English Version
   読み方：英語のみ
   Track：Chapter 1（Track 51〜75）　　Chapter 2（Track :76〜99）

TR 01 ☐ **01** 日本人男性の平均結婚年齢は35歳だ。

TR 02 ☐ **02** 65歳以上の人が日本人の約3割だ。

TR 03 ☐ **03** 喫煙者が，がんにかかる確率は高い。

TR 04 ☐ **04** 適度な運動は，若者同様，老人にも同じくらい必要だ。

TR 05 ☐ **05** 中高年の間のソーシャルメディアの使用率は若者と同じくらい高い。

TR 06 ☐ **06** 日本を訪れる外国人観光客が増えている。

TR 07 ☐ **07** 雨が降ると恐れていたが心配は無用だった。

TR 08 ☐ **08** 消費税を廃止することによって，人々の消費は増えるだろう。

□ **01** Japanese males get married at 35 on average.

TR 51

English Version

□ **02** About 30% of Japanese people are 65 and over.

TR 52

□ **03** Smokers are likely to get cancer.

TR 53

□ **04** Moderate exercise is as necessary for elderly people as (it is) for young people.

TR 54

□ **05** The use of social media is as common among middle-aged and elderly people as among young people.

TR 55

□ **06** An increasing number of foreign tourists come to Japan.

TR 56

□ **07** I was afraid (that) it would rain, but it didn't.

TR 57

□ **08** People would consume more if the lawmakers abolished the consumption tax.

TR 58

TR 09 ☐ **09** 国際化は，貧富の格差が拡大することにつながるかもしれない。

TR 10 ☐ **10** 外見を気にしすぎる人が多い。

TR 11 ☐ **11** 温室ガスを出さない自転車は環境によい。

TR 12 ☐ **12** 我々には将来の世代のために環境を守るという責任がある，という意識をもっと高めるべきだ。

TR 13 ☐ **13** 海外旅行をして，私は外国の文化に興味を持った。

TR 14 ☐ **14** 現代人は石油に頼りきって暮らしている。

TR 15 ☐ **15** すべての人がその案に賛成しているわけではない。

TR 16 ☐ **16** 英語が国際語なのは，それを話す人が多いおかげではない。

□ **09** Globalization can lead to the gap between rich and poor people getting wider. `TR 59`

□ **10** Many people care too much about how they look. `TR 60`

□ **11** Bicycles don't emit greenhouse gases, so they are good for the environment. `TR 61`

□ **12** We should be more aware that we are responsible for protecting the environment for future generations. `TR 62`

□ **13** I got interested in foreign cultures by traveling abroad. `TR 63`

□ **14** People today depend too much on petroleum. `TR 64`

□ **15** Not everyone agrees with the plan. `TR 65`

□ **16** English is not a global language because many people speak it. `TR 66`

5

TR 17 ☐ **17** 最近の若者はあまり本を読まない。

TR 18 ☐ **18** 子どもがここで泳ぐのは危険だ。

TR 19 ☐ **19** 彼は誰にも読まれないように，そのメールをすぐ消した。

TR 20 ☐ **20** 難しくても，それをあきらめてはいけない。

TR 21 ☐ **21** ただ1つ後悔しているのは，彼女に本当のことを言わなかったことだ。

TR 22 ☐ **22** 友だちが増えれば増えるほど，学校生活は楽しくなる。

TR 23 ☐ **23** 出身大学名よりむしろ大学で学ぶ内容が大切だ。

TR 24 ☐ **24** 挨拶の仕方は文化によってさまざまだ。

TR 25 ☐ **25** フランスほど柔道が人気な国はない。

☐ **17** Young people today don't read much.　　　　　TR 67

☐ **18** It is dangerous for children to swim here.　　　TR 68

☐ **19** He deleted the e-mail right away so that it would not be read　TR 69
by anybody [so that nobody would read it].

☐ **20** Even if it is difficult [No matter how difficult it is], don't give　TR 70
up.

☐ **21** The only thing I regret is not telling her the truth.　　TR 71

☐ **22** The more friends you have, the more fun your school life is　TR 72
[the more you can enjoy your school life] .

☐ **23** It is not so much which college you graduate from as what　TR 73
you study there that matters.

☐ **24** Ways people greet each other [Ways of greeting] differ from　TR 74
culture to culture.

☐ **25** Nowhere is judo more popular than in France.　　TR 75

TR 26 ☐ **01** 外国語の勉強は私の人生を変えました。そのおかげで，私は自分を，少なくともある程度は，客観的に見られるようになったのです。ほかに勉強したどんなことよりも，言語は自分というものを教えてくれました。

TR 27 ☐ **02** 現在，総人口に占める65歳以上の老齢人口は20%。平均寿命の伸びと，少子化の影響もあって，日本の社会は急速に老齢化の道をたどっている。

TR 28 ☐ **03** 社会にはさまざまな問題があります。例えば深刻な被害を引き起こしてきた環境問題は，現在も十分に解決されていません。ドキュメンタリーはこういった社会の現状やそこに関わっている人たちの考えや気持ちを伝える方法の1つです。

☐ **01** Thanks to it, I [have] learned to see myself objectively, at least to some extent. It [has] taught me more about what I am than anything else I have studied.

TR 76

☐ **02** Twenty percent of the Japanese population is 65 years old and over. Japan is aging rapidly with an increase in the average lifespan and a decrease in the birthrate.

TR 77

☐ **03** For example, environmental problems have not been solved satisfactorily, although they cause serious damage. Documentaries are a way of showing such problems and the thoughts and feelings of people involved in them.

TR 78

TR 29 ☐ **04** おもしろい本や映画は，友達と感想や意見を交換することによって，さらに強い印象を残すと私は思う。

TR 30 ☐ **05** 不安はもっとも根源的な感情の1つであり，喜びや悲しみや怒りと同じように，人間であることの中核を成している。誰もがときとして不安を感じるものだとしても，なぜ不安を抱き，それがどんな影響をもたらすかは人によって違いがある。

TR 31 ☐ **06** 旅は人を変える。しかし変わらない人というのも間違いなくいる。旅がその人を変えないということは旅に対するその人の対応の仕方の問題なのだろうと思う。（中略）危険はいっぱいあるけれど，困難はいっぱいあるけれど，やはり出ていったほうがいい。いろいろなところに行き，いろいろなことを経験したほうがいい，と私は思うのだ。

□ 04 When you read an interesting book or watch an exciting movie, if you talk with your friends about how you feel about it, its impression lasts longer.

TR 79

□ 05 Even if everyone sometimes becomes anxious, different people become anxious for different reasons and get affected by it in different ways.

TR 80

□ 06 Most people change by traveling but some don't. I think if they don't, it is because of the ways they travel.

TR 81

□ 07 20世紀の医学の特徴の1つは，科学技術を利用し，死を可能な限り遅らせようとしてきたことである。しかし，最近になって，死が克服できないものである以上，死をどう考え，受け入れるかという問題の方が重要であるとの認識が高まってきている。

□ 08 試合での実力発揮には，試合の場で必要となる心の側面を鍛えるとともに，人間的な成長も必要と考えられます。そして，スポーツ選手の人としての成長は，単に試合で勝つ方法を考えるだけでなく，スポーツを行う意味や，社会の中で自分が果たす役割を考えることによってももたらされます。

☐ **07** One of the characteristics of medical science in the 20th
century is that it tried to delay death as long as possible. It
was not until recently that we began to realize what is more
important is how to think about death and to accept it, given
we cannot avoid it.

☐ **08** An athlete can grow as a human by thinking not only about
how to win a game but also why they play and what they can
do for society.

☐ 09 英語が話されている国に住めば英語ができるようになると思っている人は意外に多いのだが，外国語習得はそんなに容易に，そして首尾よく達成できるものではない（中略）。 確かに，海外研修では英語を聞いたり話したりする機会は増えるが，何が話されているか，何が書かれているのかを理解するように努力しなければ「できる」ようにはならない。

☐ 10 近年，育児や介護を抱えている人たちが働きやすい環境を作るため，柔軟な勤務体制を導入する会社が出始めている。その結果，コンピューターや携帯電話を活用して，オフィスではなく在宅で勤務する人の数が増加している。

□ **09** Quite a lot of people think you can learn English only by
living in a country where it is spoken, but it is not so easy to
learn a foreign language. Of course, if you live in a country
where English is spoken, you will hear and speak English
more, but you never learn it unless you try to understand
what people there speak and write.

TR 84

□ **10** In recent years, some companies have been introducing a
flexible working system so that the employees who have a
baby or an elderly family member to take care of can work
without difficulty. As a result, more and more people are
working at home with the aid of a computer and a cellphone
instead of commuting to their workplace.

TR 85

□11 （前略）大学に入学することは，ほかの商品やサービスを買うこととは本質的に異なる。そもそも教育を受けている時点で自分にとって何が真に必要かを見抜くのは容易ではない。言い換えれば，**大学で学んだものの真価は，卒業後，ある程度時間が経ってからしか判断できない。**また教育の成果は学生の心構えや努力次第で大きく変わる。（後略）

□12 訪れた異国の印象を語ろうとするとき，私がまず思い浮かべるのは，食物でも建物でもなく，私と言葉をかわした人の顔であり，考え方である。そこになにがあったかより，そこにだれがいたかをまず考える。出会った人間との付き合いが深いほど，その国に親しみを覚える。

☐ **11** It is not until some time after you graduate from college that   TR 86
you understand what having studied at college means to you.
It depends on how motivated you are and how hard you study.

☐ **12** When I talk about the impression of a country I have   TR 87
visited, the first thing I remember is not the food I ate or the
architecture I saw there but faces of the people I met and
their way of thinking. What I remember is not so much what
was there as who was there. The better I know the people I
meet there, the closer I feel to the country.

☐ 13 若いうちは健康のありがたさを知らない。中年になると，そろそろ身体が気になりだす。健康にいいということに関心を持ち出す。ある調査によると，現代の日本人は十人に九人強が，健康の保持に深い関心を持っているという。高齢化社会になればますますこの傾向は強まるだろう。

☐ 14 As new technologies have become available faster and faster, especially since farming began, we have devised or adopted a growing list of novel cultural practices that have had conflicting effects on our bodies. On the one hand, 比較的新しい時代に獲得した進歩は有益である，すなわち，農業を営むことは食糧生産の増加につながり，現代の衛生設備と科学に基づく医学は乳幼児死亡率の低下と寿命の延長に寄与している。On the other hand, numerous cultural changes have altered interactions between our genes and our environments in ways that contribute to a wide range of health problems.

□ **13** Young people don't know how precious health is. But as they become middle-aged, they begin to worry about their health and get interested in things people say are good for your health. A survey says nine out of ten Japanese people are very interested in staying healthy. And they will be more interested, as Japan ages.

TR 88

□ **14** We have benefited from the progress we made relatively recently. That is, agriculture has led to an increase in food production [led to food production increasing], and modern sanitation and medicine based on science has contributed to a decrease in the death rate of newborns and an increase in the average lifespan [contributed to the death rate of newborns decreasing and the average lifespan increasing].

TR 89

☐ **15** さまざまな職業における成功者と呼ばれる人も自分の才能や意志だけ
を頼りに成功への道を進んできたわけではない。人との偶然の出会
い，失敗からの教訓，そして書物に記された言葉が，心の中で生き続
け，支えになってきたことも確かである。

☐ **16** 二十四時間はあっという間だ。特に睡眠が三分の一近くあるわけで，
実質はもっと短い。生きていくために必要な時間があり，人間関係や
社会のために拘束される割合も無視できないほどあるから，自分が自
分のために使える時間は，残りのほんの僅かなものになるだろう。

□ **15** People who are described as successful in various TR 90 professions don't owe their success only to their own talent and will power. They encounter various people, learn from their own mistakes, and read books, and such experiences mean a lot to them.

□ **16** Twenty-four hours is a short time, and actually it is shorter TR 91 because you sleep (for) almost one-third of it. You have to also spend some of it earning your living, socializing and doing things for the community. So you have only a little time for yourself.

□**17** アンチエイジングは豊かさの指標とも言われる。医療の進歩で寿命が延び，食べ物に事欠かない社会になったからこそ，この言葉が生まれた。そうでなければ老化を気にする前に寿命がつきかねない。政治も経済も問題山積で不安だらけの日本だが，アンチエイジング熱はまだゆとりがあることを示しているのかもしれない。

□**18** 手首が痛いので医者を訪ねたとする。医者はあなたに「どのくらい手首が動かせますか」と尋ね，手首が動く範囲を見て触診する。「何か思い当たることはありませんか」とさらに質問し，レントゲンを撮る。それぞれの診断テクニックが，さまざまな情報を提供していく。医者は全体像が浮かび上がるまで情報を集め，最終的に診断を下す。あなたが誰かを評価するときにも，この医者のようにあらゆる角度からできるだけたくさんの判断材料を集めることが大切だ。どの情報がいちばん頼りになるかは，状況によっても異なるし，あなたがその人に何を求めているかによっても変わるからだ。

□ **17** This word reflects the fact that the average lifespan has increased thanks to medical progress and that now we are almost free from starvation. There are a lot of political and economic problems in Japan but the anti-aging craze shows that our standard of living is still high.

TR 92

□ **18** Like this doctor, when you want to judge someone, it is important to collect as much information to base your judgment on as possible, and see them from as many points of view as possible. Pieces of information you should rely on differ depending on what situation you are in and what you want from that person.

TR 93

□19 「継続」を求める幸福に対し、希望は「変化」と密接な関係があります。（中略）過酷な現在の状況から良い方向に改善したい。苦しみから少しでもラクになりたい。もしくは誰かをラクにしてあげたい。そんな思いが、希望という言葉には宿っているのです。**希望は、現状の継続を望むというよりは、現状を未来に向かって変化させていきたいと考えるときに表れるものなのです。**（中略）ただ、変化を起こすことが、一人ひとりの力だけではむずかしいこともあります。そんなときは、**同じ変化を希望する人たちと、どんな方向に変えていきたいのかという希望をともにしながら、一緒に行動できるかどうかに、変化の実現はかかってきます。**

□20 人間には他人の気持ちを感じ取るという素晴らしい能力が備わっている。微妙な表情や仕草や、声のトーンなどから、相手の気持ちを読み取ることで、人と人とのコミュニケーションは成り立っている。（中略）人間はいかにして他者の感情を読み取って共感するのか。この仕組みを脳科学は解き明かしつつある。脳の話になると、頭の良さや記憶力や集中力などの理知的な能力に注目しがちだ。**しかし、人間の脳が本当にすごいのは、他人の気持ちを感じ取り、他人の幸せまで考える社会的な能力があることだ。脳の研究をすると、人間の脳は、他者と共存していくために進化してきたことに気付かされる。**

☐**19** Hoping means not so much wanting the present situation to continue as actively wanting to change it. You can achieve the change if you can cooperate with other people who share the same hope.

TR 94

☐**20** Humans have the innate ability to intuit other people's feelings. We communicate with people by intuiting their feelings from their subtle expressions, gestures and their voice tones. However, what is really surprising about the human brain is that it has social abilities such as the ability to empathize and to think even about other people's happiness. Brain studies have shown that the human brain has evolved so that humans can coexist with each other.

TR 95

☐ **21** 自動車，電車，飛行機の発明といった機械文明のもたらした大きなマイナス点の1つは，運動不足によって生じる健康への支障である。数十万年の人間の歴史の中で，動くものとして進化してきた人間が，急に動かないで済むようになったために，身体のあちこちに異常が起きてきたのである。 しかも経済状態がよくなったので，食べるほうは不自由しなくなってきているから，動かなくなったことと相まってカロリーが余りがちになり，その結果，肥満が一般的な傾向となってきている。

☐ **22** 今日，睡眠不足は見過ごせない問題となっている。原因の1つは社会全体が深夜も多くの人が起きていることを想定して動いていることである。照明器具の発達も，我々の体内時計を狂わせているのかもしれない。その一方で，多くの学校や会社の始まる時間は変わっていない。こうして睡眠不足が生まれやすくなり，日中の集中力の低下を引き起こすのだ。

21 Humans had evolved to move for hundreds of thousands of TR 96 years, and then we suddenly stopped moving around. That is why we have many health problems. Also, there is too much food around us owing to the rise in the standard of living, so we take in more than enough calories. The result is that people today tend to be overweight.

TR 97

22 Nowadays, lack of sleep is a serious problem. One of its causes is that it is the norm for many people to be awake even in the middle of the night, and the widespread use of lighting also disrupts our inner clock. On the other hand, schools and offices begin as early as before, so people tend to sleep less and cannot concentrate in the daytime.

☐ **23** 21世紀に入り，多様な分野に進出し活躍する女性が増えてきています
が，これは女性にとって，生き方や職業選択の幅が広がっていること
を意味します。このこと自体は大きな前進ですが，同時に女性は自分
で選択をするという大きな課題を背負うことになります。

☐ **24** 近年，電子書籍の普及が急速に進んできた。アメリカほどではないが，
日本でも，パソコンや耳慣れない機器で文章を読む機会は増える一方
である。しかし，中高年層に限らず，紙の本でないとどうも読んだ気
がしないという人も多い。論文でも小説でも普通にコンピューターで
執筆される時代だけれども，きちんと製本された真新しい本には，何
とも言えない味わいがあるらしい。

□ 23 Since the beginning of the 21st century, more and more women have been advancing in various careers and playing important roles, and that means that women now have a wider variety of job choices and ways of living than before. Of course, it may be a great advance, but at the same time women now have the responsibility for making choices on their own.

□ 24 In recent years, the e-book is becoming increasingly common. People read more on a computer or on an unfamiliar gadget, although it is not as common in Japan as in the U.S. However, many people, middle-aged and elderly people especially, are not satisfied with reading on such gadgets. Everything from academic papers to novels is written on a computer, but for them there is something wonderful about newly printed books.

□25 人間は誰しも心のなかに傷をもっている。もっともその傷の存在をあまり意識しないで生きている人もいる。そのような人は一般的に言って，他人の心に傷を負わせる —— ほとんど無意識に —— ことが多いようである。それではその傷はどのようにして癒されるのか。心の傷の癒しは，古来からもっぱら宗教の仕事とされてきた。いろいろな宗教がそれぞれの教義や方法によって，人間の心の癒しを行ってきた。しかし，近代になって人々が宗教を信じがたくなるのと同時に，心理療法という方法によって，心の癒しができると考え，しかもそれは「科学的」な方法でなされると主張する人たちが現れた。そのような「科学」を絶対と信じる人には，それは時に有効かもしれないが，そうでない人には，人間の心が科学的方法で癒されたりするものでないことは，少し考えるとわかることである。

☐ 25 How can a psychological pain be healed? It has been thought that religion can do the job. In fact different religions have tried to heal such pain with their own rituals in their own ways. However, as people lost faith in religion in the modern age, some people began to claim that humans can be healed by psychological therapy and that it's a scientific method. People who believe science blindly may be healed in such a way, but if you think a little, you will realize humans cannot be healed by science.

桐原書店